FiNALEonline.de

FiNALEonline.de ist die digitale Ergänzung zu deinem Arbeitsbuch. Hier findest du eine Vielzahl an Angeboten, die dich zusätzlich bei deiner Prüfungsvorbereitung in Deutsch unterstützen!

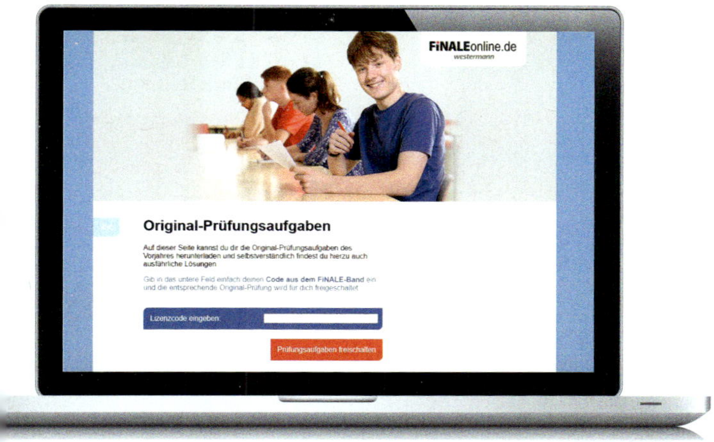

Das Plus für deine Prüfungsvorbereitung:

- das Extra-Training Rechtschreibung
- Original-Prüfungsaufgaben mit Lösungen (bitte Code von S. 2 eingeben)
- Tipps zur Prüfungsvorbereitung, die das Lernen erleichtern

Online-Grundlagentraining

Du hast noch Lücken aus den vorherigen Schuljahren? Kein Problem! Das Online-Grundlagentraining auf FiNALEonline.de hilft dir dabei, wichtigen Lernstoff nachzuarbeiten und zu wiederholen.
Und so funktioniert es:

Für das Fach Deutsch stehen dir über 100 Aufgaben zu prüfungsrelevanten Grundlagen in kurzen Trainingseinheiten zur Verfügung.

Unser Tipp für Lehrerinnen und Lehrer:
Nutzen Sie unsere vielfältigen Arbeitsblätter auch für Ihren Unterricht.

Für Lehrerinnen und Lehrer:
Die Lehrerhandreichung für den optimalen Einsatz der Arbeitsbücher im Unterricht zum kostenlosen Download!

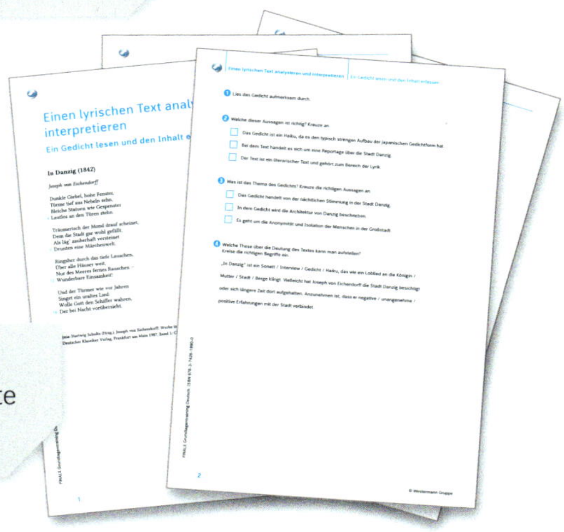

Du übst lieber auf Papier? Dann klicke auf „PDF" und drucke dir die gewünschte Trainingseinheit einfach aus.

FiNALE Grundlagentraining Deutsch

Das FiNALE Grundlagentraining ist die ideale Ergänzung zu diesem Arbeitsbuch. Es bietet eine große Auswahl an Materialien, mit deren Hilfe du prüfungsrelevantes Grundlagenwissen auffrischen und aktiv trainieren kannst.

Folgende Inhalte werden in diesem Band behandelt:

- → Überprüfung des Leseverstehens
- → Analyse und Interpretation literarischer Texte
- → argumentativer Umgang mit Sachthemen
- → Arbeitstechniken und prüfungsrelevante Fachbegriffe
- → grundlegendes Grammatikwissen
- → die wichtigsten Operatoren im Fach Deutsch

Zu jeder Trainingseinheit gibt es anschauliche Lösungen.

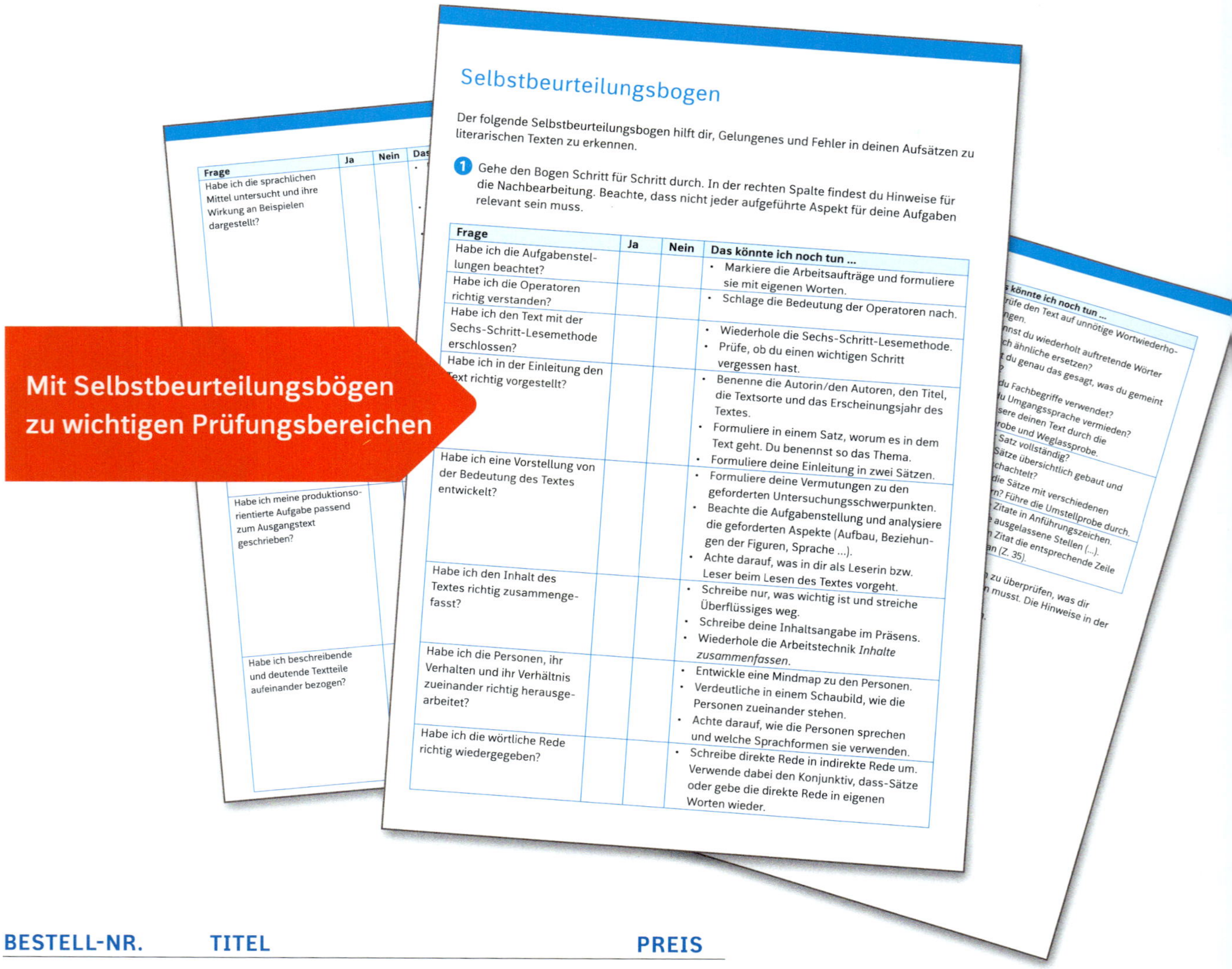

BESTELL-NR.	TITEL	PREIS
978-3-7426-1890-0	FiNALE Grundlagentraining Deutsch	13,95 €

FiNALE Grundlagentraining gibt es auch für die Fächer Englisch und Mathematik.

westermann

FiNALE Prüfungstraining

Niedersachsen

Abschluss 10. Klasse Realschule

2022

Deutsch

Martina Hartwig
Melanie Priesnitz

Mit Beiträgen von
Walburga Böker
Peter Delp
Andrea Heinrichs
Marlene Meiners
Susanne Meyer
Harald Stöveken
Martina Wolff

FiNALEonline.de

Liebe Schülerin, lieber Schüler,

sobald die Original-Prüfungsaufgaben zur Veröffentlichung freigegeben sind, können sie unter www.finaleonline.de zusammen mit ausführlichen Lösungen kostenlos heruntergeladen werden. Gib dazu einfach diesen Code ein:

DE7g4Py

Einfach mal reinschauen: www.finaleonline.de

westermann GRUPPE

Druck A[1] / Jahr 2021
Alle Drucke der Serie A sind im Unterricht parallel verwendbar.

Redaktion: Marion Clausen, Berlin
Kontakt: finale@westermanngruppe.de
Layout: Druckreif! Sandra Grünberg, Braunschweig
Umschlaggestaltung: Gingco.Net, Braunschweig
Umschlagfoto: Peter Wirtz, Dormagen
Druck und Bindung: westermann druck GmbH, Braunschweig

ISBN 978-3-7426-**2226**-6

Inhaltsverzeichnis

Verwende bei Aufgaben mit diesem Zeichen 🕒 eine Uhr, damit du ein Gefühl für die Bearbeitungszeit bekommst.

Was erwartet dich in diesem Arbeitsbuch?

Du bist in der 10. Klasse und vor dir liegt die Abschlussprüfung, das große Finale. Darauf will dich dieses Arbeitsbuch vorbereiten. Es gibt dir die Möglichkeit,

1. dich in verschiedene Themenbereiche einzuarbeiten,
2. dich mit den Prüfungsaufgaben und ihren Anforderungen vertraut zu machen.

Im **Teil A** erhältst du Hinweise, wie du dich zweckmäßig auf die Prüfung vorbereiten kannst. An Beispielen lernst du Prüfungsaufgaben und ihre Bewertung kennen.

Im **Teil B** wiederholst du wichtige Arbeitstechniken und Strategien. Zu jedem Arbeitsschritt – von der ersten Orientierung bis zum Überarbeiten deines Textes – bekommst du wichtige Informationen und hilfreiche Tipps. Außerdem enthält Teil B einen Text, mit dem du den Umgang mit Hörverstehensaufgaben (Hörtext) einüben kannst.

Im **Teil C** findest du Prüfungsbeispiele zu verschiedenen thematischen Schwerpunkten. Dazu erhältst du wichtige Lösungshilfen, die dir sagen, worauf du bei der Erschließung der Texte und bei der Anlage deines Schreibplans achten musst.

Teil D enthält weitere Prüfungsvorlagen, die du jetzt ohne Hilfen bearbeiten kannst.

Teil E bietet die Original-Prüfungsaufgaben aus dem Jahr 2020, die dir einen Eindruck von den Prüfungsanforderungen vermitteln. Sobald die Original-Prüfungsaufgaben 2021 zur Veröffentlichung freigegeben worden sind, kannst du sie unter www.finaleonline.de zusammen mit ausführlichen Lösungen kostenlos mit dem Codewort DE7g4Py herunterladen.

Mit dem **Glossar** schließt dieses Arbeitsbuch zur Abschlussprüfung. Hier kannst du wichtige Grundbegriffe zur Erschließung von literarischen Texten und Sachtexten nachschlagen.

Und natürlich gibt es ein **Lösungsheft**, in dem du die Richtigkeit jedes Arbeitsschrittes überprüfen kannst. Außerdem findest du dort zu jedem Prüfungsbeispiel sowie zu den Original-Prüfungsaufgaben eine mögliche Musterlösung, sodass du nachlesen kannst, was von dir erwartet wird.

In diesem Arbeitsbuch findest du Schreibraum für wichtige vorbereitende Notizen.
Darauf verweist auf den Prüfungsvorlagen (auf blauem Fond) dieses Zeichen: 
Deinen Text zur Schreibaufgabe musst du allerdings auf einem extra Blatt anfertigen.
Dies gilt auch, wenn du bei bestimmten Aufgaben diesem Zeichen begegnest: 
Das Zeichen mit der Uhr findest du in den Teilen C, D und E: 
Damit du ein Gefühl für die zur Verfügung stehende Arbeitszeit bekommst, solltest du dir bei diesen Prüfungsaufgaben eine Uhr stellen (siehe Seite 9).

Wir hoffen, dass du dich nach der Bearbeitung dieses Buches sicher für das Finale fühlst.
Hast du noch Lücken aus den vorherigen Schuljahren? Dann empfehlen wir dir das FiNALE Grundlagentraining Deutsch (ISBN 978-3-7426-1890-0). Es bietet prüfungsrelevantes Grundlagenwissen zum Nachschlagen und Üben. Ergänzend dazu findest du unter www.FiNALEonline.de/grundlagentraining ein kostenloses Online-Training bestehend aus interaktiven Übungsaufgaben und Arbeitsblättern zum Ausdrucken.

Wir wünschen dir für die Prüfung toi, toi, toi.
Das Autorenteam

A Vorbereitung auf die Abschlussprüfung

A 1 Methoden der Prüfungsvorbereitung

Das Wort „Abschlussprüfung“ klingt für manche furchterregend. Im Grunde ist sie jedoch nur die letzte Klassenarbeit, die du an deiner Schule schreiben wirst. Und Erfahrungen mit Klassenarbeiten hast du doch bereits! Eine gute Vorbereitung hilft dir aber, dich optimal auf diese letzte Hürde einzustellen.

Wovon kannst du ausgehen?

Der **Termin für die Abschlussprüfung** steht bereits seit Langem fest. Er wird dir sehr frühzeitig von deiner Lehrerin bzw. deinem Lehrer mitgeteilt. Im Vorfeld der Abschlussprüfung erarbeitest du im Unterricht verschiedene **Texte und Textsorten**, die dir bei der inhaltlichen Vorbereitung helfen. Du wirst auch eine Klassenarbeit in der Jahrgangsstufe 10 unter den Bedingungen der Abschlussprüfung schreiben, sodass dir der **Ablauf der Prüfung** bereits bekannt ist und du dich gut darauf einstellen kannst.
Im Folgenden erhältst du Anregungen für die Vorbereitung und wichtige Hinweise auf die Prüfung.

Lernprotokolle anlegen

In der Abschlussprüfung kannst du zwischen verschiedenen thematischen Schwerpunkten wählen, die auf der Grundlage mehrerer (auch unterschiedlicher) Textsorten bearbeitet werden. So kannst du dich gründlich auf beide Aufgabentypen vorbereiten:

Im Unterricht:	Mit Finale:
• Sachtexte zu verschiedenen Themen bearbeiten • verschiedene literarische (erzählende) Texte bearbeiten	• Strategien für die Bearbeitung von Prüfungsvorlagen erarbeiten und in Beispielen anwenden

1. Welche Themen und Texte habt ihr bis jetzt im Unterricht besprochen?
   Liste sie auf.

Folgende Texte haben wir im Unterricht schon behandelt:

Erschließen von Sachtexten / Erörtern / Argumentieren

Erschließen von literarischen Texten / Interpretieren / Vergleichen

Hörtexte

2. Lege für Texte, die du schon bearbeitet hast, ein Lernprotokoll an und sammle diese in einem Portfolio (siehe folgende Seite).

Kopiervorlage • Kopiervorlage •

Lernprotokoll

Datum	Titel	Textsorte	Ablageort

Das will ich mir merken:

1. **Zum Thema / Inhalt:** (Stichpunkte zum Text / wichtige Gedanken / Merkmale der Textsorte)

2. **So verstehe ich den Text:**

3. **Das habe ich geübt / Das muss ich noch üben:**

4. **Bemerkungen:** (Das halte ich für wichtig / Bezüge zu anderen Texten vermerken / passende Internet-Adressen ergänzen)

Die Zeitvorgaben in der Prüfung

INFO

Die schriftliche Abschlussprüfung im Fach Deutsch dauert insgesamt 195 Minuten.
Sie beginnt zwischen 8.00 und 8.15 Uhr. Der genaue Zeitpunkt wird von deiner Schule festgelegt.
Die Abschlussprüfung besteht aus zwei Abschnitten:

I. Entscheidung für eine Prüfungsaufgabe

Du erhältst eine Prüfungsvorlage mit verschiedenen Materialtexten, und zwar den Basisteil mit verschiedenen Aufgaben und zwei Wahlteile (Wahlteil A und Wahlteil B), die jeweils eine längere Schreibaufgabe beinhalten.
Die Aufgaben im Basisteil musst du bearbeiten, zwischen den Wahlteilen A und B kannst du selbst entscheiden.
Die Aufgabenstellungen der Wahlteile können unterschiedliche inhaltliche Schwerpunkte haben (zum Beispiel Schwerpunkt „Literarische Texte“ oder Schwerpunkt „Sachtexte“) und unterschiedliche Schreibaufgaben beinhalten (z.B. Verfassen einer Stellungnahme, Schreiben eines Briefes oder eines inneren Monologs).
Innerhalb von 15 Minuten musst du dich für einen Wahlteil entscheiden.
Den Wahlteil, den du nicht bearbeiten willst, musst du durchstreichen.

I. Prüfungsaufgabe auswählen

15 min

II. Bearbeitung der Prüfungsaufgaben

Hörverstehenstest (ca. 20 Minuten)
Ein Text wird zweimal vorgelesen. Zwischen dem ersten und zweiten Vorlesen des Textes gibt es eine kurze Pause. Beim zweiten Vorlesen darfst du dir Notizen machen. Fragen zum Text dürfen nicht gestellt werden.
Anschließend erhältst du ein Arbeitsblatt mit Aufgaben zum Text.
Diese musst du beantworten.

II. Prüfungsaufgaben bearbeiten

180 min

Basisteil und Wahlteil: Bearbeiten der Prüfungsaufgabe (ca. 160 Minuten)
Zuerst musst du die Aufgaben des Basisteils bearbeiten. Dazu musst du beispielsweise den Materialtexten Informationen entnehmen und diese zusammenfassen, Diagramme auswerten usw.
Im von dir ausgewählten Wahlteil (A oder B) wird dir eine Schreibaufgabe gestellt, die du in einem zusammenhängenden Text beantworten musst. Die Aufgaben im Basisteil können dir helfen, diese längere Schreibaufgabe zu verfassen.

Für diese beiden Prüfungsteile hast du insgesamt 180 Minuten Zeit.

1. Trage auf diesem Zeitstrahl ein, wie viel Zeit für die einzelnen Prüfungsteile zur Verfügung steht.

8.00 8.30 9.00 9.30 10.00 10.30 11.00 11.30 12.00

Erfahrungen auswerten: Zeitplanung und Zeitkontrolle

1. Für die Bearbeitung der schriftlichen Prüfung hast du insgesamt 180 Minuten Zeit.
   Für die Bearbeitung des Textes zum Hörverstehen musst du ungefähr 20 Minuten einplanen.
   Für die Schreibaufgabe bleiben dir dann noch ungefähr 160 Minuten. Es ist daher wichtig, dass du ein Gefühl für die Zeit bekommst.
   Bearbeite die Prüfungsbeispiele in den Teilen C bis E deshalb immer mit einer Uhr.
   Halte fest, wie viel Zeit du für die einzelnen Arbeitsschritte einplanst
   und wie viel Zeit du tatsächlich benötigst.

	geplante Zeit	benötigte Zeit
1. Texte lesen und erfassen		
2. Text untersuchen und auswerten		
3. Aufgaben des Basisteils bearbeiten		
4. Aufgabenstellung des Wahlteils genau erfassen		
5. Deinen Text planen und gliedern		
6. Deinen Text schreiben und überarbeiten		
	Zusammen 160 Minuten	

Prüfungsbeispiel ______________________________

	geplante Zeit	benötigte Zeit
1. Texte lesen und erfassen		
2. Text untersuchen und auswerten		
3. Aufgaben des Basisteils bearbeiten		
4. Aufgabenstellung des Wahlteils genau erfassen		
5. Deinen Text planen und gliedern		
6. Deinen Text schreiben und überarbeiten		
	Zusammen 160 Minuten	

Prüfungsbeispiel ______________________________

	geplante Zeit	benötigte Zeit
1. Texte lesen und erfassen		
2. Text untersuchen und auswerten		
3. Aufgaben des Basisteils bearbeiten		
4. Aufgabenstellung des Wahlteils genau erfassen		
5. Deinen Text planen und gliedern		
6. Deinen Text schreiben und überarbeiten		
	Zusammen 160 Minuten	

Prüfungsbeispiel ______________________________

2. Notiere: Wo gab es Abweichungen von deiner Planung?
   Welche Schlüsse ziehst du daraus?

____

A 2 Was wird bei den Aufgabenstellungen erwartet?

Alle Aufgabenstellungen (Aufgaben im Basisteil und in den Wahlteilen) enthalten Hinweiswörter (Operatoren), die dir nicht nur helfen, die Aufgaben zu verstehen, sondern auch aufzeigen, welche Schwierigkeitsstufe eine Aufgabe hat.

Alle folgenden Aufgabenstellungen könnten aus Prüfungsarbeiten stammen. Lies die Aufgaben genau. (ACHTUNG: Der zugehörige Text ist nicht abgedruckt.)

1. In der Aufgabenstellung ① unten ist durch Unterstreichen hervorgehoben worden, was von dir erwartet wird. Unterstreiche auch in den weiteren Teilaufgaben (② bis ⑥), was du tun sollst. Die Verben in den Info-Kästen geben dir Hinweise.

<u>**Schwierigkeitsstufe 1:**</u> Hier musst du Wissen wiedergeben.

Aufgabe ①: <u>Fasse</u> die Kurzgeschichte „Die Tochter“ von Peter Bichsel (Text 1) in nicht mehr als fünf Sätzen <u>zusammen</u>.

Aufgabe ②: Beschreibe, wie die Eltern die Tochter sehen.

Aufgabe ③: Stelle dar, wie sich das Verhältnis zwischen Eltern und Tochter in Text 2 entwickelt hat.

INFO zu Stufe 1

nennen, beschreiben, benennen, wiedergeben, zusammenfassen, darstellen:
Hier musst du den Sachverhalt/den Inhalt/die Textaussage/den Zusammenhang in eigenen Worten strukturiert wiedergeben. Dabei sind nur die wichtigsten Fakten zu nennen. Deine eigene Meinung/dein Kommentar ist nicht gefragt.

<u>**Schwierigkeitsstufe 2:**</u> Hier musst du Fragen und Probleme selbstständig erfassen. Fertigkeiten, die du hast, sollen in einem neuen Zusammenhang angewendet werden.

Aufgabe ④: Vergleiche die im Diagramm dargestellten Umfrageergebnisse mit den Erklärungen der Mutter in Text 3.

Aufgabe ⑤: Benenne die sprachlichen Mittel, die der Autor von Text 3 einsetzt, um die Haltung der Tochter deutlich zu machen. Erläutere diese an zwei Beispielen.

INFO zu Stufe 2

erklären, erläutern:
Hier müssen die Textaussagen oder Inhalte durch zusätzliche Informationen und Beispiele veranschaulicht und/oder durch Kenntnisse belegt werden.
nachweisen:
Hier sollst du bestimmte Merkmale oder Inhalte eines Textes (Sachtext oder literarischer Text) aufzeigen bzw. beschreiben.
vergleichen:
Hier sollst du Informationen aus den Materialien unter bestimmten Bedingungen vergleichen, indem du Gemeinsamkeiten, Unterschiede oder Abweichungen herausarbeitest.

Schwierigkeitsstufe 3: Hier musst du eigene Lösungsansätze finden. Du sollst also Probleme und Themen reflektieren und/oder bewerten.

Aufgabe 6: Die Texte 1 – 4 beziehen sich auf das Verhältnis von Kindern zu ihren Eltern. Beurteile die unterschiedlichen Verhaltensweisen der vorgestellten Elternpaare. Nimm Stellung zu den vorgeschlagenen Lösungsansätzen.

INFO zu Stufe 3

beurteilen:
Hier musst du, manchmal auch mithilfe verschiedener Zusatzmaterialien (Diagramm, Karikatur ...), ein begründetes Urteil fällen.
Stellung nehmen, auseinandersetzen mit:
Hier soll, nach einer eingehenden Auseinandersetzung mit einem Sachverhalt, eine eigene Einschätzung des Problems verfasst werden. Dabei kann auch eine Argumentationskette entwickelt werden, die zu einem logischen Schluss führt.
begründen:
Hier sollst du eine Einschätzung/eine eigene Meinung sachlich und fachlich korrekt belegen.
verfassen:
Hier soll ein Text unter Berücksichtigung der geforderten Textmerkmale (Interpretation, Erörterung ...) verfasst werden.

2. Im **Wahlteil** findest du zwei umfangreiche Schreibaufgaben. Diese könnten aussehen wie das folgende Beispiel. Unterstreiche auch in dieser Aufgabe, was du tun sollst. Die Verben in den Info-Kästen geben dir auch hier Hinweise.

Du arbeitest als Schülervertreter bzw. Schülervertreterin in der Arbeitsgruppe „Elternarbeit" in deiner Schule mit. Für eure nächste Sitzung verfasst du einen Text darüber, wie Eltern und Kinder sich in verschiedenen Situationen verhalten und wie sich durch bestimmte Verhaltensweisen das Verhältnis zueinander problematisch entwickeln kann.

Bearbeite hierfür die folgenden Aufgaben in einem zusammenhängenden Text.
Beachte dabei auch die Überleitungen.

a) Alle Texte befassen sich mit dem Thema „Konflikte zwischen Eltern und Kindern". Fasse die einzelnen Textaussagen kurz zusammen.
b) Vergleiche, welche Rolle die Verhaltensweisen der Eltern in den dargestellten Konfliktsituationen spielen.
c) Beurteile die Reaktionen der Kinder auf das Verhalten der Eltern anhand von zwei Beispielen.
d) Erörtere, welche Lösungsmöglichkeiten für beide Seiten vorgeschlagen werden.
e) Begründe, für welches Lösungsmodell du dich entscheidest.

TIPP

Im Internet findest du unter **www.finaleonline.de** eine ergänzende Liste zu allen Hinweiswörtern (Operatoren)!

A 3 Wie entscheide ich mich für die Prüfungsaufgabe?

Die erste Orientierung erhältst du durch **den Hinweis,** der sich vor den Materialtexten befindet. Die Beispiele auf dieser Doppelseite könnten auch in der Prüfung vor den verschiedenen Materialtexten stehen. (ACHTUNG: Die Texte und Materialien sind nicht abgedruckt.)

INFO

Du erhältst eine Prüfungsvorlage mit unterschiedlichen Materialtexten. Daran schließen sich Aufgaben im Basisteil an, die du bearbeiten musst. Danach musst du dich für eine Schreibaufgabe im Wahlteil A oder B entscheiden. Du musst dich innerhalb von 15 Minuten entscheiden, welche Schreibaufgabe du bearbeiten willst.
Gehe so vor:
Verschaffe dir einen ersten Überblick durch das Lesen des ersten Hinweises (Thema, evtl. Textarten).
Verschaffe dir durch überfliegendes Lesen der Texte (siehe B 4, Seite 34) einen genaueren Überblick.
Überfliegendes Lesen ist wichtig, weil du zum genauen Lesen der Texte zu wenig Zeit hast.
Lies dir die beiden Schreibaufgaben dann genau durch (siehe TIPP zu 3., Seite 12).

1. Lies den folgenden Hinweis genau. Unterstreiche, was von dir erwartet wird. Unterstreiche außerdem das Thema, mit dem du dich beschäftigen musst, und die einzelnen Teile der Aufgabenstellung, die du bearbeiten sollst.

Beispiel:
Die folgenden Texte, das Diagramm und das Foto befassen sich aus unterschiedlichen Perspektiven mit dem Thema „Herbst“. Lies alles aufmerksam, markiere die für dich wichtigen Stellen und bearbeite dann zuerst die sich anschließenden Aufgaben im Basisteil.
Im Anschluss daran musst du dich entscheiden, ob du die Schreibaufgabe im Wahlteil A oder B bearbeitest.

2. Unterstreiche in den Aufgaben des Basisteils, die du bearbeiten musst, alle Operatoren (siehe Seite 9/10).

TIPP zu 2.

Überlege nun:
Was wird in den einzelnen Aufgaben verlangt?
Was bedeuten die verschiedenen Operatoren (siehe Seite 9/10)?

Beispiel:

a) Fasse Text 1 in nicht mehr als vier Sätzen zusammen.

b) Vergleiche die im Diagramm dargestellten Ergebnisse mit den in Text 2 genannten Erwartungen der Menschen.

c) Stelle mithilfe eines Beispiels dar, wie sich die Befragten das Voranschreiten der Klimaerwärmung vorstellen.

d) Benenne in jedem der drei Gedichte zwei sprachliche Mittel, die die Autoren einsetzen. Erkläre deren Bedeutung.

e) Die Texte 2 – 4 beziehen sich auf das Thema „Herbst“. Verdeutliche in jeweils einem Satz ihre zentrale Aussage.

3. Unterstreiche nun, was in den Wahlteilen A und B von dir verlangt wird.

Beispiel:

Wahlteil A

Du bist Mitarbeiterin bzw. Mitarbeiter der AG „Schul-Homepage“. Immer zu Beginn eines neuen Schuljahres bekommt eine/einer den Auftrag, ein passendes Gedicht für die Startseite auszusuchen. Diesmal bist du an der Reihe. Für die nächste Redaktionssitzung sollst du begründen, für welches Gedicht du dich entschieden hast. Bearbeite dazu die folgenden Aufgaben in einem zusammenhängenden Text. Beachte auch die Überleitungen.

a) Stelle einleitend die drei Gedichte vor, die du zur Auswahl hast.
b) Erläutere kurz die Gemeinsamkeiten, aber auch die Unterschiede zwischen den einzelnen Gedichten.
c) Formuliere drei Gründe, die für das Gedicht deiner Wahl sprechen. Gehe dazu auf die unterschiedlichen Inhalte und die eingesetzten sprachlichen Mittel ein.

Wahlteil B

Im Erdkundeunterricht behandelt ihr das Thema „Klimaveränderung“. Für eine Wandzeitung zu diesem Thema sollst du einen informierenden Text zur Klimaveränderung in Deutschland am Beispiel der Jahreszeit Herbst verfassen. Bearbeite dazu die folgenden Aufgaben in einem zusammenhängenden Text. Beachte auch die Überleitungen.

a) Verfasse zunächst eine Einleitung, in der du deine Mitschülerinnen und Mitschüler auf das Thema einstimmst.
b) Beschreibe, welche positiven bzw. negativen Auswirkungen die Jahreszeit Herbst auf die Menschen haben kann. Zeige dies mithilfe von je zwei Beispielen aus den drei Gedichten.
c) Erläutere, welche Klimaveränderungen die Forscher in der Jahreszeit Herbst erwarten.
d) Erkläre und begründe anhand von zwei Beispielen, welche Maßnahmen die Menschen gegen die Klimaveränderung ergreifen können.

TIPP zu 3.

Überlege:

Welche Textsorten bearbeite ich gerne?

- Kann ich gut Gedichte interpretieren?
- Komme ich mit Kurzgeschichten gut klar?
- Bevorzuge ich Sachtexte?
- Fällt es mir leicht, Diagramme zu erlesen?

Welche Texte verfasse ich selbst gerne?

- Bevorzuge ich informierende Texte?
- Schreibe ich gerne Texte, die argumentativ Probleme gegenüberstellen und in denen ich meine eigene Meinung deutlich machen kann?
- Bevorzuge ich persönliches Schreiben (Briefe)?

Was verlangt die Schreibaufgabe genau von mir?

- Welches ist der Anlass für meine Schreibaufgabe?
- Welches Anliegen hat mein Schreiben?
- Wer sind meine Adressaten?
- Mit welchen Operatoren, die in der Schreibaufgabe vorkommen, kann ich gut umgehen?

TIPP

Wichtig:

- Nutze die 15 Minuten der Auswahlzeit voll aus!
- Konzentriere dich auf deine Stärken!
- Achte nicht auf die Länge der einzelnen Materialtexte!

A 4 Die Prüfungsarbeit: Ein Beispiel

Die Prüfung enthält mehrere Texte und verschiedene Aufgaben zu einem thematischen Schwerpunkt. In unserem Beispiel sind es Materialien zum Thema „Sport im Alltag Jugendlicher".
Deine schriftliche Abschlussarbeit im Fach Deutsch beginnt, indem die Lehrerin oder der Lehrer dir die Unterlagen für den Basisteil und die Wahlaufgaben aushändigt. Du hast nun 15 Minuten Zeit, dich für den Wahlteil A oder den Wahlteil B zu entscheiden. Den von dir nicht gewählten Wahlteil streichst du verbindlich durch.

Deine Bearbeitungszeit beginnt mit dem Hörverstehenstest. Dieser Teil der Prüfung besteht aus einer Hörverstehensaufgabe. Hier ist ein Beispieltext abgedruckt, wie so ein Text und die Fragen dazu inhaltlich aussehen könnten. ACHTUNG: In der Prüfung bekommst du den Text nur zweimal vorgespielt, du bekommst ihn nicht schriftlich ausgehändigt! Erst wenn du den Teil zum Hörverstehen abgegeben hast, darfst du mit der Bearbeitung des Basisteils und der von dir gewählten Wahlaufgabe beginnen.

Die folgende Prüfungsvorlage wurde zum Teil bereits bearbeitet. Jedoch ist sich der Schüler unsicher, immerhin geht es hier um die Abschlussarbeit. Hilf ihm, indem du seine Lösungen mit den Aufgabenstellungen vergleichst und die Antworten gegebenenfalls ergänzt oder verbesserst.

Hörverstehenstest

Ich pumpe, also bin ich

Simon, Samim und Tamim schwitzen fast täglich im Fitnessstudio. Sie wollen „den Körper ausdefinieren", sagen sie, haben einen strengen Ernährungsplan. 900.000 Jugendliche gehen zum Krafttraining. Ist das noch Hobby-Sport – oder ungesunder Körperwahn?
„Es ist viel Aufwand", sagt Simon, 15. Der Gymnasiast aus Hamburg geht seit einem halben Jahr ins Fitnessstudio, um Muskeln aufzubauen und Fett abzubauen. Sechsmal pro Woche trainiert er gemeinsam mit seinem Freund Luc nach dem Unterricht. Noch vor kurzem hat Simon morgens gar nichts gegessen, heute steht er zeitiger auf, um sich Eier zu kochen. Genau 150 Gramm Eiweiß soll er laut Ernährungsplan zu sich nehmen. Außerdem schmiert er sich Brote, denn das Mittagessen in der Schule passt nicht in den Ernährungsplan. „Es ist aber auch ein Gefühl von Genugtuung, wenn man sieht, wie andere in unserem Alter schon die Form verlieren, während wir uns gerade ausdefinieren", sagt Simon.
Simon gehört zu einer steigenden Zahl von Jugendlichen, die in Fitnesscentern versuchen, ihren Körper einer ästhetischen Norm anzupassen. Etwa 900.000 unter 20-Jährige gehen regelmäßig in deutsche Kraftstudios. Sie wollen schön sein, muskulös und fit.
Für Michael Sauer hat diese Sportbegeisterung nicht nur positive Seiten. Der Dopingexperte vom Manfred-Donike-Institut in Köln möchte verhindern, dass Jugendliche dem Muskelaufbau mit Pulvern und Tabletten nachhelfen. [...]
Michael Sauer macht Präventionsunterricht an Schulen, aber er ist kein Mann, der mit erhobenem Zeigefinger kommt. Er sagt: „Wenn wir mit den Kids über Medikamentenmissbrauch sprechen, können wir nicht sagen: Von Anabolika kannst du sterben. Denn dann hört mir keiner mehr zu. Wir versuchen zu sagen: Wenn du die Mechanismen des Körpers nutzt,

dann brauchst du auch keine Zusatzmittel zu nehmen, um dein Ziel zu erreichen."
Die Zwillinge Samim und Tamim, 16, gehen stets mit ihrem Freund Michael, 16, ins Fitnessstudio. Im Wollpulli auf der Straße sehen die drei Schüler eines Wirtschaftsgymnasiums in Hamburg noch aus wie Teenager, doch im Muskelshirt auf der Hantelbank wirken sie mit den muskulösen Armen und dem definierten Bauch zehn Jahre älter. Früher machten die Jungen Kickboxen oder spielten Handball. Seit fünf Monaten gehen sie lieber ins Fitnessstudio, manchmal viermal die Woche.
Sie fühlen sich wohl in ihrem Körper, posieren vor der Kamera, leicht verlegen, aber doch stolz. „Beim Sport können wir super abschalten, außerdem bleiben wir fit und sehen dabei noch gut aus", sagt Tamim. [...]
Dass immer mehr Jugendliche aller Bildungsniveaus in die Studios strömen, beobachtet auch Mischa Kläber, Ressortleiter „Präventionspolitik und Gesundheitsmanagement" beim Deutschen Olympischen Sportbund.
In der Muckibude entwickele sich jedoch unter den Jugendlichen schnell eine „Zweck-Mittel-Mentalität", meint Kläber. Um weniger zu essen, greife man zu Diätdrinks oder Pillen. Möchte man auch für den nächsten Tag wieder fit sein im Training, helfe Kreatin weiter. „Ich verteufele nicht die Nahrungsergänzungsmittel schlechthin. Ein Eiweißshake macht mehr Sinn als vier Liter Milch am Tag zu trinken, wie es noch in alten Bodybuilding-Handbüchern steht", sagt Kläber. Gefährlich sei es dann, wenn die frei zugänglichen Mittel nicht mehr wirkten und man zu stärkeren Mitteln greife.
Fitness für gutes Aussehen ist für die Jugendlichen auch Identitätsarbeit. „Sie versuchen ihre Rolle als Sportler auszufüllen, verbringen viel Zeit im Studio und mit der Zubereitung von Essen, ihre Sozialkontakte beschränken sich zunehmend auf Personen mit ähnlichen Interessen. Je intensiver sich ein Athlet über seine Körperoptik definiert, desto schwieriger wird es, den Pfad wieder zu verlassen", sagt Kläber. Jugendliche, die muskulös aussehen wollen, haben meist keine Ahnung, wie sie das schaffen sollen. „Sie holen sich ihr Wissen von Freunden, aus dem Internet oder von Leuten in ihrer Muckibude. Wir wissen aber nicht, was die ihnen empfehlen – dort liegt die Schwachstelle", meint Michael Sauer.
Im Fitnessstudio von Samim und Tamim, Simon und Luc gibt es einen Automaten mit Nahrungsergänzungsmitteln. Ob sich die Jungs so etwas auch manchmal gönnen? „Wir geben hier kein Geld für die Shakes aus, sondern machen die zu Hause aus Quark und Wasser", erklärt Samim. In der Werbebroschüre für die Nahrungsergänzungsmittel steht neben Krea-Genic „Nicht für Kinder oder Jugendliche geeignet!" Davor hat Simon Respekt. Aber er sagt auch: „Wenn wir alt genug sind und Kreatin keine gesundheitlichen Risiken hat, dann nehmen wir das auch zur Hilfe."

Maria Timtschenko: Ich pumpe, also bin ich. SPIEGELonline, 09.12.2013. http://www.spiegel.de/lebenundlernen/schule/jugendliche-im-fitnessstudio-hobby-sport-oder-koerperwahn-a-919483.html (Zugriff: 10.02.2021)

Aufgabe 1
Fasse kurz den Inhalt des Artikels zusammen.

In dem Text geht es um Jugendliche, die in einem Fitnessstudio trainieren, bzw. „pumpen", um besser auszusehen. Durch Muskeltraining versuchen sie, ihre Körper auszudefinieren, um sich darin wohler zu fühlen. Dieser Trend nimmt unter den Jugendlichen immer stärker zu.
Doch dabei lauern auch Gefahren: Oft ist den Jugendlichen ihr Aussehen wichtiger als ihre Gesundheit. Es ist schwer umzudenken, wenn man sich erst einmal dem „Körperkult" hingegeben hat.

Aufgabe 2
Welchen Gefahren sind Jugendliche ausgesetzt, wenn sie übertriebenes Fitnesstraining betreiben?
Gib zwei Beispiele an, die auch im Artikel genannt werden.

Es kann sein, dass Jugendliche falsch trainieren oder sich ungesund ernähren, weil sie Menschen fragen, die sich nicht auskennen, oder weil sie sich im Internet selber informieren. Zudem gibt es Jugendliche, die ihre Grenzen nicht kennen. Sie wollen immer muskulöser werden und laufen Gefahr, auch zu ungesunden Substanzen oder sogar Anabolika zu greifen, um dieses Ziel zu erreichen.

Aufgabe 3
Welche der folgenden Aussagen bezüglich des Körperkultes bei Jugendlichen stammen sinngemäß aus dem Text? Kreuze an:

Zeile	richtig	falsch
Die Zahl der Jugendlichen, die in Fitnessstudios trainieren, steigt stetig an.	x	
Nahrungsergänzungsmittel sind für Jugendliche oft leicht zugänglich.	x	
Die Jungen gehen außerdem noch zum Kickboxen und zum Handball.		x
Das Interesse für Körperoptik ist meistens nur von kurzer Dauer.		x

Aufgabe 4
In dem Artikel heißt es, Fitness für gutes Aussehen sei für die Jugendlichen auch „Identitätsarbeit" (Zeile 52). Erkläre mit eigenen Worten, was damit gemeint ist.

Jugendliche müssen ihre Rolle im Leben und in der Gemeinschaft noch finden. Jeder versucht dabei, ein Bild von sich nach außen zu zeigen, das seinen Wünschen und Träumen entspricht. Diese Jugendlichen hier wollen sich als Sportler präsentieren. So erfahren sie Anerkennung für ihr Aussehen und für ihr Durchhaltevermögen. Andere Menschen bewundern sie dafür. Das gibt ihnen das Gefühl, etwas gut gemacht zu haben und in etwas „Experte" zu sein. Darauf sind sie stolz und ihr Selbstbewusstsein wächst.

Aufgabe 5
Glaubst du, die Jugendlichen aus dem Artikel werden später zu Nahrungsergänzungsmitteln greifen? Begründe deine Antwort.

Ja, das denke ich. Den Jugendlichen scheint ihr Aussehen sehr wichtig zu sein und und ich habe nicht den Eindruck, dass sie es schlimm fänden, diese Mittel zu nehmen, wenn sie erwachsen sind. Einer der Jungen sagt ja sogar, dass er nur deshalb auf Kreatin verzichtet, weil es nicht für Kinder und Jugendliche geeignet ist.

Basisteil

Text 1: Was ist eSport?

Der Begriff „eSport“ ist die Abkürzung für „elektronischer Sport“ und bezeichnet das wettbewerbsmäßige Spielen von Computer- und Videospielen. Unwichtig für die Definition sind das Genre und die Plattform eines Titels. Egal ob PC oder Konsole, Renn- oder Actionspiel: Wer den geregelten Wettkampf gegen andere Zocker ausübt, betreibt eSport.

Zu den beliebtesten eSport-Titeln gehören „Counter-Strike – Global Offensive“ und „League of Legends“. [...] Jahr für Jahr schütten diverse Veranstalter Preisgelder in Millionenhöhe bei Turnieren für beide Games aus. [...] Etwa der eSports World Championship (ESWC): Der ESWC gilt als die Weltmeisterschaft des eSports, jedes Spiel ist eine Disziplin. An den hoch dotierten[1] Wettbewerben nehmen vor allem Zocker teil, die vom eSport leben. Diese Profis heißen im Szene-Jargon „Progamer“. Einer der bekanntesten ist der ehemalige „Quake 3“-Profi Jonathan Wendel: Fatal1ty, der Spielname des US-Amerikaners, ziert sogar noch heute, Jahre nach seinem Karriereende, Headsets und Soundkarten des Herstellers Creative.

Für besonders große und wichtige Veranstaltungen wie den ESWC versammeln sich die Spieler und tragen ihre Partien im lokalen Netzwerk aus. Doch der Großteil des eSportler-Alltags findet im Internet statt: Im Netz halten Progamer und Hobbyspieler ihr Training ab, treten in Online-Ligen an und treffen sich zum Diskutieren auf Szene-Seiten. Dabei ist die ESL[2] mit mehr als 3 Millionen registrierten Benutzern Dreh- und Angelpunkt: Die Webseite der ESL fungiert als Plattform, die Matches zwischen Spielern vermittelt. Eine Rangliste zeigt dann, wer am besten daddelt. Das klingt nach einer einsamen Angelegenheit, ist es aber nicht: Die meisten eSportler organisieren sich in Clans. [...] Das sind Spielervereinigungen, die Sportvereinen ähneln. Man verabredet sich zum Training, zu Wettkämpfen oder auch mal außerhalb der virtuellen Welt zum Feiern. Einige Clans sind eingetragene Vereine oder gar Unternehmen, die meisten existieren jedoch als lose Zusammenschlüsse von Gleichgesinnten. [...]

In Titeln wie „Counter-Strike – Global Offensive“ kommen Sie ohne Mitspieler und gemeinsame Trainingseinheiten auch nicht weit: Wettbewerbe im Valve[3]-Ballerspiel finden meistens im Modus 5 gegen 5 statt. Dann ist neben einer guten Hand-Auge-Koordination und blitzschnellen Reflexen auch eine gehörige Portion Taktik gefragt.

Diese Anforderungen sind es auch, die Befürworter wie der Verband Deutscher eSport-Bund (ESBD) als Argumente für eine Anerkennung des eSports als Sportart in die Waagschale werfen. Falls Sie dem Gedanken skeptisch gegenüber stehen, der Zockerei Sportstatus zu gewähren, dann geht es Ihnen wie dem Deutschen Olympischen Sportbund (DOSB), der für die Anerkennung maßgeblich ist: Dessen Definition verlangt eine „eigene, sportartbestimmende motorische Aktivität". Die liegt beim eSport nicht vor. Anerkennung vom DOSB hin oder her: Unter dem Strich zeichnet sich der eSport durch den Spaß am Zocken, am Wettbewerb und die Leidenschaft der Beteiligten aus. Viele Fans, Organisatoren und Spieler opfern ihre komplette Freizeit für das Hobby. Der eSport hat Suchtpotenzial – seien Sie sich dessen bewusst, wenn Sie einen Ausflug in die Szene starten.

Rüdiger Kopp, Was ist eSport? Computerbild digital, Hamburg 04.03.2018. http://www.computerbild.de/artikel/cbs-News-Spiele-eSport-Begriffserklaerung-Definition-6148676.html (Zugriff: 10.02.2021, verändert)

[1] eine sehr gute Bezahlung aufweisend
[2] Electronic Sports League
[3] Entwicklerfirma (z. B. von „Counter Strike")

Aufgabe 1

Fasse in nicht mehr als vier Sätzen zusammen, worum es in dem Text geht.

Der Artikel aus der Computerbild beschreibt das Phänomen des eSports. Es wird erklärt, wie Spieler diesen „Sport" ausüben und was sie darin sehen. ESport ist jedoch nach wie vor umstritten. Während die einen es als echten Sport sehen, fehlt dem Deutschen Olympischen Sportbund die eigene motorische Aktivität, also ein besonderer Bewegungsablauf.

Aufgabe 2

In dem Text wird für Begriffe, die mit dem Bereich des eSports zu tun haben, eine eigene Sprache genutzt.

a) Suche die folgenden drei speziellen Vokabeln im Text und erkläre sie aus dem Textzusammenhang heraus mit deinen eigenen Worten.

eSport	Sport, der virtuell betrieben wird (Computerspiele)
Progamer	Spieler von Computerspieler, die Geld mit dem Spielen verdienen; professionelle Spieler
Clans	Zusammenschlüsse von Spielern, die eine Interessengemeinschaft bilden

b) Begründe, warum „Gamer" eigene Vokabeln für ihre Freizeitbeschäftigung erfinden.

Immer wenn Menschen sich in Gruppen zusammentun, entwickeln sie ihr eigenes Vokabular. Das passiert ganz automatisch, wenn man Zeit miteinander verbringt, und schweißt die Gruppe stärker zusammen. Im Bereich „Gaming" kommt hinzu, dass es für vieles einfach noch keine passenden Wörter gab, also musste man sie erfinden.

Aufgabe 3
Nenne stichpunktartig drei Aspekte, warum „Gamer“ davon überzeugt sind, einen Sport auszuüben.

- Die Spieler treten gegeneinander an.
- Es gibt eine Rangliste. / Es besteht ein Wettkampf.
- Es geht um taktisches Vorgehen und Reflexe.

Grafik: Knapp jeder zweite Deutsche ist ein Gamer

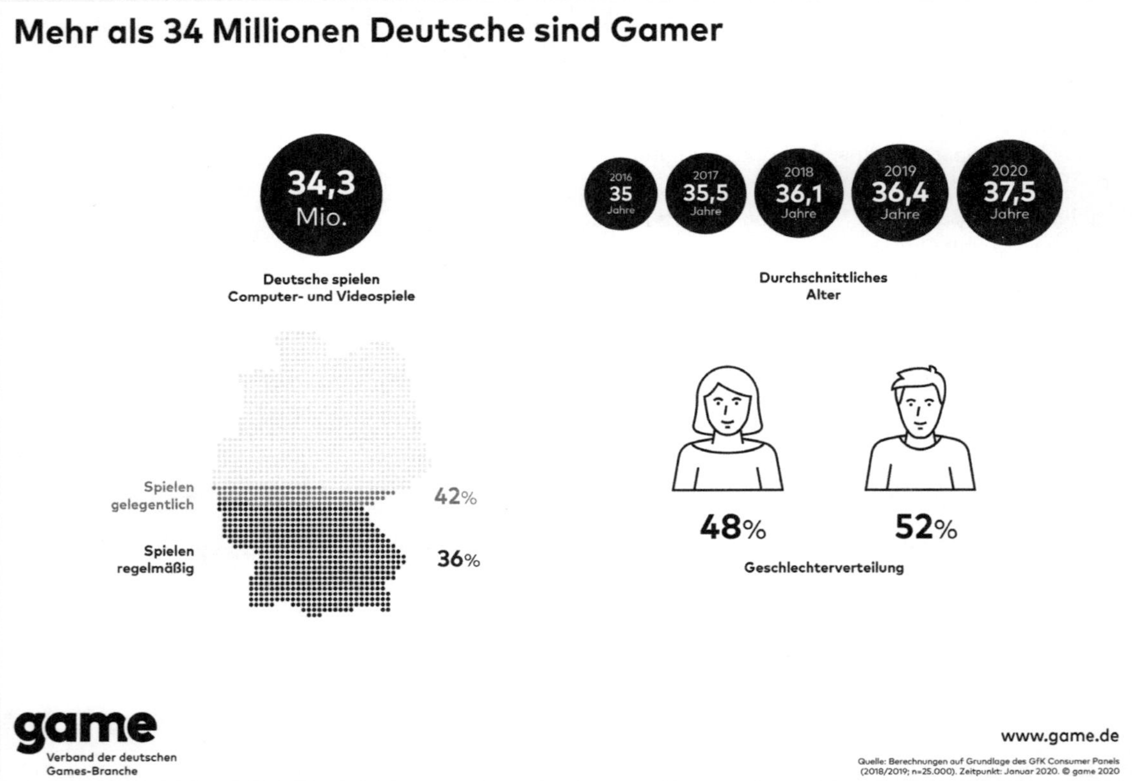

Quelle: © game – Verband der deutschen Games-Branche e.V., Berlin

Aufgabe 4
Erkläre das Thema der Grafik in eigenen Worten.

Die Grafik gibt an, wie viele Menschen in Deutschland im Januar 2020 gelegentlich oder regelmäßig Computer- und Videospiele gespielt haben. Außerdem gibt sie Auskunft über das Durchschnittsalter und die Geschlechterverteilung der Spielenden.

Aufgabe 5
Beschreibe kurz die in der Grafik enthaltenen Informationen.

Das Durchschnittsalter der befragten Menschen, die sich in Deutschland gelegentlich oder regelmäßig mit Computer- und Videospielen beschäftigen, stieg von 35 Jahren im Jahr 2016 auf über 37 Jahre im Jahr 2020 an. Dabei spielen 42 % der Befragten gelegentlich, 36 % dagegen regelmäßig. 48 % der Spielenden sind weiblich und 52 % männlich.

Aufgabe 6

Stelle einen Zusammenhang her zwischen den Inhalten der Grafik und dem Phänomen des eSports.

Die Grafik zeigt, dass viele Menschen in Deutschland Computer- und Videospiele spielen. Fast jeder Zweite beschäftigt sich damit. Für immer mehr Menschen gehören Computer- und Videospiele also zum Alltag, 36 Prozent spielen sogar regelmäßig. Beschäftigt man sich mit einer Sache intensiv, entsteht schnell das Bedürfnis, sich mit anderen zu vergleichen. Die Spieler sind stolz auf ihr Können und auf das, was sie „ingame", also im Spiel, erreicht haben. Somit steigt das Bedürfnis, sich neue Herausforderungen zu suchen, indem man mit anderen in den Wettstreit tritt. Wenn man das Durchschnittsalter der Spielenden betrachtet, lässt sich vermuten, dass es sich beim eSport nicht nur um ein Phänomen unter Jugendlichen handelt.

Wahlteil A

Du bist leidenschaftlicher eSportler. Aber schon seit längerer Zeit besteht ein Konflikt zwischen dir und deinen Eltern, weil diese sich wünschen, dass du einen „richtigen" Sport ausübst. Du stößt auf eine Infobroschüre, die dich darüber informiert, dass in deiner Stadt ein Kurs angeboten wird, der nach den Lehren von Ido Portal unterrichtet wird. Du bist begeistert und versuchst, deine Eltern davon zu überzeugen, dass „Movement Culture" genau das richtige Hobby für dich wäre.

Text 2A: Movement Culture: Die Wiederentdeckung des Körpers

Fitness boomt wie nie zuvor. Deutsche Fitnessstudios liegen laut dem Deutschen Sportstudio Verband mit weit über neun Millionen Mitgliedern quantitativ sogar vor Fußballvereinen. Noch nie war der Fitnessgedanke so selbstverständlich in den gesellschaftlichen Alltag integriert – die Yogastunde vor Arbeitsbeginn, das 20-Minuten Workout in der Mittagspause, Cardiotraining am Abend. Und immer mehr Apps und Geräte begleiten uns dabei. Der Fitness-Tracker[1] am Arm weiß, wie viele Schritte man am Tag bereits zurückgelegt hat, die Apple Watch, wie viel Workout noch ansteht.

Trends wie Bodybuilding und Aerobic legten schon in den 80er-Jahren den Grundstein für die heutige Studio-Kultur. Arnold Schwarzenegger lockte die Massen an die Hanteln, und Jane Fondas Aerobic-Videos begeisterten kurz darauf auch immer mehr Frauen für Fitnessstudios. So avancierte das Workout zum zentralen Element einer gemeinsamen Körpererlebniskultur.

Heute finden wir uns in einer Welt mit einem schier endlosen Angebot wieder – von Discount-Fitnessstudios, die für wenige Euro im Monat das Studioworkout ermöglichen, bis zu Exklusiv-Fitness, bei der Training, Yogakurs und Wellness zum Erlebnis verschmelzen. Denn der sportliche Lebensstil hört nicht an der Hantelbank auf: Proteinshakes, Magazine, Sportbekleidung, Youtube-Sportfreaks, Aktivurlaube – Fitness ist in allen

gesellschaftlichen Bereichen angekommen und regelmäßiges Training alltäglich geworden.
Doch das Prinzip Fitnessstudio hat eine Kehrseite: Sport dient hier primär dem Erlangen einer bestimmten Ästhetik, der Fokus liegt auf Muskelpartien oder sogenannten Problemzonen. Oft werden spezielle Muskeln überstrapaziert, Dehnungen vernachlässigt, Geräte falsch benutzt. Die Folgen können ein unnatürlicher Aufbau der Muskeln, Bewegungseinschränkungen oder sogar langwierige Schädigungen sein. Was bei diesen durchstrukturierten, methodischen Trainingsplänen zu kurz kommt, ist das Körperbewusstsein. Das Gefühl für Bewegung.
Immer mehr Menschen reicht das bloße Pumpen nicht mehr. Sie suchen die Wiedererkennung des eigenen Körpers und Bewegung als kreatives Erlebnis. Aus diesem Bedürfnis heraus formiert sich zurzeit die Trendbewegung der „Movement Culture“. Ihre zentralen Fragen lauten: Wieso bewegen wir uns? Zu welchen komplexen Formen und Abläufen ist der menschliche Körper in der Lage? Wie fühlt sich der eigene Körper in der Bewegung an?
Movement Culture zielt darauf, das riesige Bewegungspotenzial des Menschen voll auszunutzen. Als Visionär der Bewegung gilt der israelische Sportler Ido Portal, der einen dezidiert[2] körperlichen Lebensstil lehrt und praktiziert. Für ihn ist der Körper ein Feld des lebenslangen Lernens und der Weiterentwicklung. Portal nutzt dabei Trainingsformen aus unterschiedlichsten Sportarten – etwa Capoeira[3], Tanz, Kampfsport, Parkour oder Turnen –, um den Körper neu kennenzulernen. Ästhetik wird in der Movement Culture nicht als Zweck behandelt, sondern als eine natürliche Begleiterscheinung.
Warum ist das Gehirn eines Tänzers kognitiv fitter als das eines gleichaltrigen „Normalsportlers“? Weil es mit jeder neuen Choreografie Bewegungen neu erlernt. Die Vielseitigkeit fördert die Wahrnehmung von Körperbewegung und -lage im Raum, die Stellung einzelner Körperteile zueinander. Ido Portal geht es nicht darum, Beweglichkeit künstlich in unseren Lebensstil zu integrieren – denn Beweglichkeit ist unser Leben.
Dieses neue Bedürfnis nach Körperlichkeit verändert auch den Fitness-Markt. Studios wie der Brooklyn Zoo in New York könnten das bisherige Fitnesssystem revolutionieren: Eine 10.000 Quadratmeter große Fläche, die ausschließlich dem freien Training des Körpers gewidmet ist. Parkour-Elemente, Kletterstangen und -seile sowie Federböden sollen Anfänger und Fortgeschrittene auf dem Weg zur vollen Ausschöpfung ihrer Bewegungspotenziale unterstützen.
So stellen immer mehr Menschen fest, dass dem „normalen“ Fitness-Workout etwas fehlt. Sie entdecken den Körper neu – und tragen dazu bei, dass sich ein achtsameres Verhältnis zu Bewegung in der Gesellschaft verbreitet.

Yvonne Winnefeld: Movement Culture: Die Wiederentdeckung des Körpers. https://www.zukunftsinstitut.de/artikel/sport/movement-culture-die-wiederentdeckung-des-koerpers/ (Zugriff: 10.02.2021), Zukunftsinstitut GmbH, 2020, Frankfurt/Main

1 Tragbares Gerät, welches Schritte zählt und Körperdaten auswertet (Herzschlag, Puls)
2 Hier: entschlossen gelebt
3 Brasilianischer Kampftanz

Du arbeitest einen informierenden Vortrag aus, mit dem du deine Eltern überzeugen willst.
Gehe folgendermaßen vor:

a) Beginne mit der Beschreibung deines Anliegens.
b) Erkläre deinen Eltern, wie dein sportlicher Alltag bis jetzt ausgesehen hat. Beziehe dabei die Informationen aus Text 1 ein.
c) Erläutere ihnen ausführlich, was „Movement Culture“ ist. Nutze die Informationen aus Text 2A.
d) Führe drei Gründe an, warum es für dich langfristig von Vorteil wäre, diese Art von Sport zu machen.
e) Schließe mit einem Appell an deine Eltern.

Möglicher Schülertext:

Mama und Papa, ich möchte mit euch über etwas reden. Und zwar haben wir doch schon lange darüber diskutiert, dass ich mich mehr bewegen und deshalb eine neue Sportart anfangen soll. Bis jetzt konnten wir uns aber nie auf eine Sportart einigen, denn irgendwie hatten wir immer unterschiedliche Vorstellungen davon, was ein gutes Hobby für mich wäre.
Natürlich ist es so, dass viele Jugendliche, was Bewegung angeht, ziemlich faul sind. Auch ich bin diesbezüglich nicht immer motiviert. Und dann macht man eben das, was jeder macht. Alle in meiner Klasse, und natürlich auch ich, spielen zum Beispiel Computerspiele. Auch wenn ihr das nicht verstehen könnt, sind Computerspiele für viele Jungen und Mädchen in meinem Alter, mich eingeschlossen, nämlich auch eine Art Sport. Viele Jugendliche versuchen, in „ihrem“ Spiel immer besser zu werden, bis sie schließlich in der Lage sind, in richtigen Wettkämpfen gegeneinander anzutreten. Wie das Training in einem Fußball- oder Schwimmverein kostet das viel Zeit und Energie – mitunter ist man dann zu müde, um noch irgendetwas anderes an Sport zu machen und sich auch einmal draußen zu bewegen. So geht es mir auch. Ihr habt ja selber gemerkt, wie viel Zeit ich in meinem Zimmer vor dem Rechner verbracht habe.
Jetzt allerdings habe ich eine Broschüre gefunden, in der über eine Sportart berichtet wird, die mich wirklich interessiert. Der Kurs, der in unserer Stadt neu angeboten wird, heißt „Movement Culture“. Die Idee dazu hat ein israelischer Sportler mit dem Namen Ido Portal entwickelt. Sein Gedanke ist es, den Sport in den Alltag zu integrieren. Er ist der Meinung, dass jeder Mensch das natürliche Bedürfnis hat, sich zu bewegen. Aufbauend auf diesem Gedanken hat er sein Programm aus ganz vielen verschiedenen Sportarten zusammengestellt, ein „Best off“ sozusagen. Das tut er, weil er denkt, dass es für die Kreativität und den Selbstausdruck der Menschen gut sei, immer neue Bewegungsabläufe zu lernen und nicht einige wenige immer und immer wieder zu wiederholen, wie es z.B. im Fitnessstudio oft der Fall ist. „Movement Culture“ sorgt also nicht nur für einen fitten Körper, sondern auch für einen fitten Geist! Ich stelle mir das sehr interessant vor und würde deshalb sehr gerne an diesem Kurs teilnehmen.
Im Grunde ist ein Kurs wie „Movement Culture“ doch auch genau das, was ihr für mich möchtet, denn ihr denkt ja, dass ich „keinen Bock hätte“, mich zu bewegen. Das stimmt ja oft auch. Da stelle

ich es mir hilfreich vor, wenn mir jemand eine andere Sicht auf den Körper und Bewegung vermittelt. Denn ganz ehrlich: Sonst macht man das, was man kennengelernt hat und was man jeden Tag sieht. Und meine Freunde zocken nun einmal und ab und an geht einer ins Fitnessstudio und stemmt ein paar Hanteln. Das war es dann auch schon. Und wenn ich mithilfe von Movement Culture auch meine kognitiven Fähigkeiten noch verbessern könnte, so wie Ido Portal es verspricht, dann wäre es doch ein toller Nebeneffekt. Dann würde ich nicht nur lauter spannende Trainingsformen aus unterschiedlichen Sportarten kennen lernen, sondern dabei auch noch mein Gehirn trainieren. Vielleicht fällt mir dann ja sogar die Schule leichter, wer weiß?

Zuletzt möchte ich noch sagen, dass in meinem Alter jeder Jugendliche auch irgendwie „seinen Weg" gehen möchte. Jeder möchte etwas Besonderes sein oder machen. Für mein Selbstbewusstsein wäre es bestimmt richtig gut, wenn ich mich an etwas herantraue, was kein anderer aus meiner Clique macht, vor allem, wenn ich darin auch noch richtig gut werden könnte.

Ihr seht, ich habe mich schon richtig intensiv mit dem Thema „Movement Culture" beschäftigt. Ich habe mich auch schon darüber informiert, was so ein Kurs kosten würde, und er ist gar nicht so teuer, wie man es vielleicht vermuten würde. Natürlich würde ich mich auch an der Kursgebühr beteiligen, ich habe ja noch das Geburtstagsgeld von den Großeltern. Ich bitte euch deshalb darum, mir zu erlauben, mich für „Movement Culture" anzumelden.

Wahlteil B

Deine Schule hat es geschafft und ist als „Sportfreundliche Schule" vom Land Niedersachsen ausgezeichnet worden. Es gibt eine große Feierstunde deswegen. Nach der Veranstaltung sprechen dich als Schulsprecher vermehrt Schüler und Schülerinnen an, die finden, wenn die Schule sportfreundlich sei, müsse sie auch eine AG im Bereich des eSports anbieten. Für die nächste Besprechung mit der Schulleitung bereitest du eine entsprechende Stellungnahme vor.

Text 2B: Sportfreundliche Schule

Mit der Landesauszeichnung „Sportfreundliche Schule" sollen Schulen motiviert werden, Sport und Fitness in ihr Schulprogramm aufzunehmen und mit vielfältigen Bewegungsangeboten und gesunder Ernährung die Entwicklung von Kindern und Jugendlichen zu fördern. Ferner möchten das Niedersächsische Kultusministerium und der Landessportbund Niedersachsen für ein sportfreundliches Klima an den Schulen werben und die Arbeit der Schulleitung, der Lehrkräfte sowie aller Personen würdigen, die sich in einer Schule für Sportlichkeit und Fitness der Kinder und Jugendlichen einsetzen.

Alle allgemein bildenden und berufsbildenden Schulen Niedersachsens können sich um die Landesauszeichnung „Sportfreundliche Schule" bewerben.

Sportfreundliche Schule: https://www.mk.niedersachsen.de/startseite/schule/schuelerinnen_und_schueler_eltern/schulsport/projekte_aktionen_initiativen/fitnesslandkarte/sportfreundliche_schule/sportfreundliche-schule-154569.html (Zugriff: 10.02.2021)

Text 3B: Warum ist Schach eigentlich Sport?

Viele Menschen fragen sich, warum Schach ein Sport ist. Beide Spieler sitzen sich ja bloß gegenüber und bewegen sich nicht selbst. In der Tat kann man grübeln, ob Schach ein Sport sein soll. Es gibt aber gute Gründe dafür. Schach ist ein Denksport. Der Sieg hängt nicht vom Glück oder vom Zufall ab, sondern vom Können. Deshalb gilt das Glücksspiel Poker etwa nicht als Sport. Schach wird auf der ganzen Welt nach klaren Regeln gespielt. Es gibt Turniere, Einzel- und Teamwettkämpfe, sogar Schach-Olympiaden. Die Leistung eines Spielers lässt sich dabei genau messen. Schach bringt Menschen zusammen und hat auch einen erzieherischen Wert: Man lernt verlieren. All das zählt bei der Frage, ob etwas ein Sport ist. Klar, ein wichtiges Kriterium fehlt: die körperliche Aktivität. Aber über die lässt sich auch in anderen Sportarten streiten, etwa im Motorsport.

Andreas Strepenick, Alexander Preker: Warum ist Schach eigentlich Sport? Badische Zeitung, 08.11.2013. http://www.badische-zeitung.de/schach-x1x/warum-ist-schach-eigentlich-ein-sport--76946348.html (Zugriff: 10.02.2021)

Bearbeite die folgenden Aufgaben in einem zusammenhängenden Text. Gehe folgendermaßen vor:

a) Beginne mit einer kurzen Einleitung, in der du ins Thema einführst und erklärst, was „eSport" ist.
b) Benenne drei Gründe, warum es „eSport" als AG an eurer Schule geben sollte.
c) Begründe, warum „eSport" sehr wohl ins Konzept einer „sportfreundlichen Schule" passen könnte. Nutze dazu deine Erkenntnisse aus den Texten 2B und 3B.
d) Formuliere einen Vorschlag, wie eure Schule in Zukunft mit dem Thema „eSport" umgehen sollte.

Möglicher Schülertext:

Vor Kurzem wurde unsere Schule vom Land Niedersachsen als „Sportfreundliche Schule" ausgezeichnet. Danach sind einige Schüler auf mich zugekommen, weil sie der Meinung sind, dass eine Schule auch den eSport fördern muss, wenn sie sich auf die Fahnen schreibt, sportfreundlich zu sein. eSport bedeutet, dass Schüler nicht wie sonst auf dem Sportplatz oder in der Turnhalle, sondern innerhalb eines Computerspiels gegeneinander antreten. Auch wenn es durchaus umstritten ist, ob es sich beim eSport wirklich um Sport handelt, gehört er für uns Jugendliche mittlerweile zum Alltag. Daher möchte ich den Vorschlag einbringen, neben den altbekannten Sportarten auch den eSport an unserer Schule zu fördern, indem eine entsprechende AG gegründet wird.

In meiner Klasse z. B. spielt eigentlich jeder Computer- oder Videospiele, sei es auf dem PC, an Konsolen oder einfach nur auf dem Smartphone. Aber Computerspiele sind nicht nur bei Jugendlichen beliebt. Der Verband der deutschen Games-Branche hat in einer Umfrage herausgefunden, dass im letzten Jahr 42 Prozent der Deutschen gelegentlich und 36 Prozent sogar regelmäßig Computerspiele spielen. Computerspiele sind also schon längst keine flüchtige Modeerscheinung mehr – und natürlich sollte auch unsere Schule diesbezüglich mit der Zeit gehen.

Darüber hinaus braucht man, um ein Computerspiel erfolgreich spielen zu können, eine gute Hand-Augen-Koordination, gute Reflexe und muss dazu in der Lage sein, immer wieder neue Taktiken zu entwickeln. Gerade in Gruppenspielen muss man viel darüber nachdenken, wer wann etwas tut. Zudem gibt es schon richtige Organisationen, die Turniere organisieren. Große Hallen werden gemietet und die Spieler „zocken" da zusammen. Mit Sicherheit wäre es für die Schüler ein ganz besonderes Erlebnis, ein solches Turnier z. B. in unserer Turnhalle durchführen zu dürfen. Und natürlich wäre diese Veranstaltung ein Wettstreit der oben genannten Kompetenzen.
In der Beschreibung der Idee der „Sportfreundlichen Schule" steht, dass es unter anderem um Bewegung und Fitness geht. Die Frage, die man sich im Zusammenhang mit dem Thema eSport grundsätzlich stellen muss, ist: Sind diese beiden Begriffe immer nur körperlich zu verstehen oder geht es auch um geistige Beweglichkeit und Fitness im Kopf? Auch Schach ist ein Sport, genauer gesagt ein Denksport, und niemand würde das in Frage stellen. Das entscheidende ist nämlich, dass Schach nach klaren Regeln gespielt wird und das Können der Spieler über Sieg und Niederlage entscheidet - genau wie beim eSport. Und über die fehlende körperliche Aktivität lässt sich schließlich auch bei anderen Sportarten streiten, wie z.B. beim Motorsport. Warum also sollten wir an unserer Schule nicht auch dem modernen Denksport, dem eSport, Rechnung tragen?
Nun, sicherlich stellt man sich die Frage: Wie sollen wir den eSport in unser Schulleben integrieren? Diese Frage kann ich noch nicht abschließend beantworten, da in diesem Zusammenhang viele Punkte diskutiert und geklärt werden müssen. Zuerst einmal würde ich mir aber Offenheit von den Lehrern und der Schulleitung wünschen. Gerne würden wir innerhalb der Schülervertretung eine Arbeitsgruppe bilden, die entsprechende sinnvolle Vorschläge erarbeitet. Schön wäre es, wenn die Schulleitung Entgegenkommen zeigen und auf der nächsten Dienstversammlung dieses Thema vorstellen würde. Vielleicht findet sich dann der ein oder andere Lehrer, der uns dabei hilft, den eSport so ins Schulleben einzubinden, dass er eine Bereicherung für unsere Schule ist.

Wonach richtet sich die Note?

Beurteile die Schülerleistung anhand des Bewertungsbogens.

Teilaufgabe	Anforderung	erfüllt	teilweise erfüllt	nicht erfüllt
	Basisteil			
Aufgabe 1	Der Schüler hat Text 1 wie gefordert zusammengefasst.			
Aufgabe 2	a) Der Schüler hat die genannten Begriffe treffend erklärt. b) Der Schüler hat sinnvoll begründet, warum „Gamer“ eigene Begrifflichkeiten für ihre Freizeitbeschäftigung erfunden haben.			
Aufgabe 3	Der Schüler hat drei richtige Aspekte genannt.			
Aufgabe 4	Der Schüler hat das Thema der Grafik in eigenen Worten wiedergegeben.			
Aufgabe 5	Der Schüler hat wie gefordert die in der Grafik enthaltenen Informationen beschrieben.			
Aufgabe 6	Dem Schüler ist es gelungen, einen Zusammenhang zwischen dem Inhalt der Grafik und dem Thema „eSport“ herzustellen.			
	Zusammenhängender Text zum Wahlteil A			
	Der Schüler hat ... • in der Ich-Form geschrieben. • in der Einleitung den Eltern kurz sein Anliegen erklärt. • den eigenen Alltag als eSportler wiedergegeben. • unter Zuhilfenahme des Textes 2a erläutert, was „Movement Culture“ genau ist. • drei Gründe benannt, warum er diesen Sport ausüben möchte. • abschließend einen Appell an die Eltern gerichtet.			
	Zusammenhängender Text zum Wahlteil B			
	Der Schüler hat ... • in der Einleitung ins Thema eingeführt und erklärt, was „eSport“ ist. • drei Gründe genannt, die für eSport als AG sprechen. • begründet, warum sich „eSport“ sehr wohl in das Konzept der „Sportfreundlichen Schule“ integrieren lässt. • einen angemessenen Vorschlag gemacht, wie in Zukunft weiter mit dem Thema „eSport“ verfahren werden soll.			

B Arbeitstechniken und Strategien der Aufgabenbearbeitung

B 1 Arbeitstechnik: Hörverstehen üben

Die Prüfungsaufgaben enthalten einen Hörtext, der dir vorgespielt wird. In der Regel handelt es sich um einen Sachtext. Teile des Inhalts können in Form eines Dialogs oder eines Interviews dargeboten werden. Deine Aufgabe ist es, wesentliche Teile des gehörten Textes zu erfassen und wiederzugeben. Dazu musst du nach dem zweiten Hören verschiedene Aufgaben bearbeiten.

Erster Schritt: Sich orientieren

Da du während des Zuhörens nicht mitschreiben darfst, musst du dich gut konzentrieren. Nach dem ersten Hören solltest du wissen, um was es in dem Text geht: Wird ein Sachverhalt erklärt? Wird ein Problem erörtert?
Formuliere im Kopf einen Satz dazu:

In dem Text geht es um ...

TIPP zum ersten Schritt

1. Schließe die Augen und höre konzentriert zu.
2. Achte auf Fragewörter und auf strukturierende Wörter im Text (*erstens, zweitens, zum Schluss, zusammenfassend, abschließend* ...).
3. Grüble nicht über ein unverstandenes Wort nach.

Zweiter Schritt: Inhalt sichern

Beim **zweiten** Hören darfst du dir Notizen machen. Versuche, nicht alles mitzuschreiben. Folge dem Verlauf des Textes und notiere dir nach Möglichkeit nur wichtige Stichpunkte. Notiere keine ganzen Sätze.

TIPP zum zweiten Schritt

- Gibt es Schlüsselwörter, Fachbegriffe, Fremdwörter?
- Werden Jahreszahlen genannt oder andere Zahlenangaben gemacht?
- Denke daran, dass man Verbindungen von Begriffen mit Strichen, Pfeilen oder anderen Zeichen darstellen kann.

Dritter Schritt: Aufgaben beantworten

Halte dich nicht zu lange mit dem zweiten Schritt auf, sonst fehlt dir die Zeit zur Beantwortung der Aufgaben.
Es gibt verschiedene Arten von Aufgaben, die möglich sind.

1. Zusammenfassen des Textes oder von Textabschnitten.
   Fasse den Inhalt des Textes kurz zusammen.

   ____

   ____

   ____

2. Ankreuzen der richtigen Antwort/Antworten unter mehreren Vorgaben:
   Kreuze die richtigen Antworten an.
   ☐ Der Begriff „regional" ist gesetzlich geschützt.
   ☐ Verbraucherzentralen stehen den „Frei von"-Labels kritisch gegenüber.
   ☐ Strichcodes auf Lebensmittelverpackungen enthalten keine Informationen für den Verbraucher.

3. Fragen zu inhaltlichen Begründungen und Zusammenhängen:
   a) Nenne drei Kennzeichen, die auf jeder Lebensmittelverpackung sein müssen.

   ____

   b) Erkläre, was man unter dem Begriff „clean labels" versteht.

   ____

   ____

Hier liegt ein Hörtext in gedruckter Form vor. Lass ihn dir zweimal in einem normalen Sprechtempo vorlesen, um die Prüfungssituation zu simulieren. Decke ihn ab, wenn du die dazugehörigen Aufgaben bearbeitest. Die Vorlesezeit beträgt ca. 3 bis 4 Minuten für einmaliges Lesen.

Wer soll das noch alles verstehen?

Verpackte Lebensmittel, die man kaufen kann, müssen in bestimmter Weise gekennzeichnet sein. Diese Kennzeichnung mit dem Namen und der genauen Beschreibung des Lebensmittels, mit der Zutatenliste und dem Hinweis auf eventuell Allergien auslösende Stoffe, der Nährwerttabelle, dem Mindesthaltbarkeits- oder Verfallsdatum, der Füllmenge, der Firmenangabe mit Adresse und dem Preis soll dem Verbraucher gegenüber Transparenz schaffen. So soll der Käufer die verschiedenen Lebensmittel vergleichen und nach seinen Bedürfnissen auswählen können. Zusätzlich gehört auf die Verpackungen aller Lebensmittel der maschinenlesbare Strichcode. Die dazugehörige Zahlenkombination ist nichts weiter als eine Artikelnummer, die von den Scannerkassen erfasst werden kann. Der Code enthält keine Informationen für Verbraucher.

Außerdem muss sich auf verpackten tierischen Lebensmitteln, also auf Produkten aus Fleisch, Milch, Ei oder Fisch, das Identitätskennzeichen befinden. Auch diese Pflichtkennzeichnung ist keine Verbraucherinformation, sondern dient der Lebensmittelüberwachung, denn anhand dieses Zeichens können Produkte zurückverfolgt werden.

In den letzten Jahren sind verschiedene Label oder Siegel dazugekommen, die deutlich machen, dass sich ein Nahrungsmittel zum Beispiel „regional" nennen darf. Dieser Begriff ist jedoch gesetzlich nicht geschützt. Beim Einkauf regionaler Lebensmittel ist es deshalb ratsam, immer genau zu fragen, wofür die Angabe „regional" genau steht. Man sollte sich dabei nicht von Begriffen wie „aus der Region" oder „von hier" täuschen lassen. Oft ist die Region nämlich nicht klar beschrieben. Auch bei der Verwendung des Labels „Bio" ist Vorsicht geboten, denn allein im Bereich der Bio-Lebensmittel gibt es über 50 verschiedene Etiketten.

Neuerdings werden immer mehr sogenannte „clean labels" verwendet. Dabei handelt es sich um einen Hinweis auf das Nichtvorhandensein oder die Nichtverwendung von bestimmten Lebensmittelzutaten oder Stoffen. Zu den „clean labels" gehören Kennzeichnungen wie „ohne Gentechnik", „laktosefrei", „glutenfrei" oder Angaben wie „ohne Zuckerzusatz".

Doch für wen hat das alles eine Bedeutung? Die deutschen Verbraucherzentralen haben Befragungen mit Kunden durchgeführt, in denen es darum ging, was diese mit den vielen unterschiedlichen Informationen auf den Verpackungen von Lebensmitteln anfangen können. Das Ergebnis lautete zusammengefasst: Eigentlich nichts!

Gerade die vielen „Frei von"-Labels erwecken den Eindruck, als ob der nicht enthaltene Bestandteil sehr gefährlich oder total ungesund sei. Dabei sind Gluten und Laktose nur für Personen gefährlich, die an einer Gluten- oder an einer Milchzucker-Unverträglichkeit leiden. Aus Sicht der Verbraucherzentralen sind gerade die „clean labels" oftmals überflüssig und erfüllen nicht den Zweck, den sie eigentlich haben sollten, nämlich die klare Information des Verbrauchers.

Schon seit Jahren wird von Verbraucherschützern gefordert, eine Ampelkennzeichnung auf Lebensmitteln einzuführen. Durch diese soll der jeweilige Gehalt eines Lebensmittels an Fett, Salz, Zucker und gesättigten Fettsäuren farblich ausgewiesen werden: Grün steht dabei für einen niedrigen, Gelb für einen mittleren und Rot für einen hohen Gehalt. Aber die Gesetzgebung konnte sich auf diese einfache Kennzeichnung noch nicht einigen.

Autorentext

B 2 Arbeitstechnik: Schaubilder und Karikaturen auswerten

Häufig findest du in Prüfungsaufgaben auch Schaubilder wie Diagramme und Tabellen. Diese enthalten Zusammenfassungen von Daten, die nach bestimmten Gesichtspunkten geordnet sind.
Folgende Aufgabenstellungen sind bei Schaubildern möglich:

- Du musst überprüfen, ob die vorgegebenen Aussagen zu einem Schaubild richtig sind oder nicht.
- Du musst feststellen, ob die Informationen eines Schaubildes die Aussagen eines Textes bestätigen, ergänzen oder widerlegen. Dazu musst du ein Schaubild richtig lesen und verstehen.

Schaubilder auswerten

1. Werte Schaubild A (Seite 29) nach folgenden Schritten aus:

Erster Schritt: Sich orientieren

a) Worum geht es in dem Schaubild A? Notiere stichpunktartig.

Thema: ______________________

Zahlenangaben: ______________________

hellgraue Balken: ______________________

dunkelgraue Balken: ______________________

Vergleiche zwischen: ______________________

____

TIPP zum ersten Schritt

- Lies die Überschriften und Erläuterungen. Um welches Thema geht es?
- Welche Zahlenangaben werden gemacht? Werden sie in Prozent, Promille oder in absoluten Zahlen (z. B. in Tausend) angegeben?
- Worauf beziehen sich diese Angaben?
- Was wird miteinander verglichen?

Zweiter Schritt: Den Inhalt des Schaubildes erfassen und stichpunktartig aufschreiben

b) Schreibe die Informationen auf, die du dem Schaubild entnehmen kannst.

____

____

____

____

TIPP zum zweiten Schritt

- Sieh dir das Schaubild genauer an. Worauf bezieht sich der größte Wert?
- Worauf bezieht sich der niedrigste Wert?
- Gibt es weitere Auffälligkeiten?

Dritter Schritt: Aufgabenstellung beantworten und Ergebnisse aufschreiben

c) Beantworte die Aufgaben zu Schaubild A. Achte genau auf die Aufgabenstellung.

____

____

____

____

TIPP zum dritten Schritt

- Formuliere in ganzen Sätzen.
- Verwende folgende Formulierungen:
  es gibt weniger als …
  mehr als bei …
  genauso oft …
  seltener …
  auffällig ist, dass …

2. Bearbeite in gleicher Weise die Schaubilder B und C.

Schaubild A: Balkendiagramm
Medienbeschäftigung in der Freizeit

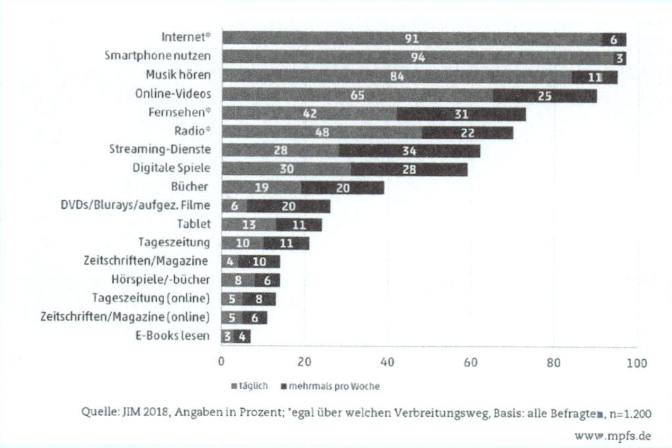

Quelle: JIM 2018, Medienpädagogischer Forschungsverbund Südwest

INFO

Balkendiagramme zeigen oft absolute Zahlen oder Prozentzahlen an. Die Länge des Balkens gibt die Anzahl an, die man meist auf der x-Achse ablesen kann. Neben der y-Achse wird angegeben, worauf sich die Balken beziehen.

Aufgaben:

1. Welches Medium wird von den Jugendlichen am häufigsten täglich genutzt?
2. Welche Medien sind bei der regelmäßigen Nutzung (mehrmals pro Woche) am beliebtesten?

Schaubild B: Kreisdiagramm
Aufteilung des Stromverbrauchs der privaten Haushalte nach Anwendungsarten

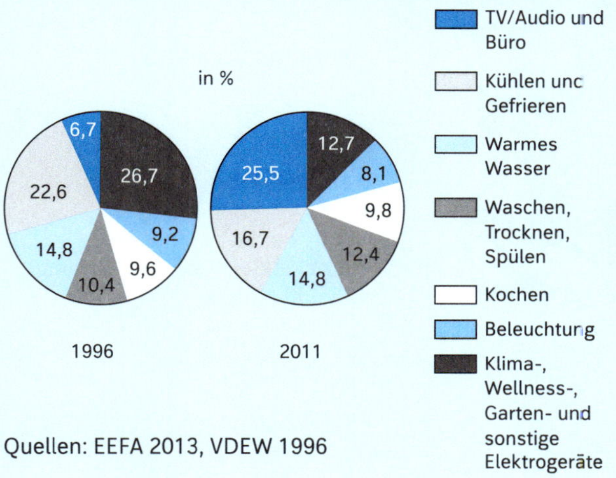

Quellen: EEFA 2013, VDEW 1996

INFO

Kreisdiagramme zeigen die prozentuale Zusammensetzung einer Gesamtmenge. Dabei ist der Kreis in mehrere Teile unterteilt, die jeweils den Anteil an der Gesamtmenge wiedergeben.

Aufgaben:

1. Wie hoch war der Stromverbrauch im Bereich „TV/Audio und Büro“ in den Jahren 1996 und 2011?
2. In welchen Bereichen wurde 1996 im Vergleich zu 2011 weniger, wo mehr verbraucht?

Schaubild C: Verlaufsdiagramm
Anteil der Raucher unter den 12- bis 17-Jährigen

Quelle: Bundeszentrale für gesundheitliche Aufklärung (BZgA), KÖLN

INFO

Kurven- oder Liniendiagramme eignen sich dazu, Daten von verschiedenen Zeitpunkten grafisch zu vergleichen.

Aufgaben:

1. Welche Entwicklung ist seit dem Jahr 2005 zu erkennen?
2. Zu welcher Zeit ist beim Rauchverhalten der größte Unterschied zwischen den Geschlechtern zu erkennen?

Karikaturen auswerten

INFO

Eine Karikatur ist eine Zeichnung, die durch übertriebene Darstellung einen Sachverhalt kritisiert. Es ist wichtig, drei Dinge herauszufinden:
- Was sehe ich auf dem Bild?
- Was bedeutet das, was ich sehe?
- Was will der Zeichner damit aussagen?

Karikatur:

1. Werte die Karikatur nach folgenden Schritten aus:

Erster Schritt: Was sehe ich?

a) Was siehst du auf dem Bild? Notiere stichpunktartig.

____

____

Zweiter Schritt: Was bedeutet das, was ich sehe?

b) Welche Szene ist auf dem Bild dargestellt?

____

____

Dritter Schritt: Was will der Zeichner damit aussagen?

c) Was soll kritisiert werden?

____

____

westermann

FiNALE
Prüfungstraining

Niedersachsen

Abschluss 10. Klasse
Realschule
Deutsch

2022

Lösungen

Martina Hartwig
Melanie Priesnitz

Mit Beiträgen von
Walburga Böker
Peter Delp
Andrea Heinrichs
Marlene Meiners
Susanne Meyer
Harald Stöveken
Martina Wolff

ISBN 978-3-7426-2226-6

A Vorbereitung auf die Abschlussprüfung

A 1 Methoden der Prüfungsvorbereitung

Seite 7

1. Teil I der Prüfung (Auswahl der Prüfungsaufgabe: 15 Minuten): 8.00 – 8.15 Uhr
   Teil II der Prüfung (Bearbeitung der Prüfungsaufgabe: 180 Minuten): Hörverstehenstext: 8.15 – 8.35 Uhr, Basisteil und Wahlaufgabe: 8.35 – 11.15 Uhr
   Da die Schulen den Beginn zwischen 8.00 und 8.15 wählen können, muss der Zeitstrahl spätestens um 11.30 Uhr beendet sein.

A 2 Was wird bei den Aufgabenstellungen erwartet?

Seite 9

1. Aufgabe ❶
   Fasse die Kurzgeschichte „Die Tochter“ von Peter Bichsel (Text 1) in nicht mehr als fünf Sätzen zusammen.

   Aufgabe ❷
   Beschreibe, wie die Eltern die Tochter sehen.

   Aufgabe ❸
   Stelle dar, wie sich das Verhältnis zwischen Eltern und Tochter in Text 2 entwickelt hat.

   Aufgabe ❹
   Vergleiche die im Diagramm dargestellten Umfrageergebnisse mit den Erklärungen der Mutter in Text 3.

   Aufgabe ❺
   Benenne die sprachlichen Mittel, die der Autor von Text 3 einsetzt, um die Haltung der Tochter deutlich zu machen. Erläutere diese an zwei Beispielen.

Seite 10

   Aufgabe ❻
   Die Texte 1 – 4 beziehen sich auf das Verhältnis von Kindern zu ihren Eltern. Beurteile die unterschiedlichen Verhaltensweisen der vorgestellten Elternpaare. Nimm Stellung zu den vorgeschlagenen Lösungsansätzen.

2. **Wahlteil**
   Du arbeitest als Schülervertreter in der Arbeitsgruppe „Elternarbeit“ in deiner Schule mit. Für eure nächste Sitzung verfasst du einen Text darüber, wie Eltern und Kinder sich in verschiedenen Situationen verhalten und wie sich durch bestimmte Verhaltensweisen das Verhältnis zueinander problematisch entwickeln kann.
   Bearbeite hierfür die folgenden Aufgaben in einem zusammenhängenden Text.
   Beachte dabei auch die Überleitungen.
   a) Alle Texte befassen sich mit dem Thema „Konflikte zwischen Eltern und Kindern“. Fasse die einzelnen Textaussagen kurz zusammen.
   b) Vergleiche, welche Rolle die Verhaltensweisen der Eltern in den dargestellten Konfliktsituationen spielen.
   c) Beurteile die Reaktionen der Kinder auf das Verhalten der Eltern anhand von zwei Beispielen.
   d) Erörtere, welche Lösungsmöglichkeiten für beide Seiten vorgeschlagen werden.
   e) Begründe, für welches Lösungsmodell du dich entscheidest.

A 3 Wie entscheide ich mich für die Prüfungsaufgabe?

Seite 11

1. Beispiel:
   Die folgenden Texte, das Diagramm und das Foto befassen sich aus unterschiedlichen Perspektiven mit dem Thema „Herbst“. Lies alles aufmerksam, markiere die für dich wichtigen Stellen und bearbeite dann zuerst die sich anschließenden Aufgaben im Basisteil.
   Im Anschluss daran musst du dich entscheiden, ob du die Schreibaufgabe im Wahlteil A oder B bearbeitest.

2. a) Fasse Text 1 in nicht mehr als vier Sätzen zusammen.
   b) Vergleiche die im Diagramm dargestellten Ergebnisse mit den in Text 2 genannten Erwartungen der Menschen.
   c) Stelle mithilfe eines Beispiels dar, wie sich die Befragten das Voranschreiten der Klimaerwärmung vorstellen.
   d) Benenne in jedem der drei Gedichte zwei sprachliche Mittel, die die Autoren einsetzen. Erkläre deren Bedeutung.
   e) Die Texte 2 – 4 beziehen sich auf das Thema „Herbst“. Verdeutliche in jeweils einem Satz ihre zentrale Aussage.

Seite 12

3. **Wahlteil A**
   Du bist Mitarbeiterin bzw. Mitarbeiter der AG „Schul-Homepage“. Immer zu Beginn eines neuen Schuljahres bekommt eine/einer den Auftrag, ein passendes Gedicht für die Startseite auszusuchen. Diesmal bist du an der Reihe. Für die nächste Redaktionssitzung sollst du begründen, für welches Gedicht du dich entschieden hast.
   Bearbeite dazu die folgenden Aufgaben in einem zusammenhängenden Text.
   Beachte auch die Überleitungen.
   a) Stelle einleitend die drei Gedichte vor, die du zur Auswahl hast.
   b) Erläutere kurz die Gemeinsamkeiten, aber auch die Unterschiede zwischen den einzelnen Gedichten.
   c) Formuliere drei Gründe, die für das Gedicht deiner Wahl sprechen. Gehe dazu auf die unterschiedlichen Inhalte und die eingesetzten sprachlichen Mittel ein.

   Wahlteil B
   Im Erdkundeunterricht behandelt ihr das Thema „Klimaveränderung“. Für eine Wandzeitung zu diesem Thema sollst du einen informierenden Text zur Klimaveränderung in Deutschland am Beispiel der Jahreszeit Herbst verfassen.
   Bearbeite dazu die folgenden Aufgaben in einem zusammenhängenden Text.
   Beachte auch die Überleitungen.
   a) Verfasse zunächst eine Einleitung, in der du deine

Mitschülerinnen und Mitschüler auf das Thema einstimmst.

b) Beschreibe, welche positiven bzw. negativen Auswirkungen die Jahreszeit Herbst auf die Menschen haben kann. Zeige dies mithilfe von je zwei Beispielen aus den drei Gedichten.

c) Erläutere, welche Klimaveränderungen die Forscher in der Jahreszeit Herbst erwarten.

d) Erkläre und begründe anhand von zwei Beispielen, welche Maßnahmen die Menschen gegen die Klimaveränderung ergreifen können.

A 4 Die Prüfungsarbeit: Ein Beispiel

Seite 13–25

Die Aufgaben aus Hauptteil 1 und 2 sind richtig gelöst worden. Ebenso verhält es sich mit den Schreibaufgaben in den Wahlteilen A und B.

Wonach richtet sich die Note?

Die Anforderungen sind nahezu alle erfüllt worden. Sinn der Aufgabenstellung ist es, dass du durch den Vergleich von Aufgabenstellung und Bewertungsbogen erkennst, welche Gesichtspunkte in die Bewertung einfließen. Manche Aufgaben würdest du vielleicht anders lösen – oder ausführlicher. Das ist toll und absolut in Ordnung. Achte nur darauf, dass du die Aufgabenstellung bei der Lösung der Aufgaben im Blick behältst!

B Arbeitstechniken und Strategien der Aufgabenbearbeitung

B 1 Arbeitstechnik: Hörverstehen üben

Seite 26

Dritter Schritt: Aufgaben beantworten

1. In dem Text wird beschrieben, wie Lebensmittel in Deutschland gekennzeichnet sein müssen und welche Bedeutung diese Kennzeichnungen für den Verbraucher haben. Dabei geht der Text kritisch auf bestimmte Kennzeichnungen wie „regional" ein oder auf sogenannte „clean labels" wie laktosefrei oder glutenfrei. Die Verbraucherzentralen fordern schon lange eine Ampelkennzeichnung für Lebensmittel, damit der Kunde durch die vielen anderen, oft unnötigen Informationen, nicht verwirrt wird.

2. ☒ Verbraucherzentralen stehen den „Frei von"-Labels kritisch gegenüber.
   ☒ Strichcodes auf Lebensmittelverpackungen enthalten keine Informationen für den Verbraucher.

3. a) – Zutatenliste
   – Mindesthaltbarkeitsdatum bzw. Verfallsdatum
   – Füllmenge

   b) Dabei handelt es sich um einen Hinweis auf das Nichtvorhandensein oder die Nichtverwendung von bestimmten Lebensmittelzutaten oder Stoffen. Zu den „clean labels" gehören Kennzeichnungen wie „ohne Gentechnik", „laktosefrei", „glutenfrei" oder Angaben wie „ohne Zuckerzusatz".

B 2 Arbeitstechnik: Schaubilder und Karikaturen auswerten

Seite 28

1. **Schaubild A**

   a) Thema: Medienbeschäftigung von Jugendlichen in der Freizeit (2018); Zahlenangaben: in Prozent; hellgraue Balken: tägliche Nutzung; dunkelgraue Balken: wöchentliche Nutzung; Vergleich zwischen täglicher und wöchentlicher Nutzung verschiedener Medien

   b) Bei der täglichen Mediennutzung der Zwölf- bis 19-Jährigen sind Smartphone- (94 Prozent), Internet- (91 Prozent) und Musiknutzung (84 Prozent) an erster Stelle zu finden. Beliebt sind außerdem Online-Videos. Zwei Drittel der Jugendlichen (65 Prozent) sehen täglich Online-Videos. Immerhin noch knapp die Hälfte hört täglich Radio und 42 Prozent sehen täglich fern. Der Verbreitungsweg spielt dabei keine Rolle.

   c) Bei der regelmäßigen Mediennutzung (also mehrmals pro Woche) sind wieder Internet-, Smartphone- und Musiknutzung an erster Stelle zu finden. Für neun von zehn Jugendlichen gehören Online-Videos zu den regelmäßig genutzten Inhalten. Das Fernsehen wird von fast drei Viertel der Jugendlichen mehrmals pro Woche genutzt, das Radio immerhin noch von 70 Prozent.

Seite 28/29

2. **Schaubild B**

   a) Thema: Stromverbrauch der privaten Haushalte nach Anwendungsarten
   Zahlenangaben: in Prozent
   Felder des Kreisdiagramms: Stromverbrauch nach Anwendungsarten, Vergleich: 1996 und 2011

   b) In je einem Kreisdiagramm für das Jahr 1996 und 2011 werden sieben verschiedene Bereiche des Stromverbrauchs in privaten Haushalten angegeben. Den größten Anteil hatte im Jahr 1996 mit 26,7 % der Bereich „Klima-, Wellness-, Garten- und sonstige Elektrogeräte". 2011 hingegen nimmt der Bereich „TV/Audio und Büro" den größten Anteil ein (25,5 %). 1996 war er noch auf dem letzten Platz zu finden (6,7 %).

   c) 1. Der Anteil des Stromverbrauchs für den Bereich „TV/Audio und Büro" ist von 6,7 % (1996) auf 25,5 % (2011) erheblich angestiegen.
   2. Gespart wurde 2011 vor allem im Bereich „Kühlen und Gefrieren". Mehr verbraucht wurde besonders im Bereich „TV/Audio und Büro".

Schaubild C

a) Thema: Rauchverhalten Jugendlicher
Zahlenangaben: Anteil der Raucher unter den 12- bis 17-Jährigen, in Prozent
graue Kurve: Raucher, blaue Kurve: Raucherinnen
Vergleiche zwischen: männlichen und weiblichen Jugendlichen im Alter von 12 bis 17 Jahren im Zeitraum von 2005 bis 2018

b) Seit 2005 ist die Zahl der männlichen und weiblichen Raucher unter den Jugendlichen im Alter von 12 bis 17 Jahren insgesamt zurückgegangen. In den Jahren 2008, 2011 und 2012 war der Anteil weiblicher Raucherinnen höher als der der männlichen Raucher. 2015 war er nahezu gleich. Ein auffälliger Unterschied im Rauchverhalten ist im Jahr 2016 festzustellen: Während der Anteil der Raucher deutlich zunimmt, nimmt er bei den Raucherinnen ebenso deutlich ab. 2018 ist er nahezu identisch.

c) 1. Seit 2005 sinkt die Zahl der Raucher bei männlichen und weiblichen Jugendlichen insgesamt.
   2. 2016 gab es hinsichtlich des Rauchverhaltens den größten zahlenmäßigen Unterschied zwischen männlichen und weiblichen Jugendlichen.

Seite 30
Karikaturen auswerten

1. a) • Schule, Schulklasse, 4 Schüler, 1 Lehrer
   • Mann/Lehrer in Trachtenkleidern
   • Tafel (Aufschrift: „Was ist Brauchtum?!)
   • Sprechblase Mann: „Nennt mir ein Beispiel!"
   • Lebkuchenherz, das an der Tafel hängt („Münchner Wiesn")
   • Schüler melden sich und rufen Antworten: Public Viewing, Nabelpiercing, Halloween

   b) Ein Lehrer möchte mit seinen Schülern über Brauchtümer reden. Er will (durch das Herz und seine Kleidung ausgedrückt) auf das Oktoberfest als Brauch hinaus. Die Schüler nennen dieses Brauchtum jedoch nicht, sondern geben andere Antworten. Sie denken bei „Brauchtum" an andere Dinge als ihr Lehrer.

   c) Mögliche Antwort:
   Der Zeichner zeigt einen Generationenkonflikt auf. Was für den Lehrer ein typischer Brauch ist (das Oktoberfest), ist den Schülern unwichtig oder nicht bekannt. Sie verbinden mit „Brauchtum" ganz andere Dinge aus ihrer eigenen Lebensumwelt.

B 3 Arbeitstechnik: Argumente aufbauen

Seite 31/32

1. Behauptung: Reisen bildet.
   Begründung: Man lernt andere Sitten und Gebräuche kennen. Dadurch weiß man nicht nur, was man selber als Kind gelernt hat, sondern lernt von anderen Menschen auch das, was in anderen Gegenden üblich ist.
   Beispiel: In meinem letzten Urlaub habe ich zum Beispiel gelernt, dass die Menschen in Italien die Pizza früher eigentlich erfunden haben, weil sich auch arme Menschen dieses Essen leisten konnten.

   Behauptung: Haustiere sind wichtig für Kinder.
   Begründung: Kinder können durch die Pflege der Haustiere lernen, Verantwortung zu übernehmen. Sie müssen bestimmte Pflichten zuverlässig einhalten.
   Beispiel: Meine Familie hat zum Beispiel zwei Hunde. Ich habe früh angefangen, mit ihnen spazieren zu gehen und sie zu füttern. So habe ich meiner Mutter Arbeit abgenommen und gelernt, mich um andere zu kümmern.

Seite 32

2. Behauptung:
   Lebensweisen anderer Länder und Kulturen können das eigene Leben verändern und bereichern.
   Begründung: Reisende bringen aus dem Urlaub oft Dinge mit, die bei uns unbekannt sind und die sich als praktisch, modisch, wohlschmeckend oder dekorativ erweisen.
   Beispiel: Wenn man zum Beispiel in islamisch geprägten Ländern unterwegs ist, wird man durch die Küche beeindruckt, die sich durch leichte Speisen und viele unbekannte Gewürze auszeichnet. Aus der türkischen Küche haben wir beispielsweise das Gewürz Kumin übernommen und viele in Salz und Essig eingelegte Gemüsesorten. Das alles macht unsere Speisen pikanter, abwechslungsreicher und obendrein noch bekömmlicher.

Seite 33

3. A Das Thema ist deshalb wichtig, weil viele von uns den Tag vor dem Computer verbringen. Kommunikation findet nur noch über das Handy oder über soziale Netzwerke statt. Wir unternehmen gar nichts miteinander.
   B Ein Beispiel dafür, dass das Thema gut ist, ist unsere letzte Klassenfahrt. Wir haben viel zusammen gemacht. Ich habe dabei viele Kartenspiele gelernt, die auch später in meinem Freundeskreis gut ankamen.
   C In unserer Klasse gibt es oft Streit. Irgendwie will jeder besser sein als der andere und gönnt dem anderen nichts. Lukas hat Marc neulich den ganzen Tag geärgert – nur weil der eine bessere Note in der Mathearbeit geschrieben hat.
   D Mobbing ist ja wohl überall ein Problem, deshalb ist das Thema wichtig. Auch in unserer Klasse gibt es Schüler, die dauernd ausgelacht werden. Ich nenne jetzt keinen Namen, aber du weißt, wen ich meine.

4. Mögliche Lösung:
   a) Behauptung: Es herrscht Streit in den Klassen.
   Begründung: Schüler werden geärgert – oft aus Gründen, für die sie nichts können und die auch eigentlich kein Grund sind, jemanden zu beleidigen.
   Beispiel: In unserer Klasse gibt es Schüler, die dauernd ausgelacht werden. Wenn zum Beispiel jemand eine gute Arbeit schreibt, ist er erst mal eine Woche „dran".
   b) Behauptung: Viele von uns sitzen lange vor dem Computer.
   Begründung: Es ist in unserer Klasse „in", Computerspiele zu spielen. Wenn man einmal vor dem Rechner sitzt, vergehen die Stunden wie im Flug. Dann trifft man sich mit den anderen überhaupt nicht mehr und geht nicht raus.
   Beispiel: In meiner Klasse gibt es zwei Jungen, Leon und Max, von denen ich weiß, dass sie eigentlich nur über Skype miteinander reden und online Spiele zusammen spielen. Die treffen sich nie wirklich.
   c) Behauptung: Wenn man etwas zusammen unternimmt, lernt man voneinander.
   Begründung: Nur, wenn eine Klasse wirklich ein Team ist und zusammen Zeit verbringt, kann der eine vom anderen lernen.
   Beispiel: Auf unserer letzten Klassenfahrt haben wir viel zusammen gespielt. Das Ergebnis war, dass eigentlich jeder Schüler irgendwelche neuen Spiele kennengelernt hat. Das hat uns allen Spaß gemacht.

B 4 Arbeitstechnik: Überfliegendes Lesen

Seite 34/35

1. Mögliche Lösung:

Was fällt auf bei der Ernährung der Jugendlichen?

Um das Essverhalten von 6- bis 17-Jährigen zu untersuchen, wurden im Auftrag des Robert-Koch-Instituts zwischen 2015 und 2017 2.644 Kinder und Jugendliche an 170 Orten, verteilt auf ganz Deutschland, befragt. Die Ergebnisse legten die Forscher in den sogenannten „EsKiMo-Studien I und II“ vor. Bei den jüngeren Kindern füllten ihre Eltern Ernährungsprotokolle für einen mehrtägigen Untersuchungszeitraum aus. Jugendliche zwischen 12 und 17 Jahren beantworteten selbst in Interviews detaillierte Fragen zu den Speisen, die sie normalerweise essen.

Dabei zeigten sich für die Gruppe der Jugendlichen zwei besonders auffällige Aspekte: Zum einen stehen die jungen Menschen heutzutage unter einem erheblichen Schlankheitsdruck. Ein Drittel der eigentlich normalgewichtigen Jugendlichen unter den Studienteilnehmern fühlt sich deutlich zu dick und 40 Prozent der untergewichtigen schätzt ihr geringes Gewicht als „genau richtig“ ein. Dementsprechend hat schon jeder fünfte Befragte in dieser Altersklasse bereits eine längere Diät hinter sich – wobei der Prozentsatz bei den Mädchen noch einmal deutlich höher ist als bei den Jungen. Viele Jugendliche achten sogar ständig darauf, nicht zu viel zu essen, und zählen bei jeder Mahlzeit die Kalorien aus Sorge, sie könnten zunehmen.

Zum anderen fiel auf, dass jeder sechste der befragten Jugendlichen in den vergangenen vier Wochen Nahrungsergänzungsmittel geschluckt hatte. Vor allem Jugendliche, die viel Sport machen und normalgewichtig sind, greifen öfter zu Nahrungsergänzungsmitteln als andere. Auch unter Vegetariern war der Anteil auffallend hoch, in dieser Gruppe nahmen fast 30 Prozent Pulver und Kapseln. Der Großteil gab an, mit den Mineralstoffen oder Vitaminen seine Gesundheit verbessern zu wollen. Ein Fünftel sagte, sie würden die Mittel auf Anraten ihres Arztes nehmen.

Außerdem zeigt die Studie, dass der Anteil der Vegetarier unter den Jugendlichen zunimmt. Fünf Prozent der befragten 12- bis 17-Jährigen ernährt sich aktuell vegetarisch, bei den Mädchen sind es sogar 8,1 Prozent. Diese Zahlen liegen deutlich über dem Bundesdurchschnitt von 4,3 Prozent bei Erwachsenen. Dabei könnte nicht nur das Tierwohl eine Rolle spielen, sondern der Verzicht auf Fleisch ist auch beim Klimaschutz wichtig.

Seite 35

2. Mögliche Lösung:

Clown

Seit vier Jahren arbeitete er nun schon als Clown. Obwohl – eigentlich nicht wirklich. Im richtigen Leben, fernab der Zirkuswelt, war er der Inhaber eines kleinen Buchgeschäftes.

„Junge“, hatte sein Vater ihn gewarnt, „Junge, das wird nichts. Mach dich nicht lächerlich. Warum wirst du nicht Tischler, so wie ich? Handwerk, weißt du, Handwerk hat goldenen Boden.“

Seine Mutter, die hatte zu ihm gehalten, so lange er denken konnte. Sie glaubte an ihn. Stets und immer hatte sie allen wieder und wieder gesagt, dass sie an ihren Jungen glaube, an ihn und an seinen Traum von einem eigenen, gut besuchten, Buchladen. [...]

„Spot an!“ Die klassische Zirkusmusik ertönte, während er mit seinen Kollegen in die Manege einmarschierte. Er winkte, sah kleine Kinder auf sich zeigen. Es war so einfach: Er stolperte, oder besser gesagt, er tat so und die Kinder im Publikum jauchzten und klatschten vor Begeisterung. Nach der Pause hatten viele dieser Kinder kleine Luftballontiere im Arm, die er in der Pause an sie zu verschenken pflegte. Mittlerweile war er gut darin, konnte blitzschnell die verschiedensten Tiere formen.

„Hund!“, „Giraffe!“, „Katze!“, brüllten sie begeistert – und er gab ihnen, was immer sie sich wünschten. Bis hierhin war es okay für ihn. Was er hasste, war der Teil, in dem er mit einem anderen Clown zusammen als eigene Zirkusnummer auftrat. Er fragte sich, wie man sich als erwachsener Mann dermaßen der Lächerlichkeit preisgeben konnte. [...]

B 5 Arbeitstechnik: Texte erschließen und zusammenfassen

Seite 38

6. – Abschnitt 1: Ein Blog ist ein sogenanntes Online-Tagebuch. (Z. 1–11)
   – Abschnitt 2: Blogs sind schlicht, ihre Beiträge sind in einer bestimmten Reihenfolge aufgelistet und im Internet unter zugeordneten Schlagwörtern zu finden. (Z. 12–24)
   – Abschnitt 3: Es gibt weltweit Millionen Blogger, die in einem regen Gedankenaustausch stehen. (Z. 24–28)
   – Ein eigener Blog kann über Blogging-Dienste kostenfrei und ohne Registrierung, lediglich unter Angabe eines Nicknamen und einer Mailadresse eingerichtet werden. (Z. 28–32)
   – Es gibt Blogs zu allen möglichen Themen. (Z. 33–37)
   – Mit einem Blog kann eine Meinung kundgetan, aber auch beeinflusst werden. (Z. 38–41)
   – Blogger sind im Vergleich zu professionellen Journalisten mit ihren Beiträgen oft schneller und aktueller. (Z. 42–45)

7. Mögliche Schlüsselwörter:
   Online-Tagebuch (Z. 6), World Wide Web & Logbuch (Z. 10), einfacher und schlichter Aufbau (Z. 17), Verlinkung (Z. 22), Schlagwort (Z. 23), Gedankenaustausch (Z. 27), eigener Blog (Z. 28), Blogthemen (Z. 35), Meinungsmacht (Z. 41), schneller und aktueller (Z. 45)

8. Mögliche Antworten:
   – Es geht um das Thema „Bloggen“.
   – Der Artikel stammt von Andreas Meyhöfer, der selbst ein Blogger zu sein scheint.
   – Weil das Thema zu einem Trend geworden ist.
   – Nein
   – Es handelt sich um einen Blogartikel, der im Online-Portal „blogsheet“ veröffentlicht wurde.
   – Der Autor möchte mithilfe von Fachwissen und Profi-Tipps über das Thema informieren.

B 6 Einen informierenden Text in sechs Schritten erarbeiten

Seite 41

Aufgabe 1
Im Text wird auf den Jahresbericht der Weltwetterorganisation (WMO) verwiesen, welcher besagt, dass es im Winter 2016 am Nordpol mindestens dreimal „zu so etwas wie Hitzewellen gekommen" sei. Diese Erwärmung am Nordpol verändert das Klima weltweit. Wissenschaftler an unterschiedlichen Orten der Erde haben Anzeichen für einen dramatischen Klimawandel bemerkt. Deshalb fordern sie eine Überarbeitung der Klimaziele durch die Politik.

Aufgabe 2

Person	Aussage
Mojib Latif	... glaubt, dass die herrschenden Politiker in Amerika die alarmierenden Tatsachen des Klimawandels ignorieren.
David Carlson	... hat nachgewiesen, dass die Wärme am Nordpol das Wetter weltweit beeinflusst.
Stefan Rahmstorf	... hält die Zahlen der WMO zwar für dramatisch, aber nicht für überraschend.

Aufgabe 3
- Der Meeresspiegel ist im Zeitraum von November 2014 bis Februar 2016 um 15 Millimeter gestiegen, während der durchschnittliche Anstieg seit 1993 nur 3 bis 3,5 Millimeter im Jahr betrug.
- Die arktische Eisdecke wurde am 24. März 2016 mit einer Größe von 14,5 Millionen Quadratkilometern gemessen, dies ist die kleinste Fläche seit 1979.
- Das südliche Afrika hat im Jahr 2016 Hitzerekorde von mehr als 42 Grad in Pretoria erlebt – mehr als drei Grad über dem vorherigen Rekord. In Thailand wurde im April ein Hitzerekord von 44,6 Grad und in Indonesien im Mai von 51 Grad gemessen. Im September 2016 war es in Córdoba in Südspanien 45,5 Grad warm.

Aufgabe 4
Schaut man sich im Diagramm „Temperaturentwicklung – Nähe Nordpol" den Zeitraum vom 01.01.2016 bis zum 28.02.2016 an, wird deutlich, dass die Temperatur fast immer höher war als im durchschnittlichen Tagesmittel im entsprechenden Zeitraum in den Jahren 1994 bis 2015. Besonders drei Zeiträume sind sehr auffällig: Vom 01.01. bis 03.01.2016 ist es um ungefähr 12 bis 13 Grad wärmer als im entsprechenden Zeitraum von 1994 bis 2015. Vom 21.01. bis 25.01.2016 ist es um 10 bis 12 Grad wärmer und vom 14.02. bis 24.02.2016 um 11 Grad. Diese Zahlen belegen, dass es tatsächlich so etwas wie Hitzewellen am Nordpol gegeben hat und unterstreichen somit die Aussagen des Textes.

Seite 42

1. Was versteht man unter dem Begriff „Klimawandel"? Wie äußert sich der Klimawandel? Welche Auswirkungen hat er? Was lässt sich gegen den Klimawandel tun?

2. Ich soll einen informierenden Text mit einer abschließenden persönlichen Stellungnahme zum Thema „Klimawandel auf der Erde" schreiben. Vorher muss ich verschiedene Aufgaben bearbeiten. Die Ergebnisse dieser Aufgaben kann ich beim Verfassen meines informierenden Textes verwenden. Ich gliedere meinen Text wie in Aufgabe 5 durch die Unterpunkte a) bis e) vorgegeben.

3. Mögliche Unterstreichungen und Randbemerkungen:
   - globale Erwärmung gewinnt an Dramatik
   - Weltwetterorganisation (WMO) berichtet: 2016 gab es „Hitzewellen" am Nordpol, d. h. Tage mit Temperaturen um den Schmelzpunkt während des Winters (Z. 3–7)
   - Das habe den polaren Jetstream – einen der Windströme, die sich in großer Höhe um den Planeten ziehen – und damit das Wetter global beeinflusst. (Z. 7–9)
   - 2016 war das wärmste Jahr seit Beginn der Aufzeichnungen 1880 (Z. 10)
   - Der Meeresspiegel ist zwischen November 2014 und Februar 2016 um 15 Millimeter gestiegen, deutlich über dem durchschnittlichen Anstieg seit 1993 (Z. 12–14)
   - Fläche der Eisdecke auf allen Weltmeeren vier Millionen Quadratkilometer kleiner als im langjährigen Mittel (Z. 17–18)
   - Die globale Erwärmung führt zu Hitzerekorden im südlichen Afrika, Thailand, Indonesien und Córdoba (Südspanien). (Z. 23–27)
   - Deutsche Klimaforscher fanden die Zahlen wenig überraschend, allerdings nicht weniger dramatisch. (Z. 37–38)
   - Es wird von Jahr zu Jahr dringender, die Emissionen von Treibhausgasen zu stoppen, nur noch sehr wenig Zeit (Z. 40–41; Z. 42)
   - Kimaforscher fordert die Bundesregierung auf, ihre Klimaziele zu revidieren, Wende muss jetzt passieren (Z. 49; Z. 51–52)
   - Klimaziele wären erreichbar, wenn der politische Wille vorhanden wäre (Z. 53–54)

4. Das Diagramm zeigt die Temperaturentwicklung in der Nähe des Nordpols an der Wetterstation Ny-Alesund (Spitzbergen). Dabei wird das Tagesmittel der Temperaturen im Zeitraum vom 01.01. bis zum 28.02. im Jahr 2016 verglichen mit dem Tagesmittel der Temperaturen in den Jahren1994 bis 2015 im gleichen Zeitraum.

Seite 43

5. a) 2016: Hitzewellen am Nordpol, dadurch wird das Wetter global beeinflusst (Z. 1–9)
   b) 2016 wärmstes Jahr seit 1880, überdurchschnittlich starker Anstieg des Meeresspiegels, Fläche der Eisdecke auf den Weltmeeren kleiner als jemals zuvor (Z. 10–19)
   c) Hitzerekorde in Afrika, Asien und Südeuropa belegen globale Erwärmung (Z. 20–27)

d) Zahlen für deutsche Forscher dramatisch, aber nicht überraschend (Z. 28–29)
e) Emissionen von Treibhausgasen müssen stark heruntergefahren oder gestoppt werden, um Klimawandel aufzuhalten; es bleibt nur wenig Zeit. (Z. 40–48)
f) Bundesregierung muss ihre Klimaziele revidieren, Klimaziele wären erreichbar, wenn der politische Wille da wäre (Z. 49–57)

6. Der Artikel „Hitzewellen am Nordpol“ von Jan Sternberg, erschienen am 22.3.2017 in der Hannoverschen Allgemeinen Zeitung, beschäftigt sich mit den Klimaveränderungen am Nordpol und deren Folgen für das Klima weltweit. Die Weltwetterorganisation (WMO) hat festgestellt, dass es im Winter 2016 mehrfach Hitzewellen am Nordpol gab, die das Klima weltweit beeinflussen: 2016 war das wärmste Jahr seit 1880. Das sieht man unter anderem am Anstieg des Meeresspiegels und an den Hitzerekorden in Afrika, Asien und Südeuropa. Ebenso war die Fläche der Eisdecke auf den Weltmeeren kleiner als jemals zuvor. Für Wissenschaftler ist diese Entwicklung zwar nicht überraschend, aber dennoch dramatisch. Sie fordern deshalb von der Politik, sich dafür einzusetzen, dass die Emissionen von Treibhausgasen, die für den Klimawandel verantwortlich sind, gestoppt werden, weil nur noch wenig Zeit bleibt, um den Klimawandel aufzuhalten.

Seite 44

7. Besonders drei im Diagramm dargestellte Zeiträume sind sehr auffällig, und zwar die Zeit vom 01.01. bis 03.01.2016, außerdem die Zeit vom 21.01. bis 25.1.2016 und vom 14.02. bis 24.02.2016. Während dieser Zeiträume ist es im Tagesmittel um teilweise mehr als 10 Grad wärmer als im entsprechenden Zeitraum von 1994 bis 2015.

8. – 2016 war das wärmste Jahr seit Beginn der Aufzeichnungen 1880.
   – Die Oberflächentemperatur der Meere war auf einem Rekordhoch.
   – Der Meeresspiegel ist zwischen November 2014 und Februar 2016 um 15 Millimeter gestiegen, dieser Wert liegt deutlich über dem durchschnittlichen Anstieg seit 1993, der pro Jahr 3,0 bis 3,5 Millimeter betrug.
   – Die arktische Eisdecke misst den niedrigsten Wert seit 1979.
   – Die durchschnittliche Temperatur ist seit der Jahrtausendwende um ca. 0,4 Grad pro Jahr gestiegen, insbesondere im südlichen Afrika, in Thailand, Indonesien und in Südspanien gab es nie dagewesene Hitzerekorde.

9. – Emissionen von Treibhausgasen stoppen bzw. stark herunterfahren, insbesondere den CO_2-Ausstoß
   – Bundesregierung muss Klimaziele revidieren, Unterstützung durch die Politik ist unbedingt notwendig, um den Klimawandel zu stoppen

Seite 45

10. Möglicher Schreibplan:

Schreibplan

Überschrift: Bald Sonnenbaden am Nordpol? (5 a)

Einleitung:
Einleitung zum Thema, Vorstellung des Zeitungsartikels (5 b):
- Klima verändert sich
- am Nordpol „Hitzewellen“ durch WMO festgestellt, diese beeinflussen das Klima weltweit

Hauptteil:
Wie hat sich das Klima auf der Erde verändert? (5 c)
- Es wird immer wärmer auf der Erde, Zahlen aus dem Diagramm belegen diese Entwicklung und die Aussagen der Klimaforscher aus dem Zeitungsartikel

Folgen des Klimawandels:
- Anstieg des Meeresspiegels von November 2014 bis Dezember 2016 um 15 mm pro Jahr, sonst nur um 3 mm pro Jahr (im Zeitraum von 1993 bis 2013)
- März 2016: Die arktische Eisdecke misst mit 14,5 Millionen km^2 den niedrigsten Wert seit 1979, weltweit ist die Eisdecke auf allen Meeren vier Millionen km^2 kleiner als im langjährigen Mittel.
- Hitzerekorde in Afrika, Thailand, Indien, Indonesien und Südspanien
- 2016 wärmstes Jahr seit Beginn der Aufzeichnungen, insgesamt eine steigende jährliche Durchschnittstemperatur.

Maßnahmen, die Wissenschaftler für erforderlich halten, um Klimawandel zu verlangsamen (5 d):
- Emissionen von Treibhausgasen stoppen, insbesondere von CO_2
- Unterstützung durch Politik ist dabei unbedingt notwendig

Schluss:
Persönliche Stellungnahme (5 e):
- Ziel meines Textes: Über den Klimawandel informieren
- Klimawandel ist bereits weiter vorangeschritten als gedacht
- Globale Erwärmung ist beängstigend, weil die Folgen nicht absehbar sind
- Es muss jetzt etwas getan werden, um den Klimawandel aufzuhalten!
- Jeder Einzelne muss sein Verhalten ändern, um den Klimawandel aufzuhalten (selbst CO_2 sparen durch Verzicht auf unnötige Flugreisen/Autofahrten; Politiker dazu auffordern, aktiv zu werden).

Seite 45/46

11.–13. (Aufgabe 5 a) bis e)
Möglicher Schülertext:
Bald Sonnenbaden am Nordpol?
Der Text „Hitzewellen am Nordpol“ von Jan Sternberg, erschienen am 22.3.2017 in der Hannoverschen Allgemeinen Zeitung, beschäftigt sich mit der Klimaveränderung am Nordpol und deren Folgen für das Klima weltweit. Die Weltwetterorganisation (WMO) hat nämlich festgestellt, dass es im Winter 2016 dreimal zu einer Art Hitzewelle am Nordpol gekommen ist: Obwohl die Temperaturen

dort mitten im Winter eigentlich weit unter dem Gefrierpunkt liegen müssten, gab es Tage mit Temperaturen fast unter dem Schmelzpunkt. Diese Hitzewellen am Nordpol beeinflussen das Klima weltweit, sodass auch an anderen Orten der Welt dramatische Klimaveränderungen deutlich werden.
Die Frage danach, wie sich das Klima auf der Erde in den letzten Jahren gewandelt hat, lässt sich kurz und knapp beantworten: Auf der Erde wird es immer wärmer.
Dies lässt sich auch beweisen. Schaut man sich beispielsweise im Diagramm „Temperaturentwicklung – Nähe Nordpol" den Zeitraum vom 01.01.2016 bis zum 28.02.2016 an, wird deutlich, dass die Temperatur fast immer höher war als im durchschnittlichen Tagesmittel im entsprechenden Zeitraum in den Jahren 1994 bis 2015. Besonders drei Zeiträume sind sehr auffällig: Vom 01.01. bis 03.01.2016 ist es im Tagesmittel um ungefähr 12 bis 13 Grad wärmer als im entsprechenden Zeitraum von 1994 bis 2015. Vom 21.01. bis 25.01.2016 ist es im Tagesmittel um ca. 10 bis 12 Grad wärmer und vom 14.02. bis 24.02.2016 um bis zu 11 Grad. Diese Zahlen belegen, dass es tatsächlich so etwas wie Hitzewellen am Nordpol gegeben hat, und unterstreichen somit die Aussagen der Klimaforscher aus dem Zeitungsartikel.
Die globale Erwärmung bleibt natürlich nicht ohne Folgen. So hat beispielsweise die Oberflächentemperatur der Meere Rekordwerte erreicht, außerdem ist der Meeresspiegel von November 2014 bis Dezember 2016 um 15 Millimeter angestiegen, während sonst nur ein Anstieg um 3 Millimeter pro Jahr zu verzeichnen war.
Gleichzeitig wurde festgestellt, dass die arktische Eisdecke im März 2016 insgesamt nur noch 14,5 Millionen Quadratkilometer maß. Das ist der niedrigste Wert seit 1979. Auch weltweit ist die Fläche der Eisdecken auf allen Weltmeeren vier Millionen Quadratkilometer kleiner als im langjährigen Mittel. Nicht zu vergssen sind die Hitzerekorde, die im Jahr 2016 in Afrika, Thailand, Indien, Indonesien und Südspanien gemessen wurden. So wurde zum Beispiel im Mai 2016 in Indonesien eine Temperatur von 51 Grad gemessen. Auch ist eine steigende jährliche Durchschnittstemperatur festzustellen. Seit der Jahrtausendwende war es jedes Jahr um 0,4 Grad heißer als im Durchschnitt der Jahre 1961 bis 1990. Insgesamt war das Jahr 2016 das wärmste seit Beginn der Aufzeichnungen im Jahr 1880.
Deutsche Klimaforscher bewerten diese bemerkenswerten Veränderungenen zwar als dramatisch, aber nicht als überraschend. Sie haben diese Entwicklungen bereits vor 30 Jahren vorhergesagt. Auch wenn die Folgen der globalen Erwärmung noch nicht bis ins Detail abzusehen sind, ist eines ganz klar: Wir können so nicht weitermachen. Würden wir weiterhin so mit unserem Planeten umgehen, blieben uns nur noch acht Jahre bis zum Kollaps.
Die Klimaforscher nehmen in diesem Zusammenhang vor allem die Politiker in die Pflicht und fordern diese auf, aktiv zu werden und die bisherigen Klimaziele zu überdenken. Nur wenn die Emissionen von Treibhausgasen, insbesondere CO_2 gestoppt werden, kann der Klimawandel aufgehalten werden.
Das Ziel meines Textes ist es, über das Thema „Klimawandel auf der Erde" zu informieren. Die in dem Artikel und in dem Diagramm genannten Zahlen zeigen sehr deutlich, wie stark sich das Klima weltweit bereits verändert hat. Das war mir bisher gar nicht bewusst. Die globale Erwärmung macht mir Angst, weil niemand genau weiß, welche Folgen sie für jeden Einzelnen von uns haben wird. Deshalb muss jetzt etwas getan werden, und nicht erst dann, wenn es zu spät ist.
Ich unterstütze daher die Forderung der Klimaforscher, die unsere Regierung dazu aufrufen, die Klimaziele zu überdenken und die Emissionen von Treibhausgasen, insbesondere von CO_2, zu stoppen bzw. zu verringern. Außerdem halte ich es auch für wichtig, dass auch wir Bürger den Politikern deutlich machen, dass das Thema Klimawandel extrem für unser aller Zukunft ist. Wir dürfen uns aber nicht nur auf die Politiker verlassen, sondern jeder Einzelne von uns muss sich überlegen, was er dazu beitragen kann, um den Klimawandel zu stoppen! Wir sollten uns also gut überlegen, ob z. B. die nächste Urlaubsreise mit dem Flugzeug tatsächlich sein muss.

B 7 Eine Wahlaufgabe mit erzählendem Text in sechs Schritten bearbeiten

Seite 49

1. Die Kurzgeschichte „Tanzen gehen" von Nils Mohl wurde 2019 in einem Kurzgeschichtenband veröffentlicht. Sie handelt von einem alten Ehepaar und einem üblichen Samstag in ihrem Leben. Ein Tanz verändert für kurze Zeit die Routine. Danach folgt wieder der übliche Alltag.

2. *Ella:* liest Zeitung; kommentiert Gelesenes; tanzt mit Gus; bereitet das Essen in der Küche vor
Gus: betrachtet Narben im Badezimmerspiegel; weiß nichts mit sich anzufangen; betrachtet im Wohnzimmer alte Bilder; fordert Ella zum Tanz auf; betrachtet wieder Narben

Seite 50

3.

Zeile	Textstelle	Sprachliches Mittel ...
Z. 5	Die Narbe fühlt sich glatt an, ein bisschen wie Plastik.	*Vergleich* bildliche Darstellung, hilft dem Leser, sich die Narbe/Situation besser vorzustellen und sich in die Situation einzudenken
Z. 9	Überhaupt ist sein Körper voll von Narben.	*Symbol* Hinweis auf sein Alter und sein Leben (sie „erzählen" von Ereignissen)
Z. 85	Gus beobachtet das Verschwinden des Hauchflecks.	*Neologismus* hier deutet sich sprachlich die Wendung der Alltagsroutine an – die Aufforderung zum Tanz ist erfolgt, nun muss der Tanz noch tatsächlich ausgeführt werden

4

Zeile	Textstelle	Wirkung
Z. 50 Z. 52 Z. 56	Gus erhebt sich ... Gus betrachtet ... Gus starrt auf den Bilderrahmen ...	*Parallelismus* die Anfänge spiegeln den monotonen, gleichförmigen Ablauf eines Tages
Z. 63	Ella schaut auf, sagt: Ist das nicht schön? Gus antwortet nicht.	*Rhetorische Frage* erfordert keine Antwort; Ehepaar kennt sich gut nach so vielen Jahre, versteht sich ohne viele Worte
Z. 29 Z. 31	Er blickt, die Zeitungsseiten auf den Knien ... Sie lacht des Öfteren leise auf ...	*Parallelismus* s. oben, Unterschied hier ist nur, dass nicht die Namen, sondern die Pronomen genutzt werden

5

Merkmal	Textbezug
Begrenzte Anzahl von handelnden Personen	Gus und Ella
Alltagssituation	Das Geschehen, die Situation, die Örtlichkeit, die Menschen sind alltäglich. Alles ist realistisch, auf den ersten Blick nicht außergewöhnlich. Hier: der Tagesablauf des Ehepaares
Das Problem wird nicht gelöst, daher bleibt das Ende der Geschichte offen.	Der Leser wird mit Gus und der Betrachtung im Spiegel allein gelassen. Er wird „gezwungen", darüber nachzudenken, was weiter passieren könnte.
Offener Anfang	Der Leser steht plötzlich mit Gus und seiner Narbenbetrachtung im Badezimmer. Er weiß nicht, weshalb die Narben da sind oder was vorher geschehen ist.

6 Als Ella Gus aus einer Todesanzeige vorliest, wird ihm klar, wie schnell das Leben vorbeigehen kann und dass er doch noch vieles tun möchte. Die Aufforderung zum Tanz gibt ihm die Möglichkeit, wieder „jung" zu sein und seine Liebe zu Ella zu zeigen.
Gus möchte wieder mehr Nähe zu Ella aufbauen. Beim Tanz kommt man sich automatisch näher. Durch die Erinnerungen an vergangene Zeiten entsteht wieder das Gefühl von Vertrautsein und Nähe.

Seite 51

7 siehe Lösungen zu 7.–9., Seite 52/53

1. Individuelle Lösung

2. Ich soll die Interpretation über das schreiben, was der Autor mir und den Lesern mit der Kurzgeschichte sagen will. Dazu brauche ich eine Einleitung, muss die sprachlichen Mittel bearbeiten und den Wendepunkt erklären. Außerdem soll ich die Überschrift in Beziehung zum Text setzen und meine eigene Meinung zum Text äußern.

Seite 52

4. – alltägliches Einerlei oder Routine eines älteren Ehepaares
   – fehlende Gespräche zwischen den beiden Hauptpersonen
   – Versuch, die Situation zu verändern, aber dieser scheitert

5. (Aufgabe 1, S. 49)
   Die Kurzgeschichte „Tanzen gehen" von Nils Mohl wurde 2019 in einem Kurzgeschichtenband veröffentlicht. Sie handelt von einem alten Ehepaar und einem üblichen Samstag in ihrem Leben. Ein Tanz verändert für kurze Zeit die Routine. Danach folgt wieder der übliche Alltag.

6. Einteilung in Sinnabschnitte
   a) Gus steht im Badezimmer und betrachtet seine Narben. (Z. 1–14)
   b) Gus weiß nicht, was er machen soll. Ella liest im Wohnzimmer die Zeitung. Gus beobachtet sie. (Z. 16–49)
   c) Nach einer Weile wandert Gus durch das Wohnzimmer und betrachtet alte Fotos. (Z. 50–60)
   d) Gus fordert Ella zum Tanz auf und sie tanzen einen Walzer. (Z. 65–97)
   e) Sie streifen eine Stehlampe und kommen ins Wanken. Sie beenden den Tanz. (Z. 97–113)
   f) Ella geht in die Küche um Essen vorzubereiten, Gus betrachtet wieder seine Narben im Spiegel. (Z. 114–124)

7. Inhaltsangabe
   Gus steht in Badezimmer und betrachtet seine Narben. Da er nicht weiß, was er tun soll, geht er ins Wohnzimmer, wo Ella sitzt und die Zeitung liest. Sie studiert vor allem die Geburts-, Heirats- und Todesanzeigen.
   Gus beobachtet sie eine Zeitlang und wandert dann zum Schrank, um die Fotos, die ihn in jüngeren Jahren zeigen, zu betrachten.
   Er überlegt eine Weile und fordert dann Ella zum Tanzen auf. Diese ist erst sehr überrascht, tanzt dann aber einen Walzer mit ihm. Dieser findet ein Ende, als sie mit der Stehlampe zusammenstoßen.
   Danach geht Ella in die Küche und Gus steht im Flur und betrachtet wieder seine Narben.

Seite 53

8. siehe Lösung zu Aufgabe 3, Seite 50

9. (Aufgabe 4, Seite 50)

Zeile	Textstelle	Wirkung
Z. 56	Gus starrt auf den Bilderrahmen ...	*Parallelismus* die Anfänge spiegeln den monotonen, gleichförmigen Ablauf eines Tages

Z. 63	Ella schaut auf, sagt: Ist das nicht schön? Gus antwortet nicht.	*Rhetorische Frage* erfordert keine Antwort; Ehepaar kennt sich gut nach so vielen Jahre, versteht sich ohne viele Worte
Z. 29 Z. 31	Er blickt, die Zeitungsseiten auf den Knien ... Sie lacht des Öfteren leise auf ...	*Parallelismus* s. oben, Unterschied hier ist nur, dass nicht die Namen, sondern die Pronomen genutzt werden
Z. 36	Gus räuspert sich. Er sagt aber nichts. Ella blättert die Seiten um.	*Parataktische Sätze* Die Verwendung spiegelt die Monotonie des Alltags wider.

10. (Aufgabe 5, Seite 50)

Merkmal	Textbezug
Offener Anfang	Der Leser steht plötzlich mit Gus und seiner Narbenbetrachtung im Badezimmer. Er weiß nicht, weshalb die Narben da sind oder was vor dem Badezimmerbesuch geschehen ist.
Ein Ort der Handlung	Wohnung (Badezimmer und Wohnzimmer) des Ehepaares

Seite 54

11. (Aufgabe 6, S. 50)

Als Ella Gus aus einer Todesanzeige vorliest, wird ihm klar, wie schnell das Leben vorbeigehen kann und dass er doch noch vieles tun möchte. Die Aufforderung zum Tanz gibt ihm die Möglichkeit, wieder „jung" zu sein und seine Liebe zu Ella zu zeigen.

Gus möchte wieder mehr Nähe zu Ella aufbauen. Beim Tanz kommt man sich automatisch näher. Durch die Erinnerungen an vergangene Zeiten entsteht wieder das Gefühl von Vertrautsein und Nähe.

Ergänzend hier:

Der Tanz ist ein Wendepunkt in der Geschichte.

Gus versucht, durch die Aufforderung zum Tanz und die Durchführung den Alltag zu durchbrechen. Der Tanz ist ein Einschnitt in der täglichen Routine und die Möglichkeit, Veränderungen zu bringen.

Ellas überraschte Reaktion darauf verdeutlicht das auch. Erst fragt sie, ob vor oder nach dem Essen, dann lässt sie sich darauf ein. Nach dem Tanz bleibt aber alles beim Alten.

12.
- Ella liest regelmäßig die Geburts-, Heirats-, Todesanzeigen. (Gus fragt: Warum schaust du dir das immer an?)
- Gus liest immer den Sportteil der Zeitung. (Ella sagt bloß: Hier, der Sportteil.)
- Gus versorgt regelmäßig den Garten. (Er sagt: Ich wollte ja eigentlich noch in den Garten, aber ...)
- Ella kocht. (Erst als Ella dann längst in der Küche ist, ...)

13. Beide leben schon lange zusammen und kennen sich entsprechend gut. Dinge, die man normalerweise bespricht, brauchen nicht mehr ausführlich besprochen werden, weil sie im Laufe des Zusammenlebens oft thematisiert worden sind.

Sie verstehen (oder missverstehen) sich auch durch kurze Gespräche, da sie die Vorlieben und Eigenarten des anderen kennen.

Seite 55

14. *Gus:* Er fühlt sich vor dem Tanz gelangweilt und traurig, denn er weiß nicht so recht, was er tun soll. Außerdem hängt er Erinnerungen (auch an seine Jugend bzw. vergangene Zeiten) nach.

Während des Tanzes ist er aufgeregt und freut sich über die Nähe zu seiner Frau. Er empfindet die Nähe als wohltuend und möchte gern mehr davon. Auch hat er das Gefühl, wieder jung und Ella nahe zu sein.

Nach dem Tanz ist er außer Atem. Das zeigt ihm, dass er älter geworden ist, und es macht ihn traurig. Er ist aber auch bedrückt, weil die Nähe zu Ella vorbei ist. Nähe und Vertrautheit fehlen ihm wieder.

Ella: Vor dem Tanz liest sie die Zeitung und kommentiert viele Anzeigen. Sie fühlt sich in der Routine sicher und geborgen. Außerdem erlebt sie dadurch, was außerhalb ihrer vertrauten Umgebung passiert. Das findet sie aufregend.

Während des Tanzes fühlt sie die Vertrautheit und Nähe zu Gus. Auch sie ist aufgeregt und freut sich darüber. Die Abwechslung vom Alltag gefällt ihr.

Nach dem Tanz fehlt ihr die Nähe ebenso wie Gus. Das sieht man daran, dass sie ihm die Hände auf die Schultern legt. Wie Gus ist auch sie außer Atem, auch bei ihr ist dies ein Hinweis auf das Alter. Auf der anderen Seite freut sie sich aber auch, denn das Tanzen hat gut geklappt und ohne den Zusammenstoß mit der Lampe hätten sie vielleicht noch weiter getanzt.

15. Die Kurzgeschichte beginnt und endet mit der Betrachtung der Narben an Gus Körper. Zu Beginn tut er dies im Badezimmer, am Ende im Flur vor dem Garderobenspiegel.

Daran wird deutlich, dass er in seinem Alltag gefangen ist und viele Handlungen zur Gewohnheit geworden sind. Jeder Tag hat seine Routine und in dieser ist Gus gefangen.

16. Möglicher Schreibplan:

Schreibplan

Einleitung:
a) Vorstellung des Textes (siehe Aufgaben 1 und 2)

Hauptteil:
b) Zusammenfassung des Inhalts (siehe Aufgabe 2)
c) Analyse/Darstellung der sprachlichen Mittel (siehe Aufgaben 3 bis 5)
d) Wendepunkt (siehe Aufgabe 6)

Schluss:
e) Persönliche Meinung zu der Geschichte
f) Stellungnahme zur Textabsicht unter ggf. Zuhilfenahme eigener Erfahrungen

Seite 58

17. – 19. (Aufgabe 7, S. 51)

In der Kurzgeschichte „Tanzen gehen“ von Nils Mohl, die 2019 in einem Kurzgeschichtenband veröffentlicht wurde, geht es um das Problem des eintönigen Alltags eines lange verheirateten Ehepaares an einem üblichen Samstag in ihrem Leben. Ein Tanz verändert für kurze Zeit die Routine. Danach folgt wieder der übliche Alltag.

Gus steht in Badezimmer und betrachtet seine Narben. Da er nicht weiß, was er tun soll, geht er ins Wohnzimmer, wo Ella sitzt und die Zeitung liest. Sie studiert vor allem die Geburts-, Heirats- und Todesanzeigen.

Gus beobachtet sie eine Zeitlang und wandert dann zum Schrank um die Fotos, die ihn in jüngeren Jahren zeigen, zu betrachten.

Er überlegt eine Weile und fordert dann Ella zum Tanzen auf. Diese ist erst sehr überrascht, tanzt dann aber einen Walzer mit ihm. Dieser findet ein Ende, als sie mit der Stehlampe zusammenstoßen.

Danach geht Ella in die Küche und Gus steht im Flur und betrachtet wieder seine Narben.

Um die Kurzgeschichte zu verstehen und die Absicht des Autors erklären zu können, ist es sinnvoll, die sprachlichen Mittel zu analysieren. Diese unterstützen die Aussagen des Textes.

In der Kurzgeschichte geht es um die Monotonie oder Routine im Alltag der Eheleute Gus und Ella und ihre Beziehung zueinander.

Diese Aspekte unterstreicht der Autor auf vielfältige Weise. Im Text finden sich auffallend viele Parallelismen. Darunter versteht man gleich Satzanfänge. „Gus starrt auf den Bilderrahmen ...“ (Z. 51) oder „Gus schaltet das Licht aus ...“ (Z. 15).

Darin spiegelt sich der monotone, gleichförmige Ablauf eines Tages. Eine Handlung reiht sich an die andere, der Tag verläuft nach einem Schema und jeder Tag ist wie der andere in festen Strukturen aufgebaut.

Weitere Parallelismen werden durch die Pronomen „er“ oder „sie“ gestaltet. (z. B. Z. 1, 4, 7). Durch die Verwendung der Pronomen statt der Namen tritt die Monotonie noch deutlicher zutage. Namen sind persönlicher, die Pronomen sind viel allgemeiner, wirken unpersönlich und unterstreichen das strukturierende Element des Tagesablaufs.

Dazu passen auch die vielen parataktischen Sätze. „Gus räuspert sich. Er sagt aber nichts. Ella blättert die Seiten um.“ (Z. 33)

Die Sätze sind aneinandergereiht wie Perlen auf einer Kette und konzentrieren sich auf das Wesentliche der Situation. Der Leser kann schnell aufnehmen, was inhaltlich gemeint ist. Aber sie verdeutlichen auch die Eintönigkeit des Alltags. Es gibt keine Abwechslung, sondern nur Gleichförmigkeit.

In diesem Beispiel zeigen sich auch die fehlende Gesprächsbereitschaft und die eingeschränkte Fähigkeit des Miteinandersprechens des Paares. Beide beschränken sich hier auf die Kommunikation ohne Worte. Aber auch alle anderen Gespräche zwischen ihnen finden nur in Form von kurzen Sätzen oder rhetorischen Fragen statt.

Insbesondere Ella verwendet viele rhetorische Fragen. Sie erwartet auf keine eine Antwort. Sie kennt die Eigenarten von Gus nach den vielen Ehejahren und stellt die Fragen eher aus Gewohnheit als aus Interesse an einer Antwort.

„Ella schaut auf, sagt: Ist das nicht schön? Gus antwortet nicht.“ (Z. 58)

Weitere sprachliche Mittel in der Kurzgeschichte sind das Symbol, der Vergleich und der Neologismus.

Nils Mohl nutzt die Narbe und den Spiegel als Symbole. Die Narben stehen stellvertretend für das Alter und die Lebensereignisse von Gus. „Er hat eine ganz ähnliche Narbe am Kinn, seit über fünfzig Jahren schon, und eine viel größere am Unterschenkel. Überhaupt ist sein Körper voll von Narben.“ (Z. 7 – 9)

Der Leser erfährt, dass Gus schon älter sein muss und dass er im Laufe seines Lebens Dinge erlebt hat, die auf seinem Körper Spuren, nämlich Narben, hinterlassen haben. Aber das gilt auch sicherlich für seine Persönlichkeit an sich. Darin liegt vielleicht ein Grund für seine eingeschränkte Gesprächsbereitschaft mit Ella.

Die Kurzgeschichte beginnt und endet mit der Betrachtung der Narben an Gus Körper. Zu Beginn tut er dies im Badezimmer, am Ende im Flur vor dem Garderobenspiegel.

Daran wird deutlich, dass er in seinem Alltag gefangen ist und viele Handlungen zur Gewohnheit geworden sind. Jeder Tag hat seine Routine und in dieser ist Gus gefangen.

Der Spiegel reflektiert Gus, zeigt ihm sein wahres Alter und ermöglicht ihm die Auseinandersetzung mit sich selbst in der Gegenwart und der Vergangenheit. Da der Spiegel Gus seitenverkehrt reflektiert, bekommt er einen anderen Blickwinkel auf seinen Körper und seine Person. Und auch der Leser kann eine andere Sichtweise einnehmen bzw. nachvollziehen, was Gus gerade auch in Bezug auf die Narben beschäftigt. Da der Spiegel Gus jeden Tag das gleiche Spiegelbild zeigt, spiegelt er auch die Monotonie des Alltags.

Eine Unterbrechung der Monotonie erfolgt sprachlich mit dem Neologismus „Hauchfleck“ (Z. 85). Hier deutet sich die Wendung der Alltagsroutine an – die Auf-forderung zum Tanz ist erfolgt, nun muss der Tanz nur noch tatsächlich ausgeführt werden.

Gus erfindet das Wort „Hauchfleck“ und verlässt damit seine Alltagssprache. Der Begriff entsteht aus der Aufforderung zum Tanz, die Gus überraschend geäußert hat. Wahrscheinlich ist er über sich selbst erstaunt und dies findet in der Wortneuschöpfung ihren Ausdruck.

Nachdem sich die Überraschung über die unerwartete Aufforderung zum Tanz bei beiden etwas gelegt hat, tanzen sie miteinander.

Der Tanz ist der Wendepunkt in der Kurzgeschichte. Gus versucht durch die Aufforderung zum Tanz und die Durchführung den Alltag zu durchbrechen. Der Tanz ist ein Einschnitt in der täglichen Routine und die Möglichkeit, Veränderungen zu bringen.

Ellas überraschte Reaktion darauf verdeutlicht das ebenfalls. Erst fragt sie, ob vor oder nach dem Essen, dann lässt sie sich aber darauf ein. Auch sie scheint sich nach Veränderungen zu sehnen. Nach dem Tanz bleibt aber alles beim Alten. Dieses bedauern beide.

„Sie streichelt Gus über die Wange. Dann legt sie ihm beide Hände, eine rechts, die andere links, auf die Schultern.“ (Z. 100 – 101)

Hier wird deutlich, dass Ella die Nähe zu Gus fehlt. Sie traut sich aber nicht, dieses zu sagen oder durch eine Handlung, z. B. einen Kuss oder eine Umarmung, zu zeigen.

Bei Gus ist es ähnlich. (Z. 94: „Ob sie mit ihm ins Schlafzimmer käme?“ oder Z. 103 – 104: „Erst als Ella dann längst in

der Küche ist, fallen Gus ein paar Dinge ein, die er gerne gesagt hätte.")
Der Autor hat seiner Kurzgeschichte den Titel „Tanzen gehen" gegeben. Zunächst vermutet der Leser, das die Geschichte von einem Paar erzählt, das zum Tanzen geht und dort vielleicht etwas Außergewöhnliches erlebt. Auch könnte man denken, es wird von jungen Leuten berichtet, die zum Tanzen in eine Disco gehen. Erst zum Schluss wird deutlich, dass das „Tanzen gehen", welches für junge Leute zum Alltag gehört, für Gus und Ella ein Höhepunkt im Ehealltag ist und die Möglichkeit bietet, Veränderungen hineinzubringen. Leider scheitern sie und verfallen nach dem abrupten Ende des Tanzes wieder in die alten Verhaltensmuster. Ella geht in die Küche und bereitet das Essen zu und Gus betrachtet seine Narben im Spiegel.
Ich finde die Geschichte sehr interessant. Besonders die Darstellung des monotonen Alltags eines alten Ehepaares und dessen eingeschränkte Gesprächsweise miteinander wird durch die sprachliche Gestaltung widergespiegelt.
Nicht zu vergessen ist auch die Tatsache, dass sich beide noch immer mögen oder gar lieben. Dies kommt im gemeinsamen Tanz zum Ausdruck, der kurzzeitig eine Änderung im Alltagseinerlei bewirkt. Die daraus folgende Chance nutzen die beiden aber nicht. Statt ein offenes Gespräch über ihre Gefühle und Gedanken zu führen, flüchten sich beide in ihre üblichen Verhaltensmuster und Handlungen. Ella geht kochen und Gus betrachtet seine Narben.
Ich denke, dass es vielen Ehepaaren nach langen Jahren der Ehe so geht. Sie reden wenig miteinander, weil sie sich über die Jahre kennen gelernt haben, oft reichen Gestik und Mimik aus, um den anderen zu verstehen. Auch stecken sie in den Routinen des Alltags fest und trauen sich vielleicht nicht, etwas Neues auszuprobieren. Dabei kann man auch im Alter noch neue Dinge tun und aktiv am Leben teilnehmen.

B 8 Einen lyrischen Text in sechs Schritten erarbeiten

Seite 58
Aufgabe 1 siehe 4., Seite 61

Aufgabe 2 siehe 7., Seite 62

Aufgabe 3 siehe 8., Seite 62

Seite 59
Aufgabe 4 siehe 9., Seite 62

Aufgabe 5 (siehe auch 10., Seite 63)

a) Mit der Formulierung möchte der Verfasser ausdrücken, dass es in seinem Heimatort nichts gibt, was er nicht kennt. Es gibt nichts Neues mehr für ihn zu entdecken – so denkt er. Er benutzt das Stilmittel der Übertreibung, um zu verdeutlichen, dass er wirklich alles für ihn Wichtige schon gesehen hat.
b) Die Person des lyrischen Ichs ist für mich eindeutig männlich (sie spricht von Frau und Kindern) und das Lied wird ja auch von einem Mann gesungen.
Auf mich wirkt die Person zunächst rastlos und unruhig. Der Handelnde verspürt einen starken Impuls wegzugehen und Neues zu entdecken. Ich denke, dass es ein Stück weit normal ist, sich so zu fühlen. Ich weiß von vielen Freunden von mir, dass sie davon träumen, in eine große Stadt zu ziehen oder einfach spannende Sachen zu erleben. Auch sie haben das Gefühl, alles zu kennen in ihrer Heimatstadt und wollen neuen Input. Da ich mich mit diesen Gedanken identifizieren kann, nehme ich an, dass der Mann in dem Lied auch jung ist und sein Leben noch vor sich hat.
Er ist voll von Träumen, Idealismus und Zuversicht, dass sein Leben trotz aller Rückschläge letzten Endes positiv endet. Gerade diese Zuversicht macht ihn in meinen Augen sehr sympathisch.
Ich denke, dass der Verfasser weiß, dass sich viele Zuhörer mit dem Liedtext und den darin ausgedrückten Gedanken identifizieren können. Das wird nicht nur mir und meinen Freunden so gehen. Insofern ist die Perspektive des lyrischen Ichs für den Song eigentlich gut gewählt, da jeder, der den Song hört und im Kopf oder laut mitsingt, das Gefühl hat, es ginge um „sein Haus am See". Das macht den Menschen Spaß und macht sie ein Stück weit glücklich.

Seite 60
Aufgabe 6 siehe 14., Seite 64

1. – der Sänger singt von seinem Leben
   – er möchte sein Leben verändern
   – er träumt von einem Haus am See, einer Frau und vielen Enkeln

   Ich denke, dass es in dem Lied „Haus am See" von Peter Fox darum geht, sein Leben zu verändern.

2. Ich soll den Liedtext „Haus am See" von Peter Fox interpretieren. Zunächst muss ich dafür den Inhalt des Liedtextes wiedergeben. Wichtig für mich ist zudem, die Situation des Menschen in dem Liedtext zu erfassen und die Wirkung dieser Situation auf mich zu benennen. Letzteres soll durch sprachliche Mittel belegt werden. Danach soll ich mir überlegen, warum das Lied aus der Ich-Perspektive geschrieben ist.
   Am Ende meiner Interpretation soll ich noch erklären, ob und inwiefern ich die Zukunftsversion, die in dem Lied „Haus am See" beschrieben wird, für realistisch halte und ob ich mir diese auch wünsche.

Seite 61
3. Strophe 1:
   – Das lyrische Ich (Mann) geht durch seine Heimatstadt, alles ist ihm vertraut.
   – Er wünscht sich, fortzugehen und stellt sich vor, wie er „seine" Welt hinter sich zurücklässt.
   – Er freut sich auf das, was kommt.
   – Er denkt, dass sich ihm neue Chancen bieten und er will sie nutzen.
   – Er genießt das Weggehen und lässt sich treiben.

   Refrain:
   – Am Ende seiner (Lebens-)Suche sieht er sich in einem Haus an einem See.
   – Er ist glücklich mit seiner Familie und alles ist wunderschön.
   – Er wird besucht, muss diesen wundervollen Ort nie verlassen.

Strophe 2:
- Er will in der Fremde neu anfangen.
- Er weiß, dass Gutes und Schlechtes kommen wird.
- Er will das Leben genießen.
- Am Ende wird er glücklich und reich sein und nach Hause zurückkehren.
- Er feiert ein Fest mit allen Menschen, die ihm etwas bedeuten.
- Alle freuen sich, ihn zu sehen und feiern mit ihm, was er erreicht hat.

Strophe 3:
- Wenn er alt ist, sitzt er in seinem Garten und seine Enkel spielen um ihn herum.
- Er freut sich auf diese Vorstellung und findet den Gedanken so schön, dass er gerne schon „da" wäre.

4. (siehe auch Aufgabe 1)
In dem Songtext „Haus am See" von Peter Fox aus dem Jahr 2008 geht es um eine Lebensvision.
Das Lied beschreibt die Lebensvorstellung eines Mannes, der mit seinem momentanen Leben unzufrieden ist. Er stellt sich vor, dass er von zuhause fortgeht, um sein Glück zu machen – und es am Ende auch zu finden.

5. a) Die Handlung besteht darin, dass ein Mann auszieht, um sein Glück zu finden.
b) Der Sprechende im Text ist das lyrische Ich. Ich denke, dass das lyrische Ich ein Mann ist, da es von Frau und Kindern spricht. Ebenso denke ich, dass es relativ jung ist, da es sein Leben noch vor sich zu haben scheint.
c) Das Ergebnis ist eine Vorstellung von seiner Zukunft, die es so glücklich macht, dass es sie am liebsten jetzt schon leben würde.
d) Die letzte Strophe ist kürzer als die anderen. Sie fasst das Wichtigste noch einmal zusammen bzw. betont es. Es wird noch einmal auf den Punkt gebracht, wie sehr ihm die Vorstellung seines (möglichen zukünftigen) Hauses gefällt.

Seite 62

6. Mögliche Lösung:

Abschnitt	Textstelle	Inhalt
1.	Vers 1 – 3	Ausgangssituation, Situation daheim
2.	Vers 4 – 6	Die Person geht fort, verlässt die Heimat.
3.	Vers 7 – 12	Vorfreude auf „ein neues" Leben
4.	Refrain (3x)	Beschreibung ihres zukünftigen Wohnortes
5.	Vers 17/18	Kompletter Neuanfang
6.	Vers 19 – 22	Es geht auf und ab, sie erlebt viel.
7.	Vers 23/24	Finden des Glücks
8.	Vers 25 – 28	Die Person kehrt zurück und lädt alle Menschen „von früher", die ihr wichtig sind, ein und feiert mit ihnen ihr Glück.
9.	Vers 37 – 40	Vorfreude auf diesen Moment des „Angekommenseins"

7. (siehe Aufgabe 2)
Dieser Liedtext handelt von einem Lebenstraum. Das lyrische Ich, ein Mann, lebt in einer Welt, in der es alles kennt und die es langweilig findet.
Es wünscht sich, fortzugehen und stellt sich vor, wie es „seine Welt" hinter sich zurücklässt.
Vorfreude auf das, was kommt, erfüllt es, weil es der Meinung ist, dass sich ihm ganz neue Chancen und Gelegenheiten bieten werden. Es möchte diese Gelegenheiten nutzen und lässt sich in Richtung seines neuen Lebensabschnittes treiben.
Das lyrische Ich möchte irgendwo in der Ferne neu anfangen. Es weiß, dass es nicht immer leicht werden und dass ihm sowohl Gutes als auch Schlechtes widerfahren wird. Dennoch ist es sicher, dass es sein neues Leben genießen wird, um am Ende reich und glücklich zu sein. Das ist der Moment, in dem es sich auf früher besinnt. Es erinnert sich der Menschen, die ihm wichtig sind. Es lädt sie zu sich ein und feiert ein großes Fest mit allen Menschen, die ihm etwas bedeuten. In seiner Vorstellung freuen sich alle seine alten Freunde und Verwandten mit ihm und feiern mit ihm zusammen sein Glück und seinen Erfolg.
Der Ort der Feier ist sein „Haus am See" – ein wunderschönes Anwesen, das groß genug ist, um viele Menschen zu beherbergen. Dort lebt es zusammen mit einer schönen Frau, seinen Kindern und später seinen Enkelkindern. In seiner Vorstellung ist dieser Ort so anziehend, dass alle ihn besuchen und es diesen Ort nicht verlassen muss. Diese Vorstellung gefällt dem lyrischen Ich so sehr, dass es sich beinahe wünscht, dies jetzt schon erleben zu können. Es findet die Vorstellung schön, dass sein Leben auf diese Weise im „Haus am See" enden könnte.

8. a) (Aufgabe 3)
- 6 Teilabschnitte (3 Strophen, 3x Refrain), 40 Verse, kein eindeutiges Reimschema
- Die ersten beiden Strophen bestehen aus je 12 Versen, die letzte nur noch aus 4 Versen.
- viele unreine Reime

b) Strophe 1 = Wunsch nach Aufbruch, Sehnsucht nach einem neuen Leben
Strophe 2 = Rückkehr in das alte Leben, Erfolg
Strophe 3 = Zuhause angekommen nach einem erfüllten Leben

9. a) (Aufgabe 4)
Mögliche zusätzliche Lösungen:

Textstelle	Zitat	Stilmittel	Erklärung
Vers 1 + Vers 37	„Hier bin ich gebor'n"	Wiederholung	Rahmt das Gedicht ein, er kommt da an, von wo er losgeht
Vers 2	„jedes Haus ... jeden Laden"	Wiederholung	Verdeutlichung, dass er wirklich alles kennt

Vers 4	„schicke“ / „schnell“	Alliteration	„sch“ gedoppelt, Verdeutlichung der Schnelligkeit
Vers 5	„alles fliegt vorbei“	Metapher	Er bewegt sich sehr schnell.
Vers 8	„sie wartet“	Personifikation	Die Erde kann nicht im menschlichen Sinne warten. Es geht darum, die vorhandenen Chancen zu nutzen.
Vers 8/9	4x „ich“	Anapher	Selbstbezogenheit
Vers 12	„Schließ' die Augen und lauf einfach geradeaus“	Paradoxon	Er will verdeutlichen, dass er trotz aller Ängste und Ungewissheiten das Neue angeht.
Vers 21	„Ich grabe Schätze aus im Schnee und Sand“	Metapher	Er ist überall erfolgreich, findet überall schöne Dinge.
Vers 22	„Und Frauen rauben mir jeden Verstand“	Metapher	Er denkt zeitweise nur an sein Vergnügen.
Vers 23	„Vom Glück verfolgt“	Personifikation	Er denkt, irgendwann werden ihm viele gute Dinge widerfahren.
Vers 24	„Taschen voll Gold“	Metapher / Übertreibung	Er denkt, er wird sehr reich sein.
Vers 25	„alten Vögel“	Metapher	Kumpel, gute Freunde

9. b) Mögliche Lösung:

Textstelle	Stimmung	Erklärung
Vers 1 – 3	perspektivlos gelangweilt, will weg	Der Handelnde beschreibt seine Wohngegend als ihm vertraut, aber langweilig. Er sehnt sich nach Neuem.
Vers 4	entschlossen	Er beschließt zu gehen.
Vers 5/6	freier werdend	Er fängt an, das Alte zurückzulassen.
Vers 7 – 10	Euphorie, Vorfreude	Er spürt, dass Neues auf ihn wartet und denkt, dass es gut wird.
Vers 11 – 12	entspannt	Er lässt die Dinge auf sich zukommen.
Vers 13 – 16 (Refrain), 29 – 32, 33 – 36	verträumt	Er malt sich gedanklich seine ideale Zukunft aus.
Vers 17/18	unsicher	Alles ist neu.
Vers 19 – 22	hinnehmend, akzeptierend	Er weiß, dass er auf seinem Weg gute und schlechte Erfahrungen machen wird.
Vers 23/24	optimistisch	Er glaubt, dass er am Ende als „gemachter Mann“ dasteht.
Vers 25/26	sehnsüchtig, erinnernd	Er denkt an die Menschen, die ihm wichtig sind.
Vers 27/28	Freude	Alle freuen sich mit und für ihn.
Vers 37 – 39	angekommen sein	Er denkt an seinen idealen Lebensabend.
Vers 40	Vorfreude	Er freut sich darauf, wünscht sich, es wäre später wirklich so.

Seite 63

11.a) Das „Haus am See“ ist für das lyrische Ich der ideale Wohnort. Es ist das Symbol für Glück und Zufriedenheit im Alter. Von dort aus kann auf ein letzten Endes erfolgreiches Leben zurückgeblickt werden.

b) Der Zuhörer soll motiviert werden, sich mit seiner eigenen Idealvorstellung des Lebens auseinanderzusetzen. Er soll daran erinnert werden, wofür er „das alles“ (Arbeit, Ängste, Stress, ...) macht.

c) Ich finde die Vorstellung des „Haus(es) am See“ schön. Ich finde die Vorstellung romantisch, am Ende meines Lebens alle lieben Menschen um mich herum zu haben und auf ein erfülltes und glückliches Leben zurückblicken zu können. Es erinnert mich daran, dass sich wohl jeder Mensch wünscht, am Ende einfach nur glücklich zu sein.

12. Zusammenfassend bin ich der Meinung, dass Peter Fox mit seinem Lied aussagen möchte, dass sich jeder wünscht, anzukommen. Das mache ich daran fest, dass er immer wieder die Vorstellung des idealen Wohnortes wiederholt. Das „Haus am See“ wird durch Wiederholung stark betont. Alle Refrains beginnen mit „und“. Deshalb habe ich den Eindruck, dass er darauf hinweist, dass, egal was passiert im Leben, am Ende alles gut wird und das „Haus am See“ auf ihn wartet.
Ich denke, dass das Lied deshalb so erfolgreich gewesen ist, weil sich die Menschen mit dieser Zukunftsvision identifizieren können. Meine Klassenkameraden und ich sind gerade in unserem letzten Realschuljahr. Wir machen in diesem Jahr unseren Abschluss und überlegen zum ersten Mal in unserem Leben wirklich, in welche Richtung wir nach dem Realschulabschluss gehen wollen. Wir haben oft im Unterricht darüber gesprochen,

was wir uns für unsere Zukunft vorstellen und was uns glücklich machen würde. Viele von uns wissen die Antwort noch nicht so genau. Wie das lyrische Ich in diesem Lied, müssen wir das „Auf und Ab" erleben. Es wird schöne Momente geben, aber auch ganz fürchterliche. Auch für uns ist es wichtig, am Ende daran zu glauben, dass alles gut wird. Es hat sich gezeigt, dass für viele auch zum Glück gehört, eine Familie zu haben, Kinder und ein eigenes Haus zu besitzen. Ich glaube, viele wären mit einem Lebensweg, wie er hier aufgezeigt wird, sehr, sehr glücklich. Ich wäre es auf jeden Fall.
Da Peter Fox in der letzten Strophe davon spricht, an diesem Ort geboren zu sein und sterben zu wollen, kann ich mir sogar vorstellen, dass das lyrische Ich schlussendlich nach Hause zurückkehrt, nachdem es in der Fremde sein Lebensglück geschmiedet hat und dann letztendlich doch da glücklich wird, von wo aus es am Anfang des Liedes gelangweilt und perspektivlos wegzog. Auch das ist ein schöner Gedanke. Ich denke, dass in jedem Mensch der Wunsch nach Harmonie und der Aussöhnung mit der eigenen Herkunft liegt. Auch das ist realistisch, finde ich. Ich jedenfalls könnte nicht wirklich glücklich sein, wenn ich mich mit mir wichtigen Menschen im Streit befinden würde.

Seite 64

13. Schreibplan / Mögliche Lösung:

Schreibplan

Einleitung:
a) Vorstellung des Textes und Zusammenfassung (bereits erledigt, Teilaufgabe ❶ + ❷)

Hauptteil:
b) Wie wirkt der Mensch in dem Lied auf mich? (bereits erledigt: Teilaufgabe ❹)
Verwendete sprachliche Mittel hierfür: (vgl. Teilaufgabe ❹ und ❺)
c) Warum wurde die Ich-Perspektive gewählt? (bereits erledigt: Teilaufgabe ❺)

Schluss:
d) Persönliche Stellungnahme mit Begründung

14. (siehe auch Aufgabe ❻)
In dem Songtext „Haus am See" von Peter Fox aus dem Jahr 2008 geht es um eine Lebensvision. Das Lied beschreibt die Lebensvorstellung eines Mannes, der mit seinem momentanen Leben unzufrieden ist. Er stellt sich vor, dass er fortgeht, um sein Glück zu machen – und es am Ende auch zu finden.
Wer hat sich noch nicht vorgestellt, wie sein Leben aussehen soll, wenn man einmal alt ist? Dieser Liedtext handelt von so einem Lebenstraum. Das lyrische Ich, ein Mann, lebt in einer Welt, in der es alles kennt und die es langweilig findet. Es wünscht sich, fortzugehen und stellt sich vor, wie es „seine Welt" hinter sich zurücklässt. Vorfreude auf das, was kommt, erfüllt es, weil es der Meinung ist, dass sich ihm ganz neue Chancen und Gelegenheiten bieten werden. Es möchte diese Gelegenheiten nutzen und lässt sich in Richtung seines neuen Lebensabschnittes treiben.
Das lyrische Ich möchte irgendwo in der Ferne neu anfangen. Es weiß, dass es nicht immer leicht wird und dass ihm sowohl Gutes als auch Schlechtes widerfahren wird. Dennoch ist es sicher, dass es sein neues Leben genießen wird, um am Ende reich und glücklich zu sein. Das ist der Moment, in dem es sich auf früher besinnt: Es erinnert sich der Menschen, die ihm wichtig sind. Es lädt sie zu sich ein und feiert ein großes Fest mit allen Menschen, die ihm etwas bedeuten. In seiner Vorstellung freuen sich alle seine alten Freunde und Verwandten mit ihm und feiern mit ihm zusammen sein Glück und seinen Erfolg. Der Ort der Feier ist sein „Haus am See" – ein wunderschönes Anwesen, das groß genug ist, um viele Menschen zu beherbergen. Dort lebt es zusammen mit einer schönen Frau, seinen Kindern und später seinen Enkelkindern. In seiner Vorstellung ist dieser Ort so anziehend, dass alle ihn besuchen und es diesen Ort nicht verlassen muss.
Diese Vorstellung gefällt dem lyrischen Ich so sehr, dass es sich beinahe wünscht, dies jetzt schon erleben zu können. Es findet die Vorstellung schön, dass sein Leben auf diese Weise im „Haus am See" enden könnte.
Auf mich wirkt die Person des lyrischen Ichs zunächst rastlos und unruhig. Der Handelnde verspürt einen starken Impuls wegzugehen und Neues zu entdecken. Ich denke, dass es ein Stück weit normal ist, sich so zu fühlen. Ich weiß von vielen Freunden von mir, dass sie davon träumen, in eine große Stadt zu ziehen oder einfach spannende Sachen zu erleben. Auch sie haben das Gefühl, alles zu kennen in ihrer Heimatstadt und wollen neuen Input. Da ich mich mit diesen Gedanken identifizieren kann, nehme ich an, dass der Mann in dem Lied auch jung ist und sein Leben noch vor sich hat.
Er ist voll von Träumen, Idealismus und Zuversicht, dass sein Leben trotz aller Rückschläge letzten Endes positiv endet. Gerade diese Zuversicht macht ihn in meinen Augen sehr sympathisch.
Mithilfe der vom Verfasser verwendeten sprachlichen Mittel lassen sich meine Gedanken verdeutlichen. In Vers 2 benutzt der Verfasser des Liedes die Wiederholung des Wortes „jede" („jedes Haus ... jeden Laden"), in Vers 3 betont er noch einmal, dass er „jede Taube" kennt. Dieses Stilmittel verwendet er, um zu zeigen, dass er in seinem Heimatort wirklich alles kennt. „Schick" und „schnell" (Vers 4) ist in Verbindung eine Alliteration. Mit ihr wird die Geschwindigkeit verdeutlicht, mit der die handelnde Person ihr Zuhause verlässt. Unterstrichen wird dies durch die Metapher „alles fliegt vorbei" in Vers 5.
Das lyrische Ich bewegt sich auf eine Welt zu, die auf es „wartet" (Vers 8). Es gibt also genug Chancen in der Welt, die es lediglich nutzen muss. Nach seinen anfänglichen Zweifeln tut es das schließlich auch: „Schließ' die Augen und lauf einfach geradeaus" (Paradoxon / Vers 12). Zu diesem Zeitpunkt wissen wir lediglich, dass sich das lyrische Ich von Zuhause wegbewegt und ein neues Leben beginnt. Erst in Strophe zwei erfahren wir mehr: „Alles gewinnen ... alles verlieren" (Anapher, Vers 19/20) – sein Leben geht auf und ab, bis es „vom Glück verfolgt" (Personifikation, Vers 23) und den „Taschen voll Gold" (Metapher, Vers 24) heimkehrt. Es gibt ein großes Fest und lädt Verwandte und „alte Vögel" (Metapher, Vers 25) ein. „Alte Vögel" ist ein Kosewort für richtig gute Freunde – man kann also erahnen, dass es wirklich etwas zu feiern gibt. Es hat es geschafft

und ist am Ziel. Das Ziel ist das „Haus am See“, welches dem Lied auch seinen Titel gibt. Die Formulierung ist zwar eigentlich kein sprachliches Mittel, aber hier kann man es durchaus als Symbol des Lebenstraumes verstehen.
Zusammenfassend bin ich der Meinung, dass Peter Fox mit seinem Lied aussagen möchte, dass sich jeder wünscht, anzukommen. Das mache ich daran fest, dass er immer wieder die Vorstellung des idealen Wohnortes wiederholt. Das „Haus am See“ wird durch Wiederholung stark betont. Alle Refrains beginnen mit dem Wort „und“. Deshalb habe ich den Eindruck, dass er darauf hinweist, dass egal was passiert im Leben, am Ende alles gut wird und das „Haus am See“ auf ihn wartet.
Der Sprechende im Text ist das lyrische Ich, im Lied wird also durchgängig die Ich-Perspektive gewählt. Das bedeutet, es geht um ihn. Um SEIN Leben, SEINE Zukunft, um SEINE Gedanken und Träume. Ich denke, dass das lyrische Ich ein Mann ist, da es von Frau und Kindern spricht. Ebenso denke ich, dass es relativ jung ist, da es sein Leben noch vor sich zu haben scheint. Ich bin der Meinung, dass der Verfasser weiß, dass sich viele Zuhörer mit dem Liedtext und den darin verwendeten Gedanken identifizieren können. Das wird nicht nur mir und meinen Freunden so gehen. Insofern ist die Perspektive des lyrischen Ichs für einen Song eigentlich gut gewählt, da jeder, der den Song hört und im Kopf oder laut mitsingt, das Gefühl hat, es ginge um „sein Haus am See“. Das macht den Menschen Spaß und macht sie ein Stück weit glücklich.
Ich glaube, das Lied ist deshalb so erfolgreich gewesen, weil es die Sehnsüchte der Menschen anspricht. Jeder, der dieses Lied mitsingt, spricht damit automatisch von sich selbst und die Menschen können sich mit der dargestellten Zukunftsvision identifizieren. Meine Klassenkameraden und ich sind gerade in unserem letzten Realschuljahr. Wir machen in diesem Jahr unseren Abschluss und überlegen zum ersten Mal in unserem Leben wirklich, in welche Richtung wir nach dem Realschulabschluss gehen wollen. Wir haben oft im Unterricht darüber gesprochen, was wir uns für unsere Zukunft vorstellen und was und glücklich machen würde. Viele von uns wissen die Antwort noch nicht so genau. Wie das lyrische Ich in diesem Lied, müssen wir das „Auf und Ab“ erleben. Es wird schöne Momente geben, aber auch ganz fürchterliche. Auch für uns ist es wichtig, am Ende daran zu glauben, dass alles gut wird. Es hat sich gezeigt, dass für viele auch zum Glück gehört, eine Familie zu haben, Kinder und ein eigenes Haus zu besitzen. Ich glaube, viele wären mit einem Lebensweg, wie er hier aufgezeigt wird, sehr, sehr glücklich. Ich wäre es auf jeden Fall. Da Peter Fox in der letzten Strophe davon spricht, an diesem Ort geboren zu sein und dort auch sterben zu wollen, kann ich mir sogar vorstellen, dass das lyrische Ich schlussendlich nach Hause zurückkehrt, nachdem es in der Fremde sein Lebensglück geschmiedet hat und dann letztendlich doch da glücklich wird, von wo aus es am Anfang des Liedes noch gelangweilt und perspektivlos wegzog. Auch das ist ein schöner Gedanke. Ich denke, dass in jedem Menschen der Wunsch nach Harmonie und der Aussöhnung mit der eigenen Herkunft liegt. Auch das ist realistisch, finde ich. Ich jedenfalls könnte nicht wirklich glücklich sein, wenn ich mich mit mir wichtigen Menschen im Streit befinden würde.

C Angeleitete Prüfungsaufgaben

C 1 Prüfungsbeispiel: Höflichkeit in der Schule

Seite 66

Aufgabe 1
Richtig sind die Antworten
b) Der tägliche Umgang mit Menschen ist durch Kommunikation geprägt.
c) Adolph Freiherr Knigges bekanntestes Werk hieß „Über den Umgang mit Menschen“.

Aufgabe 2
Etikette bestimmt, wie wir uns technisch in der Gesellschaft verhalten, welche Ablaufe bzw. Rituale sich „gehören“. Höflichkeit behält zusätzlich das Gegenüber im Blick, beinhaltet Rücksichtnahme und stressfreies Miteinander.

Aufgabe 3
Freiherr Knigge gab mit seinem Buch seine Erfahrungen weiter. Ihm selbst war das Leben am Hofe bekannt und er wollte andere vor unangenehmen Situationen schützen, das Miteinander erleichtern und Menschen dabei helfen, aufeinander zuzugehen.

Seite 67

Aufgabe 4
Mit dem Textzitat in Zeile 36/37 ist gemeint, dass man auch durch das Beobachten bestimmter Situationen oder von Menschen Schritt für Schritt lernen kann, wie man sich höflich verhält. Wenn man andere Menschen im Blick behält, merkt man zudem, was man tun muss, um Streit zu vermeiden, oder man lernt, was Menschen freut und sie zum Lächeln bringt. So wird man nach und nach immer sicherer im Umgang mit Menschen.

Seite 69

Aufgabe 1
In dem Text „Gutes Benehmen will gelernt sein“ von Ingrid Leifgen geht es darum, dass Menschen unterschiedliche Vorstellungen von gutem Benehmen haben können. So ärgern sich manchmal Ältere über Jüngere, weil sie andere Umgangsformen haben. Nicht immer meint der andere es aber böse, wenn wir etwas als schlechtes Benehmen empfinden. Vielmehr lernen Kinder von ihren Eltern Benehmen, und manche Vorstellungen von gutem Benehmen unterscheiden sich von denen anderer Familien. So kann es zu Meinungsverschiedenheiten kommen, auch wenn sie niemand wollte.

Aufgabe 2
Höflichkeit ist das „Schmiermittel der Gesellschaft“. Erst wenn jeder etwas Rücksicht auf seine Mitmenschen nimmt, ist es möglich, dass Menschen konflikt- und auch gefahrenfrei miteinander umgehen. So stellen sich Menschen z. B. an der Wursttheke an, anstatt zu schubsen oder sich gar vorzudrängeln.
Außerdem sorgt Höflichkeit dafür, dass ein gutes Klima entsteht. Auch in der Schule wäre es viel anstrengender, wenn jeder machen würde, was er wollte, und alles sagen würde, was ihm durch den Kopf geht.

Aufgabe 3
In der Karikatur „Die Jugend – besser (erzogen) als ihr Ruf!“ sind drei Schülerinnen zu sehen, die alle ihr Smartphone in der Hand halten. Eine der Schülerinnen fragt, ob sie das Smartphone im Unterricht ausschalten sollen, worauf die beiden anderen antworten, dass dies nicht ginge, da sie dann nicht erreichbar wären und dies unhöflich den Anrufenden gegenüber wäre.
Die Karikatur ist ein Beispiel für die verschiedenen Wahrnehmungen in Bezug auf Höflichkeit: Während der Lehrer es vermutlich als sehr unhöflich empfände, wenn die Schülerinnen ihr Handy im Unterricht nicht ausschalten würden, machen sich die Mädchen durchaus Gedanken über Höflichkeit – allerdings dem Anrufenden gegenüber.

Seite 72
Lösungshilfen zum Wahlteil A
1.

Meinung der Verfasserin	Meine Meinung
Die Verfasserin ist der Auffassung, dass Lehrer stets ein Vorbild sein sollten. Sie sollten das vorleben, was sie von den Schülern verlangen. Ebenso sollten Lehrer auch nicht mehr von Schülern verlangen, als sie selbst leisten können. So ist es z. B. normal, dass man „mal“ etwas vergisst.	Ich bin eigentlich der gleichen Meinung. Lehrer sollten von Schülern nur das fordern, was sie selbst auch tun, auch wenn es bestimmt Ausnahmesituationen geben kann.

2.

Lehrer sollten Vorbild sein	Das dürfen Lehrer anders machen
– Pünktlich im Unterricht sein – Respektvoll mit Schülern reden (nicht schreien oder beleidigen) – Sich an Absprachen halten – Nicht mit dem Fahrrad übers Schulgelände fahren – ...	– Handys im Unterricht aus der Tasche nehmen – In der Pause im Schulgebäude bleiben – Schulgelände verlassen während der Schulzeit – Alle Noten wissen – ...

Seite 73
3. Möglicher Schreibplan zum Wahlteil A:

Schreibplan

Einleitung:
a) Schreibanlass:
- Artikel „Hilfe, ich bin ein Vorbild“ (Manon Sander)
- Richtet sich an Lehrer in der Ausbildung
- Lehrer sollten sich bewusst machen, dass sie ein Vorbild für ihre Schüler sind

Hauptteil:
b) Meinung der Autorin:
Die Autorin ist der Auffassung, dass Lehrer stets ein Vorbild sein sollten. Sie sollten das vorleben, was sie von den Schülern verlangen. Ebenso sollten Lehrer auch nicht mehr von Schülern verlangen, als sie selber leisten können.
Meine eigene Meinung:
Ich finde, dass das meistens richtig ist, dass Lehrer aber in manchen Situationen auch andere Rechte haben als Schüler.
c) Situationen, in denen Lehrer Vorbild sein sollten:
1. Lehrer sollen pünktlich sein und sich entschuldigen, wenn sie zu spät kommen.
Grund: höflich sein
2. Lehrer sollen respektvoll mit Schülern reden.
Grund: Vorbild für nettes Verhalten
3. Lehrer sollten auf dem Schulgelände nicht Fahrrad fahren.
Grund: Sicherheit, können auch in Unfälle verwickelt werden
d) Situationen, in denen Lehrer anders handeln können:
1. Lehrer dürfen das Schulgelände verlassen und in der Pause im Schulgebäude bleiben.
Grund: Aufsichtspflicht
2. Lehrer dürfen das Smartphone im Unterricht nutzen.
Grund: Sie nutzen es dienstlich.
3. Lehrer dürfen alle Noten wissen.
Grund: Sie müssen den Schülern helfen können.

Schluss:
e) Appell an Mitschüler (Leserbrief verfassen, eigene Meinung mitteilen)

4. Möglicher Schülertext zum Wahlteil A:
Liebe Mitschüler,
ich habe im Internet einen Artikel entdeckt, in dem es darum geht, ob Lehrer mit ihrem Verhalten ein Vorbild für Schüler sein müssen. Der Text heißt „Hilfe, ich bin ein Vorbild“ und richtet sich an Lehrer in der Ausbildung.
Die Verfasserin des Textes Manon Sander ist der Meinung, Lehrer sollten sich bewusst machen, dass sie ein Vorbild für ihre Schüler sind, und sich dementsprechend verhalten. Es wird zudem erwähnt, dass Lehrer in Situationen, in denen sie ihre Ideale selbst nicht leben können, diese auch nicht von ihren Schülern erwarten können. Ich selbst sehe das etwas anders. Sicherlich sollten Lehrer in manchen Lebenslagen ein Vorbild sein. Schließlich haben sie einen Erziehungsauftrag und sollen dafür sorgen, dass wir richtig auf das Leben und unsere Ausbildung vorbereitet werden. Dazu gehört auch, Dinge vorzuleben. Auf der anderen Seite sind Lehrer ja auch nur Menschen, die nicht immer über alles, was sie tun, nachdenken können. Ich habe mich gefragt, in welchen Situationen es mir besonders wichtig ist, dass Lehrer als Vorbild agieren.
Zum einen ist es Gesprächsthema in unserer Klasse, dass wir bestraft werden, wenn wir zu spät in den Unterricht kommen, Lehrer sich hingegen oft ein paar Minuten verspäten – meistens, ohne uns zu erklären, warum sie so spät kommen. Das finde ich persönlich nicht besonders höflich. In dem Fall könnten Lehrer wirklich mehr darauf achten, pünktlich in der Klasse zu sein, oder sich zumindest bei uns entschuldigen, wenn sie zu spät dran sind. Wir warten ja schließlich auch auf sie.

Im Text heißt es, dass Lehrer respektvoll mit Schülern reden sollen. Hier sollten Lehrer unbedingt Vorbild sein. Das ist wichtig, denn wie sollen Schüler denn wissen, wie man sich „richtig“ verhält, wenn sie immer nur für schlechtes Verhalten ausgeschimpft werden, es ihnen aber nie erklärt wird? Wenn sich der Lehrer respektvoll verhält, hat man selbst ein Vorbild, an dem man sich orientieren kann.
Nicht in Ordnung finde ich persönlich, dass Lehrer auf unserem Schulgelände manchmal mit dem Fahrrad fahren. Wenn Unterrichtsschluss ist, dürfen wir ja aus gutem Grund nicht über den Schulhof düsen. Besonders für die kleinen Schüler ist das sehr gefährlich. Meiner Meinung nach dürfen Lehrer hier auf keinem Fall eine Extrawurst haben, denn auch ihnen könnte ja ein Schüler vors Fahrrad laufen.
Es gibt aber auch Momente, in denen Lehrer nicht in erster Linie Vorbild sein müssen. Man darf ja nicht vergessen, dass sie Erwachsene sind und niemand auf sie aufpassen muss. Deshalb dürfen sie natürlich das Schulgelände verlassen oder in den Pausen im Schulgebäude bleiben, während dies den Schülern verboten ist.
Unser Lehrer nimmt z. B. auch öfter mal sein Smartphone aus der Tasche, um eine schnelle Nachricht an Kollegen zu schreiben, auf die Stundenplan-App zu schauen oder Organisatorisches einzutragen. Das finde ich in Ordnung, denn er erledigt damit ja dienstliche Aufgaben, während Schüler eher spielen oder im Internet surfen würden, wenn sie ihr Smartphone zur Hand hätten.
Und natürlich dürfen Lehrer im Gegensatz zu Schülern auch alle Noten wissen. Das müssen sie ja, um im Blick zu behalten, wie sie uns helfen können und wie wir leistungsmäßig gerade stehen. Für uns Schüler hingegen gibt es keinen Grund, die Noten unserer Mitschüler zu kennen.
Ich finde die Frage, inwiefern Lehrer Vorbild sein sollten, spannend. Eure Meinung zum Thema würde mich sehr interessieren. Schreibt uns doch und die interessantesten Gedanken veröffentlichen wir in unserer nächsten Ausgabe. Ich freue mich schon darauf.
Euer Max

Seite 74
Lösungshilfen zum Wahlteil B

1. In dem Text „Knigge im Klassenzimmer“ von Markus Peters aus dem Jahr 2020 geht es darum, ob Benimmunterricht in der Schule Sinn macht.

b) Wichtige Textaussagen:
   - An einer Mittelschule in Oberasbach haben die Schüler Benimmunterricht (2 x 45 Minuten).
   - Viele Schüler sind nicht ausbildungsreif, da sie sich (lt. Umfrage des Deutschen Industrie- und Handelskammertages) nicht gut benehmen können.
   - Keine starren Regeln, sondern Warnung vor Fettnäpfchen – was könnte andere ärgern?
   - Schulen müssen Erziehungsdefizite im Elternhaus ausgleichen.
   - Auch der Klassenrat fördert Benehmen (Gesprächskultur).
   - Fokus auf das Benehmen ist Ausnahme an deutschen Schulen.

2. a) Gründe für einen Benimmkurs:
   - Niemand möchte die Ausbildung abbrechen müssen, weil er sich nicht benehmen kann.
   - Schüler können lernen, dass gutes Benehmen vor allem bedeutet, nicht anzuecken.
   - Lernen am Vorbild
   - Schüler, die ein schwieriges Elternhaus haben, sollten auch die Chance haben, Benehmen zu lernen.
   - Weniger Konflikte in der Schule

   b) Jahrgang 5 und 9 (5 auf die Schule bezogen, 9 auf die Ausbildung bezogen) – je 2 Vormittage

3. Möglicher Schreibplan zum Wahlteil B:

Schreibplan

a) Anrede: Liebe Schulleitung
   Grund des Schreibens:
   - Artikel „Knigge im Klassenzimmer“
   - Benimmkurs an einer Schule
   - Auch an unserer Schule sollte es einen Benimmkurs geben.

b) Bezug zum Text / Inhalt:
   - An einer Mittelschule in Oberasbach haben die Schüler Benimmunterricht (2 x 45 Minuten)
   - Viele Schüler sind nicht ausbildungsreif, da sie sich (lt. Umfrage des Deutschen Industrie- und Handelskammertages) nicht gut benehmen können.
   - Keine starren Regeln, sondern Warnung vor Fettnäpfchen – was könnte andere ärgern?
   - Schulen müssen Erziehungsdefizite im Elternhaus ausgleichen.

c) Das spricht für einen Benimmkurs an unserer Schule:
   - Bereicherung des Schullebens
   - Entlastung der Lehrer
   - Schüler lernen, was sie zu Hause nicht lernen
   - Schüler hören Lehrern nicht so gut zu
   - Hilfe beim Ausbildungsstart
   - Positiv für den Ruf der Schule

d) Durchführung:
   Jahrgang 5 und 9; Umfang: je 2 Vormittage

e) Bitte an die Schulleitung:
   - Über die Idee nachdenken
   - Kurs durchführen

4. Möglicher Schülertext zum Wahlteil B:

Liebe Schulleitung,
im Internet habe ich einen spannenden Text entdeckt. In dem Artikel „Knigge im Klassenzimmer“ wird ein Benimmkurs thematisiert und ich fände es eine gute Idee, einen solchen Kurs auch an unserer Schule durchzuführen.
In dem Artikel geht es darum, dass an einer Schule in Oberasbach Benimmunterricht gegeben wurde. 2 x 45 Minuten lang erklärt der Leiter einer Tanzschule den Schülerinnen und Schülern, was gutes Benehmen bedeutet. Ziel ist nicht, sich starr an Regeln halten zu können, sondern darum, Fettnäpfchen zu vermeiden und so mit anderen besser auszukommen.
Allerdings ist es laut Artikel so, dass viele Schüler Defizite aus dem Elternhaus mitbringen, was Erziehung angeht.

Ebenso stellt der Deutsche Industrie- und Handelskammertag nach einer Umfrage fest, dass immer mehr Auszubildende nicht die nötigsten Umgangsformen hätten. Der Benimmkurs soll nun Abhilfe schaffen.
Ich bin der Meinung, diese Idee sollten wir auch an unserer Schule umsetzen. Der Kurs würde das Schulleben bereichern, weil an unserer Schule dieser Problematik bis jetzt außerhalb des normalen Unterrichts kaum Rechnung getragen wird. Viele Schüler würden davon profitieren, denn wie bereits im Text angedeutet, haben nicht alle Schülerinnen und Schüler unserer Schule das Glück, alles, was sie an Umgangsformen im Alltag benötigen, zu Hause lernen zu können. Und auch die Lehrer würden entlastet. Auch für Sie wäre es doch großartig, wenn jemand den Schülern erklären würde, wie man sich zu benehmen hat und warum. Ich glaube auch, dass in so einem Kurs mehr bei den Schülern ankommen würde. Denn bis jetzt sind es die Lehrer, die sagen, wenn man sich nicht gut benimmt. Da ihr eigentlicher Job aber das Unterrichten ist, nervt sie Fehlverhalten oft und demzufolge denken die Schüler, dass sie angemeckert werden; dabei verstehen sie nicht wirklich, was sie besser machen könnten.
In dem Artikel wurde auch thematisiert, dass es heutzutage ein echtes Problem zu sein scheint, dass Schüler am Anfang einer Ausbildung gar nicht recht wissen, wie sie sich zu benehmen haben. Da wir so viel auf den Beruf vorbereitend lernen sollen, wäre ein Kurs doch eine gute und notwendige Ergänzung. Und bestimmt wäre es auch positiv für den Ruf der Schule, wenn gut erzogene Schülerinnen und Schüler von dieser Schule abgehen.
Der Kurs sollte in den Jahrgängen 5 und 9 durchgeführt werden. Mein Vorschlag wäre zudem, dass wir uns ein bisschen mehr Zeit nehmen als die Schule in dem Artikel, nämlich jeweils zwei Vormittage. Dann könnten sich die Schüler der 5. Klasse intensiv damit auseinandersetzen, was von ihnen in der Schule erwartet wird. In der 9. Klasse würde dann der Schwerpunkt auf Umgangsformen mit Blick auf die anstehende Ausbildung gelegt. Ich glaube, dass die Schüler dieser Schule Ihnen wirklich dankbar wären, denn mit den Kursen würden Sie ihnen helfen, im Leben besser klarzukommen.
Es würde mich sehr freuen, wenn Sie sich über meinen Vorschlag Gedanken machen könnten und wenn ein Kurs dieser Art an unserer Schule zustandekäme.
Mit freundlichen Grüßen,
Max Gerhard, 10b
Mitglied der Schülervertretung

C 2 Prüfungsbeispiel: Krisen in der Jugendzeit

Seite 76
Aufgabe 1
Die Hauptperson der Kurzgeschichte sitzt tagelang in ihrem verschlossenen Zimmer im Bett und träumt sich in eine Fantasiewelt hinein. Sie will nichts mit dem Alltag draußen zu tun haben und lehnt jede noch so kleine Tätigkeit ab, um die die Mutter vor der Tür sie bittet.

Aufgabe 2
Das Bett ist für die Hauptperson ein Floß oder ein Schiff, auf dem sie im Meer dahintreibt, umgeben von Haien unter ihr und dem Himmel und den Sternen über ihr. Das Bett ist ein sicherer Ort in ihrer wilden Fantasiewelt. Dort fühlt sie sich sicher und geborgen.

Aufgabe 3
Früher war die Hauptperson der Kurzgeschichte ausgesprochen lebhaft und hat alles Mögliche unternommen. Keine Aufgabe war vor ihr sicher, außerdem ging sie zahlreichen Hobbys nach, z. B. dem Zeichnen, Voltigieren, Fechten oder Tanzen. Bei keiner Tätigkeit sah man ihr Mühe an. Jetzt hat sie zu all dem keine Lust mehr. Sie fühlt sich unmotiviert und schlapp.

Aufgabe 4
Ich könnte mir vorstellen, dass sich die Interessen der Person einfach verändert haben. Das, was ihr als Kind Spaß machte, macht nun keinen Spaß mehr. Es könnte auch ein Problem vorliegen, das sie bedrückt, wie zum Beispiel Liebeskummer oder Stress mit den Eltern. Vielleicht mag sie ihre Mutter auch gar nicht – weil diese sie früher schlecht behandelt hat und das der Hauptperson nun bewusst wird.

Seite 77
Aufgabe 5
Das Bild zeigt ein Mädchen, das durch seine Körperhaltung deutlich macht, dass es im Moment verzweifelt ist und nicht weiter weiß. Sie scheint ein Problem zu haben, für das sie keine Lösung weiß. Vielleicht fühlt sie sich von ihrer Umwelt, insbesondere von ihren Eltern unverstanden.

Aufgabe 6
In der Jugendzeit denkt man oft, man wird nicht verstanden, viele Dinge wachsen einem über den Kopf.
Oft kommt es einem auch so vor, als würden einem die Eltern nicht zuhören. Ich glaube, das ist so, weil sie immer noch denken, dass man ein Kind sei, dabei ist man auf dem Weg, erwachsen zu werden und macht sich viele Gedanken, von denen die Eltern nichts ahnen.
Wenn das so ist, fühlt man sich sehr allein – auch wenn die Eltern sich Mühe geben, zuzuhören.

Seite 78
Aufgabe 7
Eine Krise ist eine Situation, die sich sehr schlimm anfühlt. Manchmal geschieht so etwas ganz plötzlich, manchmal merkt man, wie alles schlimmer wird. Egal, wie viel man nachdenkt: Eine Lösung des Problems ist nicht in Sicht. Viele Gefühle stürmen auf einen ein und man kann das kaum aushalten. Erst wenn man Hilfe bekommt oder sich traut, andere Wege zu gehen, findet man einen Ausweg.

Aufgabe 8
Das Wort „Krise" ist ursprünglich griechisch und bedeutet Entscheidung. Meiner Meinung nach haben die Wörter miteinander zu tun, weil eine Krise beinhaltet, dass man nicht mehr weiß, was man tun soll. Man ist nicht fähig, eine Entscheidung zu sehen oder zu treffen.
Ist eine wichtige Entscheidung erst einmal getroffen, offenbart sich oft schon das Licht am Ende des Tunnels.

Seite 80
Lösungshilfen zum Wahlteil A

1. • müde und genervt
   • zu nichts Lust
   • andere Interessen
   • neue Probleme
   • man fühlt sich unverstanden, ist oft traurig

Seite 81

2. Mögliche Unterstreichungen:
   Die „normalen", d. h. notwendigen Prozesse der Selbstwerdung und Selbstfindung im Jugendalter sind an sich schon als eine Lebenskrise zu verstehen. Es ist eine Krise, die die zentralen Bereiche des Menschen, die Persönlichkeit oder das Selbst, zu ihrem Thema hat. Eine Krise ist als ein Prozess zu verstehen, der sich langsam oder schnell zuspitzt. Alle Methoden und Strategien, ein Problem zu bewältigen, haben versagt oder versagen. Es kommt zu einer Ansammlung, einer Ballung verschiedener Gefühle, die als spannungsreich und unerträglich empfunden werden. Jeder Mensch erlebt solche Prozesse im Laufe der Entwicklung. Er wird dadurch gezwungen, Altes aufzugeben, da es nicht mehr weiterhilft, und neue Möglichkeiten in sich selbst und in seiner Umwelt zu entwickeln und einzusetzen.
   Ursprünglich bedeutet der aus dem griechischen kommende Begriff „Krise" „Entscheidung".
   Eine Krisenzeit ist eine Zeit großer Labilität, aber auch großer Offenheit für Neues, eine Zeit großer Wandlungsfähigkeit, aber auch erhöhter Anfälligkeit, Verletzlichkeit und Kränkbarkeit. Sie beinhaltet sowohl entwicklungsfördernde Momente – ist insofern ein kreativer Prozess – als auch zerstörerische oder selbstzerstörerische Tendenzen.

   Mögliche Formulierung:
   Eine Krise ist eine Situation, die sich sehr schlimm anfühlt. Manchmal geschieht so etwas ganz plötzlich, manchmal merkt man, wie alles schlimmer wird. Egal, wie viel man nachdenkt: Eine Lösung des Problems ist nicht in Sicht. Viele Gefühle stürmen auf einen ein und man kann das kaum aushalten. Erst wenn man Hilfe bekommt oder sich traut, andere Wege zu gehen, findet man einen Ausweg.

3. • Netzwerkpartner der Eltern können zwischen Eltern und Kindern vermitteln.
   • Eltern können ihrem Kind als Vorbild dienen, Kontakte aufzubauen und zu pflegen.
   • Haben die Eltern viele soziale Kontakte, haben die Kinder viele Vorbilder.

4. Möglicher Schreibplan zum Wahlteil A:

Schreibplan zum Wahlteil A

Einleitung:
a) Begrüßung des Publikums (Eltern), warum halte ich den Vortrag, was möchte ich?
   Liebe Eltern, ich freue mich, dass Sie heute Abend alle in unsere Aula gekommen sind. Ich als Schulsprecher stehe heute hier, weil ich Ihnen verdeutlichen möchte, wie wichtig Sie für Ihr Kind, für uns Kinder, sind.

Hauptteil:
b) Gefühle von Jugendlichen in Krisensituationen:
   • fühlen sich unverstanden
   • sind genervt
   • haben es nicht leicht mit sich
   • wollen nicht aufstehen
   • auf nichts Lust
   • Liebeskummer
c) Definition „Krise":
   Von einer Krise spricht man, wenn:
   • kommt plötzlich
   • man ist überfordert
   • man weiß nicht, was man tun soll
   • ...
d) Eltern haben für Kinder eine Vorbildfunktion, weil:
   1. Netzwerkpartner der Eltern können zwischen Eltern und Kindern vermitteln.
   2. Eltern können ihrem Kind als Vorbild dienen, Kontakte aufzubauen und zu pflegen.
   3. Durch zahlreiche soziale Kontakte der Eltern haben die Kinder viele Vorbilder.

Schluss:
e) Appell an die Eltern

Seite 82

5. Möglicher Schülertext zum Wahlteil A:
Liebe Eltern,
ich freue mich, dass Sie heute Abend alle in unsere Aula gekommen sind. Ich als Schulsprecher stehe heute hier, weil ich Ihnen verdeutlichen möchte, wie wichtig Sie für Ihr Kind, für uns Kinder, sind.
Die Zeit der Pubertät stellt uns Jugendliche vor ganz besondere Herausforderungen. Wir haben es nicht leicht – und Sie haben es nicht leicht mit uns. Körperlich verändern wir uns. Und auch seelisch ist es in dieser Zeit für uns schwer. Jeder in unserem Alter kennt es: Man ist so müde, dass man morgens kaum aufstehen möchte. Und danach wird es auch nicht viel besser. Oft schleppen wir uns lustlos zur Schule, haben keine Lust und sind froh, wenn wir wieder zuhause in unserem Zimmer sind. Freunde sind in der Zeit wichtig. Mit ihnen verbringen wir unsere Zeit am allerliebsten – und Sie, liebe Eltern, nerven uns oft.
Wir haben Liebeskummer, Bauchschmerzen wegen der Schule. All das vergeht und gehört zum Leben dazu.
Von einer ausgewachsenen Krise aber spricht man, wenn man plötzlich vor einer Situation steht, die einen vollkommen überfordert. Sie kann ganz plötzlich kommen oder sich schleichend anbahnen – auf jeden Fall wissen Jugendliche in dieser Zeit kaum, wie es weitergehen soll. Man braucht neue Ideen, neue Wege, neue Lösungen – aber wie? Immerhin fühlt man sich so, als würde einen niemand verstehen und keiner einem richtig zuhören.
Wie gut, dass wir unsere Freunde haben – und wie wichtig sie für uns sind. Aber auch Ihnen, liebe Eltern, kommt eine nicht unerhebliche Vorbildfunktion zu. Gerne möchte ich Ihnen aufzeigen, wie Sie ihr Kind, sollte es eine schwere Zeit erleben, unterstützen können.
Ich sprach von Freunden, die ihr Kind in so einer Zeit dringend benötigt. Ja, dabei lernt Ihr Kind von Ihnen. Haben Sie einen Freundeskreis, lernt auch Ihr Kind, Freundschaften zu schließen und zu führen.

Ihre Freunde können wichtig sein – oft gibt es Situationen, in denen Eltern und Kinder nicht wirklich miteinander reden können. Wie gut, wenn stattdessen einer Ihrer Bekannten als Vermittler zur Verfügung stehen kann.
Wir brauchen Vorbilder, nach denen wir uns richten können. Seien Sie unser Vorbild – oder holen Sie Menschen in Ihr und damit auch unser Leben, die wir gerne als Vorbilder akzeptieren und deren Lösungen wir gerne übernehmen.
Ich würde mir wünschen, dass es Ihnen wichtig ist, für Ihr Kind einen sozialen Hintergrund zu schaffen, in dem es sich aufgehoben fühlt und in dem Ihr Kind immer einen Ansprechpartner hat.
Danke!

Lösungshilfen zum Wahlteil B

1. Die Person fühlt sich von der Welt nicht verstanden. Niemand versteht das, was sie sagt und sie selber hat das Gefühl, sie verstehe die Welt nicht. Sie will nur alleine sein, mit niemandem reden und am liebsten die Welt aussperren. Sie hat gerade so viele Probleme mit sich und der Welt, sie braucht nicht auch noch die Eltern und die Schule, die neue Probleme machen.

2. In dem Gedicht „pass auf“ von Wolfgang Reus geht es darum, während der Jugendzeit bestimmte Dinge zu beherzigen. In den ersten Strophen wird z. B. darauf verwiesen, dass man darauf aufpassen solle, was für Freunde man habe, wie sie sich verhalten und welche Einstellungen sie verkörpern. Es geht auch darum, die Welt zu schützen und sie zu erhalten. Ebenso geht es darum, die Ziele der Menschen um sich herum zu erkennen und mit den eigenen Zielen abzugleichen. Grundsätzlich ist es wichtig, sich selber treu zu bleiben.

3.

Helfende Aussage	Begründung, warum das für mich wichtig ist
Pass auf, wer deine Freunde sind.	Ich habe Freunden Dinge erzählt und sie haben es weitererzählt.
Pass auf, zu wem sie stehen.	Manchmal sind den Freunden andere Menschen wichtiger als man selber. Wie bei Nina neulich.
Pass auf, wo deine Sehnsucht schlummert.	Man soll sich nicht von anderen reinreden lassen, sonst lebt man am Ende ein Leben, das man nicht mag.

Seite 83

4. Möglicher Schreibplan zum Wahlteil B:

Schreibplan zum Wahlteil B

Einleitung:

a) Gefühlslage (Informationen aus Text 1 und 2 entnommen), Ich-Form:
Früher war meine Welt so einfach, so rund. Jetzt verstehe ich die ganze Welt auf einmal nicht mehr – und sie mich nicht. Es scheint mir, als ob mir niemand richtig zuhört. Oft ist mir, als möchte ich weinen, weil ich mich so alleine fühle. In solchen Momenten bleibe ich am liebsten in meinem Zimmer, so wie jetzt. Ich hoffe, dass mich einfach niemand stört, während ich auf meinem Bett sitze und grübele oder träume. Dann sitze ich da und denke darüber nach, was ich den Tag lang gehört oder erlebt habe.

b) Inhalt des Gedichtes (kurz zusammengefasst):
In dem Gedicht „pass auf“ von Wolfgang Reus geht es darum, während der Jugendzeit bestimmte Dinge zu beherzigen. In den ersten Strophen wird z. B. darauf verwiesen, dass man darauf aufpassen solle, was für Freunde man habe, wie sie sich verhalten und welche Einstellungen sie verkörpern. Es geht auch darum, die Welt zu schützen und sie zu erhalten. Ebenso geht es darum, die Ziele der Menschen um sich herum zu erkennen und mit den eigenen Zielen abzugleichen. Grundsätzlich ist es wichtig, sich selber treu zu bleiben.

c) Drei wichtige Kernaussagen des Gedichtes:
1. Pass auf, wer deine Freunde sind.
2. Pass auf, zu wem sie stehen.
3. Pass auf, wo deine Sehnsucht schlummert.
(Begründung nicht vergessen!)

Schluss:

d) Appell an mich:
Aber ich werde es schaffen!
Glaub an deine Träume und lebe sie!

5. Möglicher Schülertext zum Wahlteil B:

Alles scheint sich verändert zu haben. Früher war meine Welt so einfach, so rund. Jetzt verstehe ich die ganze Welt auf einmal nicht mehr – und sie mich nicht. Es scheint mir, als ob mir niemand richtig zuhört. Oft ist mir, als möchte ich weinen, weil ich mich so alleine fühle. In solchen Momenten bleibe ich am liebsten in meinem Zimmer, so wie jetzt. Ich hoffe, dass mich einfach niemand stört, während ich auf meinem Bett sitze und grübele oder träume. Dann sitze ich da und denke darüber nach, was ich den Tag lang gehört oder erlebt habe. Auch heute sitze ich hier und denke.
Immer wieder fällt mir das Gedicht „Pass auf“ von Wolfgang Reus ein. Darin geht es um Freundschaft, um echte Freunde. Das Gedicht weist außerdem auf verschiedene andere Dinge im Leben hin, auf die man aufpassen sollte. In den ersten Strophen wird z. B. darauf verwiesen, dass man darauf aufpassen solle, was für Freunde man habe, wie sie sich verhalten und welche Einstellungen sie verkörpern. Es geht auch darum, die Welt zu schützen und sie zu erhalten. Ebenso geht es darum, die Ziele der Menschen um sich herum zu erkennen und mit den eigenen Zielen abzugleichen. Grundsätzlich ist es wichtig, sich selber treu zu bleiben.
Ich habe viel über das Gedicht nachgedacht. Drei Aspekte sind mir dabei vor allem ins Auge gesprungen. Da ist zum Beispiel der Punkt, dass man darauf aufpassen soll, wer die eigenen Freunde genau sind. Das finde ich wichtig, weil es mir in letzter Zeit oft passiert ist, dass ich einem Menschen vertraut habe und dann hat er gelogen oder einfach weitergesagt, was ich ihm im Vertrauen erzählt habe. Ich verstehe das nicht, warum man so etwas tut – aber es

passiert immer wieder. Deshalb ist es wohl wichtig, dass ich selber aufpasse.
Das unterstützt auch der Satz „pass auf, zu wem sie stehen". Manchmal sind den Freunden nämlich andere Menschen wichtiger als man selbst. In der Situation mit Nina neulich hätte mir diese Erkenntnis geholfen. Ich hätte mir denken können, dass sie im Zweifelsfall eher zu Lucia hält und sich auf ihre Seite schlägt. Es war auch klar, dass sie Lucia alles erzählt, wenn sie es wissen will. Warum ich nicht schon vorher daran gedacht habe, weiß ich nicht. Aber ich werde versuchen, den Gedanken in Zukunft im Kopf zu behalten.
Schön und wichtig finde ich auch den Satz „pass auf, wo deine Sehnsucht schlummert". Ich verstehe das so, dass man sich immer gut überlegen soll, welche Ziele und Wünsche man selber hat und was für einen selber wichtig ist. Es ist wichtig, das eigene Leben so zu gestalten, wie man es selber möchte und wie es sich gut anfühlt. Meine Mutter z.B. hat immer so viele Ratschläge. Gerade jetzt, wenn es um die Berufsorientierung geht, macht sie mich wahnsinnig. Sie will ganz andere Dinge als ich. Ich möchte nicht studieren und ich will auch bei keiner Bank arbeiten. Niemals würde mich so etwas glücklich machen. Insofern ist es schon eine sehr gute Idee, nie zu vergessen, was man selber will.
Jetzt gerade fühle ich mich nicht gut, die Welt ist schwierig. Aber ich werde es schaffen. Ich bin mir sicher, denn in Zukunft werde ich immer im Blick behalten, was mich selber glücklich macht. Gleich morgen kaufe ich mir ein Notizbuch und schreibe meine Wünsche und Träume hinein. Dann ist für mich nur noch eins wichtig: Glaub an deine Träume und lebe sie!

C 3 Prüfungsbeispiel: Künstliche Intelligenz

Seite 85

Aufgabe ❶
In dem Text von Markus Plawszewski geht es um die Vor- und Nachteile von Sprachassistenten. Menschen reagieren positiv auf Sprachassistenten, da sie ihnen im Alltag helfen und durch die nette Stimme wie eine vertraute Person erscheinen. Gerade das birgt aber Gefahren, vor allem das Sammeln der persönlichen Daten ist ein sehr kontrovers diskutiertes Thema.

Aufgabe ❷
- einen Gesprächspartner haben, der immer da ist
- Hilfe bei der Terminplanung
- Navigation
- Schneller Antwortgeber bei einfachen Fragen
- Steuerung des Smart-Home

Seite 86

Aufgabe ❸
Sprachassistenten könnten von manchen Menschen als Freunde angesehen werden, da sie immer ansprechbar sind. Sie antworten mit einer netten Stimme und helfen sofort. Gerade, wenn man gestresst ist, freut man sich über diese Hilfe sehr.

Sprachassistenten sind keine richtigen Menschen. Befreundet sein kann man nur mit Personen, weil dazu gehört, dass die andere Person ihren eigenen Willen hat und mich wirklich gernhat. Sprachassistenten sind nur darauf programmiert, so zu klingen, als ob sie einen mögen.

Seite 89
Lösungshilfen zum Wahlteil A

1. Ein Smart Home ist ein Zuhause, in welchem verschiedene Geräte oder Abläufe durch Technologie gesteuert und vernetzt sind.

2.

Hilfe im Alltag	Erhöhung der Sicherheit
Waschmaschinen, Rolläden, Garagentore etc. lassen sich steuern Geräte durch Spracherkennung aktivierbar Temperatursteuerung Lichtsteuerung Automatische Zeitabläufe bei Geräten Energiesparen im Urlaub	Kameras überwachen Türen und das Gelände Geräte können über Timer oder Handy ausgeschaltet werden Geplatzte Wasserleitungen etc. werden per Handy angezeigt

Seite 90

3. Möglicher Schreibplan zum Wahlteil A:

Schreibplan zum Wahlteil A

Einleitung:
a) Anrede: Liebe Mama, lieber Papa
Thema: Smart Home
Ziel: Unser Haus soll ein smartes Zuhause werden.

Hauptteil:
b) Was ist ein Smart Home?
Geräte, Erledigungen und Einstellungen werden technologisch vernetzt und gesteuert.

Wie funktioniert es?
Über ein Tablet/Smartphone und darauf befindlichen Apps werden Geräte gesteuert.
Sprachsteuerung über „Alexa" etc. möglich

c) Hilfreiche Situationen im Alltag:
1. Mama muss das Garagentor nicht selber öffnen.
2. Papa kann Einkaufslisten über „Alexa" erstellen.
3. Morgens ist der Kaffee bereits frisch gekocht.

d) Wie erhöht die Smart Technologie die Sicherheit zuhause?
- Geräte können übers Smartphone abgeschaltet werden.
- Kameraüberwachung
- Smartphone zeigt defekte Wasserleitungen an.

Schluss:
e) Bitte um Umsetzung
Wie beginnen wir? „Alexa" steuert unser Licht.

Seite 91

4. Mögliche Schülerlösung zum Wahlteil A:

Mama und Papa, wie ihr wisst, habe ich in letzter Zeit relativ viel über Smart-Technologie gelesen und ich würde mir wünschen, dass wir unser Zuhause langsam aber sicher zu einem Smart Home umgestalten.

Ein Smart Home zu besitzen, bedeutet, immer mehr Geräte, Erledigungen und Einstellungen technologisch zu vernetzen und zu steuern. Benutzt werden dazu ein Tablet oder ein Handy, welches durch verschiedene Apps Zugriff auf die einzelnen Geräte und Einstellungen nehmen kann. Da wir zuhause WLAN haben, muss man es meistens nur richtig einstellen und braucht eventuell entsprechende Adapter und Steckdosen, um dies möglich zu machen. Natürlich gibt es auch komplexere Vorgänge, aber wir können ja erst einmal langsam beginnen.

Damit ihr euch überhaupt vorstellen könnt, wie so ein smartes Zuhause den Alltag erleichtern könnte, möchte ich euch ein paar Beispiele nennen: Zum Beispiel können Geräte wie Waschmaschinen, Rollläden oder das Garagentor über eine App, einen Schalter oder sogar eine Zeitsteuerung aktiviert werden. Dann müsste Mama zum Beispiel nicht mehr nach dem Garagenschlüssel suchen, sondern könnte das Tor von ihrem Handy aus öffnen. Das wäre zwar nur eine Kleinigkeit, aber bestimmt bequem nach einem langen Arbeitstag.

Wenn wir einen Sprachassistenten nutzen würden, wie z. B. „Alexa", könnte Papa den immer fragen, wenn er in seinem Kreuzworträtsel nicht weiter weiß. Man könnte „Alexa" rechnen oder sogar eine Einkaufsliste erstellen lassen, die dann direkt zu Mama oder Papa aufs Handy geschickt wird. Das wäre total praktisch.

Interessant ist auch, dass man Zeitabläufe in Geräten einprogrammieren kann, die dann automatisch ablaufen. So könnten wir morgens schon durch frisch gekochten Kaffee geweckt werden. Wie toll wäre das denn bitte?

Auch der Sicherheitsaspekt ist ein Argument, welches eindeutig für ein smartes Zuhause spricht. Mama wäre im Urlaub viel entspannter, weil sie via Smartphone Geräte ausschalten kann – und natürlich auch sehen kann, ob sie aus sind. Wenn man will, kann man auch die Eingangstür oder verschiedene Bereiche durch Kameras überwachen. Und bei entsprechendem Ausbau ist es sogar möglich, dass euer Handy euch anzeigt, wenn Wasserleitungen geplatzt sind. Wäre das nicht entspannend?

Ich würde mich freuen, wenn wir diese Ideen in die Tat umsetzen könnten. Bitte sagt ja. Natürlich ist vieles von dem, was ich genannt habe, noch nicht möglich, aber vielleicht könnten wir damit beginnen, unser Licht von „Alexa" steuern zu lassen. Ich würde mich auch darum kümmern.

Lösungshilfen zum Wahlteil B

1. – Man hat ein neuartiges technisches Gerät.
   – Es ist bequem, Fragen beantwortet zu bekommen, ohne zu suchen.
   – Es ist praktisch, da man Hilfe bekommt bei alltäglichen Dingen.
   – Man kann Musik hören durch Sprachsteuerung.

Seite 91

2. – Man denkt, man hat eine Freundin zuhause, die aber nicht wirklich eine ist.
   – Es werden Daten gesammelt und man weiß nicht genau, in welchem Umfang.
   – Wenn im Fernsehen oder im Gespräch bestimmte Codewörter genannt werden, kann Alexa aktiviert werden, ohne dass man es will.

3. (das wichtigste Argument ist markiert)
   – Man sollte darauf achten, dass Alexa ausgestellt wird, wenn man sie gerade nicht benutzt.
   – Man sollte sich bewusst sein, dass man es mit einer Maschine zu tun hat.
   – Man sollte genau darauf achten, welche Daten man freigibt.

4. a) Beginne dein Referat mit einer passenden Anrede und einer Erklärung, warum du dich zum Thema „Alexa" äußerst.
   b) Benenne Vorteile, die der Umgang mit „Alexa" bietet. Mache dabei deutlich, dass du die Begeisterung deiner Mitschüler nachvollziehen kannst.
   c) Führe begründet drei Gefahren der Nutzung einer „Alexa" an.
   d) Gib deinen Mitschülern Tipps, wie sie sinnvoll mit Sprachassistenten umgehen.
   e) Beende dein Referat, indem du dich bei deinen Mitschülern bedankst und daran appellierst, dass sie in Zukunft vorsichtiger bei der Nutzung von Sprachassistenten sein sollen.

Möglicher Schreibplan zum Wahlteil B:

Schreibplan zum Wahlteil B

Einleitung:

a) Anrede: Liebe Mitschülerinnen und Mitschüler
   Grund des Vortrags: auf die Gefahren von „Alexa" hinweisen

Hauptteil:

b) Vorteile von „Alexa": Lieblingsmusik anmachen, rechnen, bei den Schulaufgaben helfen, schnell Fragen beantworten

   Begeisterung kann ich nachempfinden, weil es faszinierend ist, was ein Computer kann.

c) Gefahren der Nutzung:
   1. Alexa" ist keine echte Person.
   2. Unbeabsichtigte Befehle durch die Sprachsteuerung
   3. Datensammlung

d) Tipps zum Umgang: Einstellungen überprüfen und ändern, „Alexa" vom Netz nehmen

Schluss:

e) Bedanken: Ich danke euch dafür, dass ihr mir zugehört habt.
   Appell: in Zukunft vorsichtiger mit dem Gerät umgehen

5. Möglicher Schülertext zum Wahlteil B:
Liebe Mitschüler und Mitschülerinnen,
ich weiß aus Gesprächen, dass bei vielen von euch in letzter Zeit eine „Alexa“ eingezogen ist. Viele von euch sprechen begeistert darüber, aber ich bin skeptisch. Sprachassistenten können uns im Alltag schon bei vielen Dingen helfen, doch es gibt auch eine Schattenseite. Dieser Vortrag soll euch dabei helfen, die Sache von beiden Seiten zu betrachten und vielleicht am Ende etwas vorsichtiger in der Nutzung zu sein.
Klar, eine „Alexa“ ist faszinierend. Ich finde es auch spannend zu erleben, dass Computer mittlerweile in der Lage sind, wie echte Personen mit uns zu sprechen. Und ja, es ist auch echt lustig, wenn man durchs Zimmer läuft und mal eben sein Lieblingslied anstellen kann, einfach indem man den Namen nennt, ohne groß durch Liedsammlungen suchen zu müssen.
Richtig ist auch, dass „Alexa“ im Alltag hilfreich sein kann. Sie rechnet mal eben für uns, notiert Dinge und beantwortet schnell Wissensfragen. Manchmal muss man während einer Hausaufgabe kaum recherchieren – „Alexa“ hilft bei fehlenden Vokabeln, Definitionen von Wörtern und erzählt etwas über Personen. Und klar: Es ist angenehmer, wenn uns jemand Wikipedia vorliest, als wenn wir es selber lesen sollen. Kurzum: ich kann durchaus verstehen, dass ihr „Alexa“ nutzen wollt.
Dennoch gibt es auch Gefahren, auf die ich euch hinweisen möchte: Zunächst einmal muss jedem klar sein, dass „Alexa“ keine echte Person ist. Das klingt selbstverständlich, ist es aber nicht, wenn man sie, was Vertrauen angeht, wie eine Freundin behandelt und ihr ganz selbstverständlich alle Infos über einen selber überlässt. Eine Freundin ist eine Person, Alexa ist aber nur ein Medium, das Daten für andere sammelt, indem sie uns gegenüber nett klingt.
Oft habe ich auch schon davon gelesen, dass „Alexa“ anspringt, wenn im Fernsehen bestimmte Codewörter genannt werden. Wenn ihr bei den Einstellungen nicht aufpasst, kann also irgendjemand im Fernsehen oder jemand, der bei euch zu Besuch ist, über eure „Alexa“ Sachen bestellen, die direkt im Internet eingekauft werden. Auf eure Rechnung natürlich.
Immer wieder steht auch zur Diskussion, ob „Alexa“ mithört, was ihr sagt. Es ist umstritten, in welchem Umfang sie das tut, aber auf jeden Fall zeichnet sie auf, was sie sagt, wenn sie aktiviert ist. Da muss man sehr vorsichtig sein, weil man eben nicht weiß, wo diese Daten gespeichert werden und was damit passiert.
Ihr seht, nur Spaß bringt „Alexa“ nicht. Wenn ihr euch dazu entschließt, eine anzuschaffen, solltet ihr euch dieser Gefahren auf jeden Fall bewusst sein. Am besten wäre, ihr schaut euch sofort, wenn ihr so ein Gerät kauft, die Einstellungen genau an und ändert sie entsprechend eurer Sicherheitsvorstellungen. Zudem wäre wirklich gut, „Alexa“ auch zu deaktivieren, wenn man sie gerade nicht benutzt. Dazu gibt es einen Schalter am Gerät, man kann aber auch auf Nummer sicher gehen und ihr im wahrsten Sinne des Wortes „den Stecker ziehen“.
Ich danke euch dafür, dass ihr mir zugehört habt, und ich hoffe, ich konnte euch wertvolle Hinweise geben, so dass ihr in Zukunft vorsichtiger mit euren Geräten umgeht.

C 4 Prüfungsbeispiel: Klimawandel

Seite 93

Aufgabe 1
In dem Text geht es um die vom Menschen verursachte Veränderung des Klimas auf der Erde. Erläutert werden die Ursachen der Erderwärmung und die verheerenden Folgen, die wir Menschen heute schon spüren.

Aufgabe 2
Während das Wetter einen kurzfristigen Zustand wie Sonnenschein oder Regen an einem bestimmten Ort bezeichnet, betrachtet man beim Klima die Temperaturen über einen längeren Zeitraum und in einer größeren Region.

Aufgabe 3
Folgen des Klimawandels:
- Wetterextreme wie Starkregen, Überschwemmungen, Dürren und Hitzewellen
- wärmere Winter
- Schmelzen der Eismassen in der Arktis oder Antarktis
- Ansteigen des Meeresspiegels, Überflutung von Küstenregionen und einigen Inseln
- Pflanzen und Tiere sind vom Aussterben bedroht

Seite 94

Aufgabe 4
Auf dem Bild ist der vom Menschen verstärkte Treibhauseffekt dargestellt. Seit der Industrialisierung gelangen immer mehr Treibhausgase, z. B. CO_2, in die Atmosphäre Sie stammen von Kraftwerken und Industrieanlagen sowie von Haushalten und Automotoren, da fossile Brennstoffe wie Kohle und Erdöl verwendet werden. Auch durch die Abholzung von Wäldern steigen große Mengen CO_2 in die Atmosphäre auf, die vorher in den Wäldern gebunden waren. Vor allem die Zunahme dieses Gases wirkt wie das Glasdach eines Treibhauses und sorgt dafür, dass die Temperaturen ansteigen.

Seite 95

Aufgabe 5
Das Ziel ist, eine gefährliche, durch den Menschen verursachte Störung des Klimas abzuwenden, die globale Erwärmung zu verlangsamen und deren Folgen zu mildern. Einfach formuliert: Die Weltgemeinschaft versucht, den fortschreitenden Klimawandel abzubremsen, um die Folgen für Natur, Mensch und Umwelt zu begrenzen.

Aufgabe 6
Ergebnisse von Paris (2015): Alle Staaten haben sich verpflichtet, die Weltwirtschaft klimafreundlich zu gestalten. Sie haben sich das Ziel gesetzt, die Erderwärmung auf unter 2 Grad begrenzt zu halten. Sie soll sogar möglichst unter 1,5 Grad bleiben.
Ergebnisse von Madrid (2019): Die Klimakonferenz endet nur mit Minimalbeschlüssen, die wichtigsten Themen sind liegen geblieben.

Seite 98

Lösungshilfen zum Wahlteil A

1. Für die Bundesregierung ist der Klimaschutz ein wichtiges Anliegen. Deswegen fördert sie Maßnahmen zur Senkung der Emissionen von Treibhausgasen. Somit

wird auch dieses Projekt vom Bildungswerk für Schülervertretung aufgrund eines Beschlusses des Deutschen Bundestages durch das Bundesministerium für Umwelt und Naturschutz gefördert.

2. Die Grundidee ist es, jungen Menschen zu zeigen, wie sie Verantwortung übernehmen können. Außerdem möchte man ihnen Mut machen, sich in wichtige Themen einzumischen und Veränderungen selbst zu gestalten. Es werden z. B. Workshops organisiert, in denen Schüler andere Schüler über die Ursachen und Folgen des Klimawandels informieren und alle gemeinsam nach Projektideen für die jeweilige Schule suchen. Zusätzlich können sich interessierte Jugendliche auch zu Klimabotschaftern ausbilden lassen.

3. Möglicher Schreibplan zum Wahlteil A:

Schreibplan zum Wahlteil A

Einleitung:
a) Anlass für deinen Beitrag: Bei Recherche im Internet zu den Themen „Klimawandel“ und „Klimaschutz“ auf das Projekt „Schule – Klima – Wandel“ des SV-Bildungswerks gestoßen

Hauptteil:
b) Ursache des Klimawandels: der vom Menschen verursachte Treibhauseffekt
Folgen: Erderwärmung, Wetterextreme, Schmelzen der Eismassen, Ansteigen des Meeresspiegels, Überflutungen, Aussterben von Pflanzen und Tieren
c) Grundidee des Projekts: Nach dem Prinzip Schüler helfen Schülern werden Jugendliche zu Klimabotschaftern ausgebildet, um an Schulen zu gehen und Schülern Mut zu machen, sich intensiv mit dem Klimaschutz zu befassen und Projekte umzusetzen.
d) Appell: Als Klasse einen Beitrag zum Klimaschutz leisten und einen Workshop an der Schule durchführen.
Projektidee: Spendenaktionen, „Klimawissen to go“, ...

Schluss:
e) Mein persönlicher Beitrag zum Klimaschutz: Ausbildung zum Klimabotschafter, Veränderungen im Alltag.

5. Möglicher Schülertext zum Wahlteil A:
Im Fach Erdkunde haben wir uns mit den Themen „Klimawandel“ und „Klimaschutz“ beschäftigt. Uns allen ist klar geworden, dass in einigen Generationen die Menschen unsere Erde nicht mehr so erleben werden, wie sie jetzt ist.
Schuld daran ist eine von uns Menschen verursachte globale Erwärmung. In den letzten 100 Jahren ist die Durchschnittstemperatur um ungefähr 1 °C gestiegen. Man könnte meinen, dass das gar nicht so viel ist, aber die aktuelle Erwärmung der Erde verläuft schneller als jemals zuvor. Und da sprechen wir von den letzten 65 Millionen Jahren. Aber was sind die Ursachen dieses Klimawandels? Hauptverantwortlich ist der von Menschen verursachte Treibhauseffekt, zu denen vor allem CO_2 und Methan beitragen. CO_2 entsteht, wenn Erdöl, Kohle und Erdgas verbrannt werden, z. B. in Fabriken, beim Autofahren, Fliegen oder Heizen. Weil weltweit riesige Waldflächen abgeholzt werden, gibt es immer weniger Bäume, die CO_2 aufnehmen und in Sauerstoff, also in saubere Luft umwandeln. Auch dass weltweit von immer mehr Menschen Fleisch gegessen wird, schadet dem Klima, denn durch vermehrte Massentierhaltung gelangt das schädliche Treibhausgas Methan in die Luft. Die Zunahme dieser Gase wirkt wie das Glasdach eines Treibhauses und sorgt dafür, dass die Temperaturen ansteigen. Die Folgen sind beängstigend – manche spüren wir schon: häufige Wetterextreme wie Starkregen, Überschwemmungen, Dürren und Hitzewellen. Langfristig schmilzt das Eis der Polkappen, der Meeresspiegel steigt an, sodass in Zukunft manche Inseln und Küstenregionen im Meer versinken. Auch Tiere und Pflanzen sind von der Erderwärmung bedroht, jede dritte Art könnte aussterben.
Es wird also höchste Zeit, etwas zu tun. Innerhalb der Klasse hat sich die Idee entwickelt, an unserer Schule ein eigenes Klimaschutzprojekt zu starten. Nach einigen Recherchen im Internet habe ich passend dazu ein interessantes Projekt entdeckt: „Schule – Klima – Wandel“ des Bildungswerks für Schülervertretung. Die Grundidee des Projekts ist, Jugendliche zu sogenannten Klimabotschaftern auszubilden, die bundesweit an unterschiedliche Schulen gehen und dort mit den Schülern Klimaworkshops durchführen. Dabei setzen sie sich gemeinsam mit der Thematik Klimawandel auseinander, vertiefen das bereits vorhandene Wissen und überlegen sich, wie ein Workshop zum Thema gestartet und vor allem auch nachhaltig am Laufen gehalten werden kann. Ich meine, dass das genau das Richtige für unsere Klasse wäre, und möchte gerne im Internet einen Klimaworkshop für unsere Klasse beantragen. Ich hätte sogar schon Ideen zum Klimaschutz, die wir in der Klasse umsetzen könnten, z. B. Plakate oder Flyer gestalten mit wichtigen Hinweisen für jeden Einzelnen von uns. Regeln und Tipps könnten z. B. sein: Stoßlüften in den Pausen statt Kipplüften den ganzen Vormittag, eine plastiktütenfreie Schule werden, Altpapier verwenden, das Licht in den Pausen ausschalten usw. Wir könnten dazu sogar einen schulinternen Energiesparwettbewerb durchführen. Oder den Erlös von unserem nächsten Sponsorenlauf für Klimaschutzprojekte in Entwicklungsländern spenden.
Es gibt so viel zu tun – wir müssen nur starten. Ich selbst hätte sogar Lust, mich für eine Ausbildung zum Klimabotschafter anzumelden, denn ich habe gelernt, dass es wichtig ist, die Dinge selbst in die Hand zu nehmen, Verantwortung zu übernehmen, etwas zu verändern und nicht nur darüber zu reden.

Seite 99
Lösungshilfen zum Wahlteil B
2. In dem Lied „Do it now“ geht es darum, aufzuwachen und die Augen zu öffnen, da wir auf unserem Planeten Erde ein ganz großes Problem haben. Wir sollten dieses Problem in Angriff nehmen, dafür sorgen, dass unsere Erde wieder grüner und sauberer wird, um somit eine bessere Zukunft aufzubauen. Und wir dürfen damit nicht warten, nicht zögern, uns nicht mehr selbst

belügen, sondern wir müssen sofort damit anfangen.

3. Möglicher Schreibplan zum Wahlteil B:

Schreibplan zum Wahlteil B

Einleitung:

a) Anlass für deinen Beitrag: Bei Recherche im Internet zu den Themen „Klimawandel" und „Klimaschutz" auf die Initiative „Sing for the climate" gestoßen

Hauptteil:

b) Ziele der Klimakonferenzen: Den Klimawandel verlangsamen, um die Folgen für Natur, Mensch und Umwelt zu begrenzen
Ergebnisse der Klimakonferenzen:
Paris: Einigung aller Staaten auf klimaverträgliche Weltwirtschaft, Erderwärmung soll unter 2 Grad, wenn möglich sogar unter 1,5 Grad bleiben.
Madrid: nur Minimalbeschlüsse, Vertagen wichtiger Fragen

c) Inhalt des Klimasongs „Do it now": Aufruf, die Augen für den Klimanotstand auf der Erde zu öffnen – und zwar jetzt!

Schluss:

d) Persönliche Stellungnahme: Appell an Mitschüler und Lehrer

4. Möglicher Schülertext zum Wahlteil B:

Schon seit Längerem befasse ich mich mit den Themen „Klimawandel" und „Klimaschutz". Ich habe auch schon an einer „Fridays for Future"-Veranstaltung teilgenommen. Bei Recherchen im Internet bin ich auf die Initiative „Sing for the climate" gestoßen, die in Belgien entstanden und sich von dort aus verbreitet hat. Es fing damit an, dass der belgische Filmemacher Nic Balthazar Menschen aus aller Welt dazu eingeladen hat, das Lied „Do it now" zu singen, sich dabei zu filmen und es anschließend im Internet hochzuladen. 80 000 Menschen in 180 belgischen Städten waren beteiligt und setzten ein laut und deutlich hörbares Zeichen für den Klimaschutz. Die Euphorie schwappte auch nach Deutschland über und so sangen in München und anderen Städten viele Menschen gemeinsam mit dem Ziel, die Politiker im Vorfeld der Klimakonferenz 2015 in Paris dazu aufzufordern, sich für ein verbindliches Klimaabkommen einzusetzen.
Aber was genau muss man sich unter den jährlich stattfindenden Klimakonferenzen vorstellen? Diese verfolgen ein Hauptziel, das bereits 1992 festgelegt wurde: Der von Menschen verursachte Klimawandel soll gestoppt, die Erderwärmung verlangsamt und die Folgen für Natur, Mensch und Umwelt begrenzt werden. Die praktische Umsetzung sieht so aus, dass sich inzwischen fast 200 Staaten aller Kontinente einmal im Jahr auf einer Weltklimakonferenz treffen – man kann auch „Klimagipfel" sagen –, um Maßnahmen zur Umsetzung der Ziele zu beschließen. Die Ergebnisse werden in sogenannten Abschlusserklärungen festgehalten. Der Klimagipfel 2015 in Paris war ein voller Erfolg. Alle Staaten konnten sich auf einen neuen Weltklimavertrag einigen. Erstmals vereinbarten sie, gemeinsam gegen den Klimawandel zu kämpfen, und sie verpflichteten sich, dazu beizutragen, die globale Erwärmung auf unter 2 Grad, wenn möglich sogar unter 1,5 Grad zu halten.
Die Ergebnisse der Weltklimakonferenz 2019 in Madrid waren jedoch ernüchternd: Die Klimakonferenz endet nur mit Minimalbeschlüssen, die wichtigsten Themen sind liegen geblieben.
Nicht nur die Politik, sondern auch viele Menschen weltweit machen sich Sorgen wegen der fortschreitenden Auswirkungen des Klimawandels und versuchen mit Maßnahmen und Aktionen darauf aufmerksam zu machen. Die oben genannte Initiative „Sing for the climate" ist eine von vielen. In dem Lied „Do it now" von Nic Balthazar geht es darum, aufzuwachen und die Augen zu öffnen, da wir auf unserem Planeten Erde ein ganz großes Problem haben. Wir sollten dieses Problem in Angriff nehmen, dafür sorgen, dass unsere Erde wieder grüner und sauberer wird, um somit eine bessere Zukunft aufzubauen. Und wir dürfen damit nicht warten, nicht zögern, uns nicht mehr selbst belügen, sondern jetzt sofort damit anfangen.
Mir gefällt dieses Lied sehr gut, da es etwas zum Ausdruck bringt, was mir persönlich sehr am Herzen liegt. Ich finde es toll, wenn Menschen sich für den Klimaschutz engagieren und mit Aktionen dafür einsetzen. Es liegt doch in unserer Verantwortung, dass auch kommende Generationen eine lebenswerte Erde vorfinden. Noch haben wir die Möglichkeit, den Schalter umzulegen und gemeinsam und entschlossen für den Klimaschutz zu kämpfen. Wie wäre es, wenn wir an unserer Schule auch etwas in Bewegung setzen würden? Wir könnten den Song „Do it now" vielleicht auf der Schulabschlussveranstaltung im Juli gemeinsam mit allen Abschlussschülern, Eltern und Lehrern singen, diese Aktion filmen und auf unserer Schulhomepage veröffentlichen. Oder wir führen ein fächerübergreifendes Projekt zum Klimawandel und Klimaschutz durch: In mehreren Fächern wird die Thematik Klimawandel mit seinen Ursachen und Folgen vertieft, während es in anderen Fächern, z. B. Musik und Englisch, um das Lied „Do it now" gehen könnte.

D Angebotstexte zum selbstständigen Üben

D 1 Hörverstehen: Streiken für den Klimaschutz

Seite 101

Aufgabe 1

In diesem YouTube-Beitrag von Mirko Drotschmann geht es um Greta Thunberg, die Bewegung „Fridays for Future" und die von ihr ausgelösten weltweiten Schulstreiks.
Der Journalist äußert sich zu den Fragen, ob die Schulstreiks für den Klimaschutz wirklich sinnvoll und wichtig sind oder ob es sich doch nur um selbstgerechtes Schuleschwänzen handelt.

Aufgabe 2

Greta Thunberg hat im August 2018 beschlossen, nicht mehr zur Schule zu gehen, und sie hat mit einem handbemalten Protestplakat zunächst jeden Tag, später jeden Freitag vor dem schwedischen Reichstag gegen den vom Menschen gemachten Klimawandel protestiert.

Aufgabe 3
„Fridays for Future" ist ...
- ein Schulstreik für das Klima, der freitags stattfindet.
- eine weltweite von Schülern und Studenten organisierte Bewegung mit dem Ziel, Politiker dazu zu bringen, mehr gegen den Klimawandel zu tun.

Aufgabe 4
Pro:
Es ist gut, wenn sich junge Menschen politisch engagieren, auf die Straße gehen und Lösungsvorschläge einbringen. Das ist beim Thema Klimawandel besonders wichtig, da dieser von uns Menschen gemacht ist und daher uns alle betrifft. Die mediale Aufmerksamkeit ist natürlich viel größer, wenn man die Schule ausfallen lässt, als wenn die Demonstrationen nach Schulschluss stattfinden. Damit wird ein wichtiges Signal gesendet.
Kontra:
Der von den Medien erzeugte Personenkult um Greta Thunberg sollte in Frage gestellt werden, denn es geht nicht um eine Person, sondern um ein Thema, das uns alle betrifft.
Außerdem bringen nicht alle, aber doch einige Teilnehmer der „Fridays for Future"-Bewegung zum Ausdruck, dass Politiker alles falsch machen und die jungen Streikenden genau wissen, wie alles richtig gemacht wird. Das wirkt wie Schwarz-Weiß-Malerei: Da sind die Bösen – hier sind die Guten. Statt populistische Äußerungen zu tun, sollte man fair und mit realistischen Forderungen in eine politische Debatte gehen.

Aufgabe 5
Mögliche Meinung:
Meiner Meinung nach sind die Schulstreiks sehr wichtig und bewirken vor allem, dass über den Klimawandel gesprochen und nachgedacht wird. Das ist der erste Schritt zur Veränderung.

D 2 Prüfungsbeispiel: Heimat verlieren, Heimat finden

Seite 103
Aufgabe 1
In dem Text von Sylvie Nantcha geht es um Heimat und darum, was sich unterschiedliche Menschen darunter vorstellen. Außerdem schildert die Autorin ihre persönlichen Erfahrungen, die sie und ihre Familie gemacht haben, nachdem sie die alte Heimat aufgegeben und eine neue Heimat gesucht und gefunden haben.

Aufgabe 2
Johann Gottfried von Herder:
„Heimat ist da, wo man sich nicht erklären muss."
Robert Lee Frost:
„Heimat ist der Ort, wo sie einen hereinlassen müssen, wenn man wiederkommt."
Andrej Sinjawski:
„Heimat ist kein geographischer Begriff. Man trägt sie in sich selbst."
Karl Jaspers:
„Heimat ist da, wo ich verstehe und wo ich verstanden werde."
Sophie Scholl:
Sie verbindet Heimat mit Umwelt und Natur.
Sylvie Nantcha (Autorin des Textes):
„Heimat ist ein Ort, an dem Nachbarschaft, Ehrenamt und Gemeinschaft praktiziert werden und den man selbst mitgestalten kann."

Seite 104
Aufgabe 3
Die Künstlerin Chiharu Shiota spinnt mit Wollfäden Dinge ein, die nicht vergessen werden sollen. Im Kunstobjekt „Over the continents" wurden gebrauchte Schuhe eingesponnen, in die Menschen kleine Zettel hineingelegt hatten. Besucher der Ausstellung konnten dann lesen, was Menschen mit diesen Schuhen erlebt und dabei gefühlt haben.

Aufgabe 4
Für sie ist Heimat nicht ein Land oder eine Stadt, sondern der Ort, wo das Herz ist.

Seite 105
Möglicher Schülertext zum Wahlteil A:
Zurzeit besuchen viele Kinder aus geflüchteten Familien unsere Schule. Viele haben ihre Heimat verloren und können auch nicht wieder zurückkehren. Die Redaktion unserer Schülerzeitung hat sich daher mit der Frage beschäftigt, was es überhaupt bedeutet, auf der Flucht zu sein. In diesem Zusammenhang stellten wir uns auch die Frage, was Heimat eigentlich ist und ich habe mich bereit erklärt, darüber in unserer nächsten Ausgabe einen Artikel zu schreiben.
Bei meinen Recherchen zu diesem Thema bin ich im Internet auf das Lied „Heimat" von Johannes Oerding gestoßen, das sehr gut zum Thema passt. In dem Refrain des Liedes wird Heimat als etwas sehr Schönes dargestellt, etwas, das man immer mitnimmt und in sich trägt. Johannes Oerding selbst erklärt dazu, dass er sein Lied zuerst nach seiner Heimatstadt „Hamburg" benennen wollte, dann jedoch gemerkt hat, dass er sich in seiner alten Heimat am Niederrhein auch noch heimisch fühlt. Für ihn bedeutet nicht nur eine Stadt oder ein Land „Heimat", sondern vielmehr die Menschen, vor allem diejenigen, die an Geburtstage von Freunden denken, ohne dies bei Facebook gelesen zu haben.
Aber was ist Heimat für andere? Bei weiteren Recherchen habe ich festgestellt, dass eine einheitliche Definition des Begriffes nicht existiert. Für den deutschen Philosophen Karl Jaspers ist Heimat da, wo man versteht und verstanden wird. Für andere ist Heimat ein Ort, den man selbst mitgestalten kann, z. B. indem man sich dort politisch engagiert. Besonders gefallen hat mir die Erklärung eines deutschen Dichters, der sagt, dass Heimat da ist, wo man sich nicht erklären muss.
Die japanische Künstlerin Chiharu Shiota bringt ihre Gefühle zum Thema Heimat mithilfe von Kunstobjekten zum Ausdruck. Diese sind entstanden, weil sie sich in bestimmten Zeiten zwischen zwei Heimatländern hin- und hergerissen fühlte. Für sie ist Heimat da, wo das Herz ist. Für ihre Performance „Over the Continents" hat sie zum Beispiel Menschen gebeten, alte Schuhe zu bringen und kleine Zettel hineinzulegen, auf denen sie beschreiben, was sie mit den Schuhen erlebt haben. Alle Schuhe wurden dann mit Wollfäden verknüpft und befestigt. Auf die-

se Art und Weise sollte symbolisch das Festhalten von Erinnerungen dargestellt werden.
Schon seit längerer Zeit überlege ich, was Heimat eigentlich für mich bedeutet. Ganz spontan würde ich sagen, Heimat ist da, wo meine Familie und meine Freunde sind, also da, wo ich nicht alleine bin. Ich empfinde also ähnlich wie Johannes Oerding oder auch Karl Jaspers. Für mich ist Heimat nicht an einen Ort gebunden, sondern kann überall sein. Hauptsache, es gibt Menschen dort, die ich mag und die mich mögen und die mich verstehen, ohne dass ich mich verstellen muss.

Seite 106
Möglicher Schülertext zum Wahlteil B:

Ort, Datum

Lieber Ilias,
du wunderst dich sicher über diesen Brief von mir, aber das, was heute in der Schule vorgefallen ist, beschäftigt mich schon den ganzen Tag, sodass ich mich dazu entschlossen habe, dir zu schreiben.
Ich habe in der Schule beobachtet, dass du von älteren und vor allem auch von viel größeren Schülern zunächst umzingelt und dann gegen die Wand gedrückt wurdest. Vier gegen einen! Aber das reichte noch nicht. Du wurdest auch noch beschimpft mit „Drecksausländer!“ und „Geh dorthin, wo du herkommst.“ Und zu guter Letzt drohten sie dir Schläge an. Ich wünschte, ich könnte sagen, dass ich dir zu Hilfe gekommen wäre. Aber leider kann ich das nicht. Ich war genauso feige wie alle anderen, die in der Eingangshalle standen und sich heimlich verdrückt haben, anstatt dir zu helfen. Ich habe dich im Stich gelassen und deswegen fühle ich mich schuldig und schlecht. Wie geht es dir jetzt damit? Hast du jemanden, mit dem du über den Vorfall sprechen kannst? Ich weiß eigentlich nicht viel über dich, nur dass du aus Syrien kommst und dass dein Zuhause einige Tage nach eurer Flucht zerstört worden ist. Ich sitze gerade am Schreibtisch und grübele über die Politikhausaufgabe nach. Was ist Heimat für mich? Was genau soll ich dazu schreiben? Lea hat heute in der Schule gesagt, dass für sie Heimat da sei, wo ihre Familie herkommt. Für Tim ist die Heimat dort, wo man die meiste Zeit seines Lebens verbringt. Und Hazal verknüpft Heimat mit dem Ort, an dem das Herz ist und sie sich zu Hause fühlen kann. Mir geht es gerade genauso wie dir heute in der Schule, als du sagtest, du wüsstest nicht, was Heimat für dich sei. Spontan würde ich zwar sagen, meine Heimat existiert und ist nicht wie deine zerbombt worden. Aber ganz genau weiß ich auch nicht, was für mich Heimat bedeutet.
Vielleicht Sicherheit? Damit meine ich, dass ich mich in meiner Familie sicher fühle. Wenn mir etwas passieren würde, wären meine Eltern da und würden mich unterstützen. Aber auch meine Freunde geben mir Sicherheit. Ich bin mir sicher, dass sie mich verstehen, mit mir lachen und mir helfen würden, wenn mich andere in der Schule bedrohen. Ja, jetzt weiß ich, wie ich meinen Aufsatz schreiben werde, so langsam wird mir vieles klar. Ein wichtiger Punkt fällt mir gerade noch ein. Ich werde auch schreiben, was Heimat auf jeden Fall nicht bedeutet: Nämlich, dass jemand in einer neuen Schule in einer neuen Stadt und oder in einem neuen Land beschimpft, beleidigt und bedroht wird. So, wie du es heute in der Schule erleben musstest. Es ist mir wichtig, dass du hier bei uns eine neue Heimat findest. Dabei möchte ich dich gerne unterstützten, falls du es überhaupt zulässt, nachdem ich dich im Stich gelassen habe. Vielleicht können wir gemeinsam etwas unternehmen? Ich habe gerade bei YouTube einen Film über eine japanische Künstlerin gesehen, die es schafft, mit ihren Kunstobjekten ihre Gefühle zu ihrer alten und neuen Heimat auszudrücken. Sie hat von vielen unterschiedlichen Menschen alte Schuhe gesammelt, in denen sich kleine handgeschriebene Zettel mit einzelnen Erlebnissen und Erinnerungen an diese Schuhe befinden. Super spannend!
Vielleicht interessiert dich das Thema auch und vielleicht hast du Lust, mehr darüber zu erfahren. Wir könnten auch zusammen im Internet recherchieren? Möchtest du zu mir kommen? Ich könnte dir dann sogar bei deinem Aufsatz helfen.
Liebe Grüße, Marla

D 3 Prüfungsbeispiel: Work-Life-Balance

Seite 108
Aufgabe 1
Stress ist eine körperliche Reaktion auf zu viel Belastung. Work-Life-Balance ist der Versuch, Anspannung und Entspannung im Gleichgewicht zu halten, um gesund zu bleiben.

Seite 109
Aufgabe 2
a) Ob wir Stress als positiv oder negativ – und damit eher belastend – erleben, hängt entscheidend von der emotionalen und gedanklichen Bewertung von Stressreaktionen ab. (Z. 13–15)
b) Positiv: Fußballtraining
Negativ: Lernen für eine Klassenarbeit

Seite 110
Aufgabe 3
Zutreffende Aussagen:
- Jeder zehnte Jugendliche fühlt sich einsam.
- Ob der Jugendliche schwierige Phasen als Stress oder als Herausforderung wahrnimmt, hängt von ihm persönlich ab.
- Wenn sich jemand gestresst fühlt, zeigt er meistens mehrere Symptome.
- Schlaflosigkeit und Appetitlosigkeit können ein Zeichen von Stress sein.
- Der berühmte „Blackout“ ist auch eine Stressreaktion.

Aufgabe 4

☺	☹
Herausforderung	Kopfschmerzen
Spaß	Blackout
Erfolg	Misserfolg
Entspanntheit	Wut

Seite 111
Aufgabe 5
Mit der Textstelle Z. 15 ist gemeint, dass Menschen selten mit dem zufrieden sind, was sie schon erreicht haben.

Jeder meint, er müsse noch erfolgreicher, besser, schöner usw. sein. Darüber vergisst man das bereits Erreichte.

Möglicher Schülertext zum Wahlteil A
Liebe Mitschülerinnen und Mitschüler!
Wir alle sind gerade voll im Stress. Das ist ja auch völlig normal, schließlich stehen unsere Abschlussarbeiten an. Wir müssen in relativ kurzer Zeit viel leisten und manch einer von uns würde lieber andere Dinge tun, die mehr Spaß machen.
Ich weiß, dass viele von euch aufgeregt sind und nachts schlechter schlafen als sonst. Viele von uns haben auch Kopfschmerzen, viele sind blass und man merkt, dass es ihnen nicht gut geht. Gerade jetzt ist es wichtig, dass ihr darauf achtet, gesund zu bleiben.
Stellt euch mal vor, euer Kopf macht irgendwann total dicht und ihr könnt gar nicht mehr richtig denken. Das wäre nicht gut – vor allem nicht in der Abschlussarbeit.
Außerdem lernen wir gerade erst, wie man richtig mit Stress umgeht. Wie wir es jetzt tun, so werden wir es vermutlich unser ganzes Leben lang machen. Also sollte man besser gleich eine Lösung finden. Schließlich ist es schöner, ohne Kopfschmerzen durch eine belastende Phase zu kommen.
Ich habe im Internet eine Grafik gefunden, die verschiedene Möglichkeiten aufzeigt, Stress abzubauen. Die für mich drei wichtigsten möchte ich euch an dieser Stelle vorstellen:
Zuerst einmal möchte ich die Ernährung nennen. Ich weiß, dass die Versuchung groß ist, Schokolade oder Döner zu essen, gerade wenn man gestresst ist. Wenn ihr euch gesund ernährt, hat euer Körper aber mehr Kraft zur Verfügung und macht nicht so schnell schlapp.
Dann solltet ihr unbedingt auch weiterhin Sport treiben. Manchmal bin ich zu müde und habe gar keine Lust mehr zum Fußballtraining. Ich merke aber, dass es mir guttut. Zum einen habe ich Spaß und komme auf andere Gedanken, zum anderen entspannt es meinen Körper und ich kann viel ruhiger schlafen.
Auch solltet ihr nicht vergessen, euch mit euren Freunden zu treffen. Wir sitzen alle gerade in einem Boot – und ihr wisst: Geteiltes Leid ist halbes Leid. Eure Freunde hören euch zu und sind für euch da. Sprecht mit ihnen, dann werden eure Sorgen weniger.
Ich wünsche allen von uns viel Erfolg bei den Abschlussarbeiten. Immerhin wollen wir ja im Anschluss richtig feiern. Also gebt euer Bestes – und das ist auch wirklich genug.

Seite 112
Möglicher Schülertext zum Wahlteil B
„Guten Tag, lieber kleiner Prinz. Ich habe gesehen, wie du die Züge und die Menschen in den Zügen beobachtet hast. Ich kann die Gedanken verstehen, die du dir machst. Gerne würde ich dir auch etwas erzählen.
Auf der Erde gibt es etwas, das heißt Stress. Es bedeutet, dass man so viele Dinge tun muss, die einem keinen Spaß machen, bis es einem schlecht geht. Das hört sich verrückt an, aber die meisten Menschen verhalten sich so. Das ist auch das, was du siehst, wenn du diese vielen Züge beobachtest.
Du erkennst Gestresste daran, dass sie ganz schnell ganz viele Dinge tun. Und manche davon machen nicht einmal Sinn. Oft sind diese Menschen blasser als andere. Das kommt davon, dass sie zu wenig schlafen und es ihnen nicht gut geht. Zudem greifen sie sich oft an den Kopf, denn eines der ersten Dinge, die passieren, ist, dass der Kopf bei Stress wehtut. Ich glaube, das ist so, weil man so viel nachdenken muss.
Du hast ja schon gesehen, dass sich die Kinder ein wenig anders verhalten. Sie sind noch nicht so gestresst, aber sie können es werden, wenn man nicht aufpasst. Die Eltern sollten ihren Kindern ein gutes Vorbild sein und ihnen zeigen, wie man mit Stress umgeht. Eltern sind sowieso ganz wichtig. Sie sollten auf ihre Kinder achten und ihnen zuhören. Und sie sollten natürlich auch Konsequenzen ziehen, wenn sie merken, dass ihr Kind gestresst ist. Vielleicht machen sie dann als Familie mehr schöne Dinge oder das Kind darf den Musikunterricht oder das Tennistraining auch einmal ausfallen lassen.
Am besten wäre es, wenn die Eltern den Wochenplan gemeinsam mit den Kindern erstellen würden. Dann könnten die Kinder mitsprechen und zugleich lernen, wie man das vernünftig macht. Dann wären sie auch später als Erwachsene in der Lage, überlagt zu planen, und würden nicht so schnell in Stresssituationen geraten.
Du siehst, nicht alle Menschen müssen so schnell durch die Gegend rasen, wenn man nur achtsam ist."
„Dann kann man ja nur hoffen", antwortet mir der kleine Prinz, „dass viele Eltern aus den Zügen aussteigen, wenn sie Kinder bekommen."

E Original-Prüfungsaufgaben: Realschulabschluss Niedersachsen 2020

(Alle folgenden Lösungen sind nicht amtliche Lösungen.)

E 1 Hörverstehen

Seite 114
Aufgabe 1
Es geht in dem Radiobeitrag um ein Interview mit Ansgar Drücker, dem Geschäftsführer des Zentrums für Antirassismusarbeit. Thema des Beitrags ist der Umgang mit Alltagsrassismus. Berichtet wird von den Erlebnissen des Basketballexperten André Voigt während eines Fußballspiels in Bezug auf Alltagsrassismus.

Aufgabe 2
André Voigt besucht ein Fußballspiel. Um ihn herum werden rassistische Sprüche gegen zwei Spieler geäußert und statt einzuschreiten, beteiligen sich immer mehr Zuschauer daran. Die Sprüche werden zunehmend beleidigender und trotzdem sagt niemand etwas dagegen. Nur André Voigt greift schließlich ein.

Seite 115
Aufgabe 3
In dem Beitrag werden diese möglichen Reaktionen auf rassistische Äußerungen genannt:
- Rückfragen stellen, um zum Nachdenken anzuregen,
- Verbündete suchen, um bei Bedarf Unterstützung zu bekommen.

Aufgabe 4
Nach Aussage von Ansgar Drücker hängt das Eingreifen davon ab, wie sicher oder unsicher ein Mensch die Situation einschätzt. Auch ist ein Eingreifen abhängig vom eigenen Mut oder Selbstvertrauen, mit der Situation klar zu kommen.

Aufgabe 5
Die genannten strafbaren Handlungen sind direkte Beleidigungen gegenüber einer Person und die Störung des öffentlichen Friedens sowie Volksverhetzung.

Basisteil und Wahlteile: Rassismus

Seite 119
Aufgabe 1
Der Internetkommentar „Allein unter Weißen" erschien am 13.06.2019. Er schildert die Lebensgeschichte der Afroamerikanerin Ruby Bridges. Schwerpunkte dabei sind die Erfahrungen und Ereignisse rund um ihren Schulbesuch als erstes schwarzes Kind an einer rein weißen Schule im Süden der USA.

Aufgabe 2

Abschnittsüberschrift	Zeile (von – bis)
Die Situation der Afroamerikaner in den USA – heute und früher	Z. 1 – 7
Kindheit in den Südstaaten	Z. 7 – 24
Aufhebung der Rassentrennung an Schulen	Z. 25 – 31
Widerstand in der weißen Bevölkerung	Z. 32 – 50
Ruby Bridges kommt in die Schule	Z. 50 – 60
Die ersten Reaktionen der weißen Bevölkerung: Morddrohungen, Jobverlust und Enteignung	Z. 61 – 83
Das Gute obsiegt – die Situation entspannt sich	Z. 84 – 95

Seite 120
Aufgabe 3
Mögliche Lösung:
Meine Gefühle am ersten Schultag waren Aufregung, Vorfreude, Angst, Unsicherheit, gemischte Gefühle ...

Aufgabe 4
Ruby Bridges war vor dem Schulbesuch sicherlich sehr aufgeregt: Sie wird Gefühle wie Vorfreude, aber auch Angst und vielleicht sogar Panik durchlebt haben. Schließlich würde sie das erste und auch einzige dunkelhäutige Mädchen an einer Schule für Weiße sein.
Die Freude auf die Schule und die Hoffnung, neue Freundschaften zu schließen und neue Dinge zu lernen, überwogen sicherlich zuerst ihre gemischten Gefühle.
Die Erlebnisse am ersten Schultag zeigten ihr aber, wie unerwünscht sie an der Schule war. Schon auf dem Weg dahin bewarfen Menschen sie mit Gegenständen und beschimpften sie mit rassistischen Parolen und in der Schule wollte sie niemand unterrichten.
Die Vorfreude schlug dann bestimmt in Angst um und sie muss sich gefragt haben, womit sie all das verdient hat.

Seite 121
Aufgabe 5
Die Eltern wollten für Ruby die gleichen Lernmöglichkeiten wie für weiße Kinder und bestanden somit auch auf ihrem Recht, dass Ruby die „weiße" Schule besuchen durfte, da die Rassentrennung per Gesetz offiziell aufgehoben worden war.
Ein weiterer Grund könnte sein, dass sie damit gegen die im Alltag noch immer herrschende Rassentrennung protestieren wollten, d.h., dass sie ein Zeichen setzen und andere Schwarze ermutigen wollten.
Noch ein Grund könnte gewesen sein, dass der Besuch der Schule für ihre Tochter und ihr weiteres Leben wichtig war, denn sie lernte dadurch, mit Widrigkeiten fertig zu werden und sich nicht unterkriegen zu lassen.

Seite 124
Aufgabe 6
Unter „Blackfacing" versteht man das Überschminken von weißer Haut in schwarze. In sogenannten „Minstrel-Shows" parodierten diese in Schwarze verwandelten Menschen dann angebliche Verhaltensweisen und typische Eigenschaften von Dunkelhäutigen.
„Blackfacing" kann aus verschiedenen Gründen als rassistische Handlung verstanden werden:
1. Bestehende klassische Vorurteile werden bestärkt und von Generation zu Generation weitergegeben.
2. Die Menschen werden auf äußere oder kulturelle Eigenschaften/Merkmale reduziert, über die man sich öffentlich lustig macht.
3. Die Wirkung auf betroffene Personen sowie deren Gefühle werden völlig außer Acht gelassen bzw. ignoriert.

Aufgabe 7
In Text 2 geht es um „Blackfacing" in Deutschland und die Einstellung der Menschen dazu bzw. um den darin versteckten Alltagsrassismus und wie man selbst Verantwortung übernehmen und angemessen darauf reagieren kann.
Blackfacing finden viele einfach nur witzig und halten es für einen harmlosen Spaß. Tatsächlich steckt darin aber eine stereotypische Darstellung von Schwarzen, die auf Vorurteilen beruht und rassistisch ist.
Jeder einzelne kann Verantwortung übernehmen, indem sie/er die Person, die rassistische Äußerungen tätigt oder entsprechend handelt, darauf anspricht. D.h., man kann denjenigen damit konfrontieren, dass man solch eine Ausdrucksweise oder solches Verhalten nicht unwidersprochen hinnimmt, und über die Hintergründe und möglichen Folgen aufklären.
Auch sollte man über die eigene Ausdrucksweise nachdenken und genau überlegen, was man wie sagt. Beispielsweise äußert man unbedacht Dinge, die nicht rassistisch gemeint sind, aber von der betroffenen Person als rassistische Äußerung empfunden werden.
Indem man engagiert, sensibel und überlegt handelt, übernimmt man Verantwortung. Wenn das möglichst viele tun, sollte niemand mehr „Blackfacing"-Situationen witzig finden.

Wahlteil A – informierend-appellierender Text

Seite 127
Möglicher Schülertext
Liebes Redaktionsteam,
in der neuen Ausgabe unserer Schülerzeitung geht es um das Thema „Alltagsrassismus“, da dieser in unserer Gesellschaft immer mehr in Erscheinung tritt. Schaut euch nur die brennenden Asylantenheime an oder fremdenfeindliche Äußerungen in den sozialen Medien.
Bei meiner Suche nach Informationen zu diesem Thema bin ich auf die Karikatur von Tom Körner sowie den satirischen Text „Keine Menschenfresser, bitte!“ von H. C. Artmann gestoßen. Beide zeigen Beispiele für Situationen von „Alltagsrassismus“ in unserer Gesellschaft.
Zunächst möchte ich euch die Satire näher vorstellen. Sie nutzt als Mittel der Darstellung die Übertreibung.
„(...), da sie fürchtete, man könnte ihr einen dunkelhäutigen Herrn schicken. Und das wäre peinlich vor den Nachbarn und so weiter und so weiter. Vielleicht wären auch Kannibalen und Mädchenhändler unter ihnen, wie man ja nur zu häufig in Zeitschriften erfahren kann ...“ (Z. 5 – 9).
Hier werden dunkelhäutige Menschen von vornherein als schlechte Menschen dargestellt, für die man sich bei den Nachbarn schämen muss und die man sogar für Kannibalen oder Mädchenhändler hält. Und nur, weil Zeitschriften dies angeblich so darstellen. In unserem Wohngebiet leben auch einige schwarzhäutige Menschen. Ich beobachte immer wieder, dass Menschen einen Bogen um sie machen oder sogar die Straßenseite wechseln.
Ein weiteres Beispiel für Rassismus drückt dieses Zitat aus: „‚Am liebsten‘, sagte Frau Amtsrat, ‚wäre mir halt ein solider Amerikaner, der an jedem Ersten eines Monats pünktlich seine Miete zahlt und nicht schnarcht . .‘ ‚Ganz recht, liebe Melanie‘, sagte Adele, ‚die Amerikaner sind die solidesten und Geld haben sie auch.‘ (...)“ (Z. 11 – 15).
Die Amerikaner werden als zuverlässige, solide Menschen dargestellt, die Geld haben. Dabei gibt es auch in Amerika arme und reiche Menschen, wie man in den Nachrichten hört oder in den Zeitungen lesen kann. Beispielsweise erkennt man das an den armen und reichen Stadtvierteln von New York oder San Franzisco.
Vielleicht fragt ihr euch, warum die Hauptperson Frau Amtsrat Reißfleisch nicht genauer beschrieben wird, sondern nur ihre Denkweise bzw. ihre Vorurteile. Der Grund liegt m. E. darin, dass sie als Person dadurch übertragbar ist auf jeden anderen Menschen.
Rassismus lässt sich nicht auf bestimmte gesellschaftliche Schichten festlegen, sondern ist in allen Schichten zu finden.
Menschen handeln im Alltag rassistisch, auch wenn das nicht immer einfach zu erkennen ist. Damit übt Artmann gleichzeitig Kritik an der Gesellschaft.
Unser Grundgesetz Artikel 3 besagt: „Niemand darf wegen (...) seiner Abstammung, seiner Rasse, seiner Sprache, (...) Heimat und Herkunft, seines Glaubens (...) benachteiligt oder bevorzugt werden. (...).“ Frau Amtsrat Reißfleisch verstößt mit ihrem Verhalten und ihren Denkmustern gleich gegen mehrere Punkte des Artikels 3. Beispielsweise bevorzugt sie Amerikaner aufgrund ihrer Herkunft. Amerika bzw. dessen Bewohner haben für sie positive Eigenschaften (solide, zahlungskräftig, zuverlässig). Schwarzhäutige Menschen dagegen sind negativ behaftet. Dieses ist an Begriffen wie „Kannibale und Mädchenhändler“ (Z. 8) festzumachen, die Frau Amtsrat Reißfleisch mit diesen Menschen verbindet. Deshalb will sie auch keine dunkelhäutigen Untermieter aufnehmen.
Konkret lässt sich das auch an dem Inder aufzeigen, der aufgrund von „(...) pechschwarzem Vollbart und Turban (...)“ (Z. 35 f.) von ihr als „Menschenfresser“ (Z. 41) bezeichnet wird. Hier führen das Äußere bzw. die Herkunft und die Religion zur Benachteiligung.
Ihr seht, Alltagsrassismus hat vielfältige Erscheinungsformen. Wir alle handeln im Alltag gewollt oder ungewollt rassistisch, deshalb lasst uns bei uns selbst beginnen und unser Handeln kritisch betrachten. Nur so können wir Rassismus vermeiden.
Nun komme ich noch zu der eingangs genannten Karikatur, die ich als Titelbild für die aktuelle Ausgabe unserer Schülerzeitung vorschlage, weil ich sie sehr passend finde!
Der Karikaturist Tom Körner zeichnete einen älteren Mann mit Hut und Mantel, der sich verärgert an einen jungen farbigen Mann wendet. Dieser hat ein Skateboard dabei.
Der ältere Mann fordert den jüngeren auf, dahin zu gehen, wo er herkomme, woraufhin dieser fragt, was er denn in Dortmund solle.
Meiner Meinung nach ist diese Karikatur besonders gut geeignet, weil sie „Alltagsrassismus“ überspitzt darstellt. Der Zeichner bezieht damit eindeutig Stellung gegen Diskriminierung. Der ältere Mann denkt in Schubladen, d. h., in Kategorien, in die Menschen aufgrund von Herkunft, Aussehen, Religion oder Sprache usw. gepackt werden. Er äußert durch seinen Spruch eine wahrscheinlich übernommene Einordnung, dass dunkelhäutige Menschen nach Afrika gehören, und berücksichtigt dabei nicht die tatsächliche Herkunft und die Realität. In Deutschland leben mittlerweile Menschen aus vielen Ländern. Wenn man als Deutscher im Ausland ist und dort die Menschen Vorurteile gegenüber Deutschen haben, können auch wir mit Rassismus konfrontiert werden.

Wahlteil B – informierend-appellierender Text

Seite 132
Möglicher Schülertext
Liebe Schülervertretung,
unsere Projekttage finden dieses Mal zum Thema „Alltagsrassismus“ statt. Ich habe zu dieser Thematik schon recherchiert und bin dabei auf zwei interessante Dinge gestoßen, die euch gern vorstellen möchte:
Das erste ist der Artikel „‚Vielseitig und machtvoll‘ – Formen des Alltagsrassismus“, der über die vielseitigen Erscheinungsformen von Alltagsrassismus berichtet und das zweite ist das Projekt „Schule ohne Rassismus – Schule mit Courage“, welches ich auch für unsere Schule sehr passend finde. Der Artikel zu den Formen des Alltagsrassismus handelt von diskriminierenden Erfahrungen, die Menschen mit Migrationshintergrund im Alltag erleben und die darüber in den sozialen Medien – hier insbesondere in der Bewegung #MeToo – berichten.
Jetzt stellt ihr euch sicherlich die Frage, warum ich diesen Artikel passend finde. Ich möchte euch das anhand unserer Schulgemeinschaft als Beispiel beantworten: An unserer Schule gibt es eine bunt gemischte Schülerschaft:

junge und ältere, nette und weniger nette Schülerinnen und Schüler und auch solche mit Migrationshintergrund. Schülerinnen und Schüler gehen nicht immer freundlich und hilfsbereit miteinander um und dieses merken wir auch. Es herrschen teilweise Mobbing und Kleinkrieg auf unserem Schulhof. Insbesondere die Kinder mit Migrationshintergrund werden beleidigt mit Wörtern wie „Nigga“ oder „Bananenfresser“ oder wegen ihrer mangelnden Deutschkenntnisse oder wegen ihrer Kleidung lächerlich gemacht. Vor ein paar Tagen habe ich zufällig mitbekommen, wie eine dunkelhäutige Schülerin mit Wasser bespritzt wurde, weil sie angeblich schmutzig sei. Niemand kam ihr zu Hilfe.

Damit komme ich zu dem Projekt „Schule ohne Rassismus – Schule mit Courage“ – dies ist ein Netzwerk von Schulen, die sich selbst verpflichtet haben, gegen Rassismus anzugehen.

Bei dem Projekt geht es darum, dass eine Schule und deren Mitglieder (Schülerschaft, Lehrkräfte und alle weiteren an der Schule Beschäftigten) sich aktiv und präventiv gegen Diskriminierung, Gewalt, Mobbing usw. engagieren. Auch wir könnten eine Schule in dem Netzwerk werden.

Damit wir überhaupt in das Projekt aufgenommen werden, müssen sich 70 % aller Schulmitglieder mit einer Unterschrift verpflichten, aktiv gegen jede Art von Diskriminierung anzugehen, bei Konflikten einzugreifen und Projekttage zu diesem Thema durchzuführen. Das tun wir ja schon! Solch ein Projekt soll einmal jährlich stattfinden und alle nehmen daran teil und gestalten es. Weitere Aufgaben wären dann beispielsweise, dass alle Schulmitglieder bei Ereignissen, die mit Diskriminierung, Mobbing, Gewalt usw. zu tun haben, aktiv eingreifen und etwas dagegen tun und andere Menschen für Diskriminierungen usw. zu sensibilisieren.

Ich denke, es ist an der Zeit, etwas zu verändern – hier an dieser Schule und auch in unserer Gesellschaft, deshalb sollten wir an dem Projekt teilnehmen. Es würde jeder Schülerin und jedem Schüler helfen und das Klima an unserer Schule zum Besseren verändern. Gehen wir doch mit gutem Beispiel voran.

B 3 Arbeitstechnik: Argumente aufbauen

Wenn du jemanden von deinem Standpunkt überzeugen willst, brauchst du gute Argumente. Niemand glaubt dir „einfach so" – du musst deine Meinung klar belegen und damit deine Zuhörer zum Nachdenken bringen.

INFO zur Bildung von Argumenten

Ein **Argument** besteht in der Regel aus drei Teilen:

- **Behauptung:** In einem kurzen Satz wird auf den Punkt gebracht, was du aussagen möchtest. (z. B.: „Hausaufgaben sind sinnvoll.")
- **Begründung:** Du erklärst deine Behauptung so, dass der Zuhörer versteht, was genau du damit meinst. (Mögliches Beispiel: „Durch die Anfertigung der Hausaufgaben haben Schüler und Schülerinnen die Möglichkeit, den Lernstoff zu wiederholen. Sie finden heraus, was sie schon können und was nicht.")
- **Beispiel:** Das Beispiel ist ein Beweis für die Richtigkeit deiner Behauptung. Es sollte etwas sein, was du selber erlebt oder gelesen hast, ein Textzitat oder auch eine genaue Erklärung zu einem Teilaspekt. (Mögliches Beispiel: „Wenn ich in Mathematik nicht regelmäßig meine Hausaufgaben gemacht hätte, wäre es mir nie gelungen, in der letzten Arbeit des Halbjahres endlich eine Drei zu schreiben. Weil ich durch das Anfertigen der Hausaufgaben den Stoff wiederholt und an meinen Schwächen gearbeitet habe, habe ich keine Fünf im Zeugnis bekommen und meine Versetzung war nicht gefährdet.")

1. Ergänze die folgenden Behauptungen zu aussagekräftigen Argumenten.

Behauptung	Reisen bildet.
Begründung	Man lernt andere Sitten und Gebräuche kennen. Dadurch ...
Beispiel	In meinem letzten Urlaub habe ich zum Beispiel gelernt, ...

Behauptung	Haustiere sind wichtig für Kinder.
Begründung	...
Beispiel	...

2. Unterstreiche in der folgenden Meinungsäußerung die Behauptung, die Begründung und das Beispiel mit unterschiedlichen Farben.

TIPP zu 2.

Es ist wichtig, dass du lernst, Behauptungen, Begründungen und Beispiele zu unterscheiden und in Texten zu erkennen. Nur wenn du das sicher kannst, ist es dir möglich, deine eigenen Gedanken und Argumente zu ergänzen und Textpassagen teilweise zu übernehmen und in deine eigene Argumentation einzubauen. Die fertige Argumentation ist dann trotzdem dein Text und wirkt nicht einfach abgeschrieben.

Lebensweisen anderer Länder und Kulturen können das eigene Leben verändern und bereichern. Reisende bringen aus dem Urlaub oft Dinge mit, die bei uns unbekannt sind und die sich als praktisch, modisch, wohlschmeckend oder dekorativ erweisen. Wenn man zum Beispiel in islamisch geprägten Ländern unterwegs ist, wird man durch die Küche beeindruckt, die sich durch leichte Speisen und viele unbekannte Gewürze auszeichnet. Aus der türkischen Küche haben wir beispielsweise das Gewürz Kumin übernommen und viele in Salz und Essig eingelegte Gemüsesorten. Das alles macht unsere Speisen pikanter, abwechslungsreicher und obendrein noch bekömmlicher.

3. Deine Schule plant eine Projektwoche. Für die inhaltliche Gestaltung sollen die Schüler Vorschläge machen. Deine Klasse befürwortet das Thema „Unsere Klasse wird ein Team". Du als Klassensprecher hast deine Klassenkameraden darum gebeten, dir kurz aufzuschreiben, warum das Thema für sie wichtig ist. Du selber möchtest diese Notizen als Hilfestellung nutzen, um die Schulleitung von eurem Vorschlag zu überzeugen. Die folgenden Zettel haben dich erreicht.
Unterstreiche auf den Zetteln die Stellen, die dir helfen können, gute Argumente zu formulieren.

A Das Thema ist deshalb wichtig, weil viele von uns den Tag vor dem Computer verbringen. Kommunikation findet nur noch über das Handy oder über soziale Netzwerke statt. Wir unternehmen gar nichts miteinander.

B Ein Beispiel dafür, dass das Thema gut ist, ist unsere letzte Klassenfahrt. Wir haben viel zusammen gemacht. Ich habe dabei viele Kartenspiele gelernt, die auch später in meinem Freundeskreis gut ankamen.

C In unserer Klasse gibt es oft Streit. Irgendwie will jeder besser sein als der andere und gönnt dem anderen nichts. Lukas hat Marc neulich den ganzen Tag geärgert – nur weil der eine bessere Note in der Mathearbeit geschrieben hat.

D Mobbing ist ja wohl überall ein Problem, deshalb ist das Thema wichtig. Auch in unserer Klasse gibt es Schüler, die dauernd ausgelacht werden. Ich nenne jetzt keinen Namen, aber du weißt, wen ich meine.

4. Formuliere drei vollständige Argumente, die du im Gespräch mit der Schulleitung vorbringen willst. Warum ist das Thema „Unsere Klasse wird ein Team" eine gute Idee?

TIPP zu 4.

Die Notizen deiner Klassenkameraden enthalten Behauptungen, Begründungen und Beispiele, die es dir leichter machten sollen, Argumente zu formulieren. Denke aber daran, dass die Notizen deiner Klassenkameraden nur Hilfestellungen sind. Du kannst die Argumente auch um Behauptungen, Begründungen oder Beispiele aus deinem eigenen Erfahrungsschatz ergänzen oder komplett selbstständig formulieren.

a) Behauptung: Es herrscht Streit in den Klassen.
Begründung: Schüler werden geärgert – oft aus Gründen, für die sie nichts können und die auch eigentlich kein Grund dafür sind, jemanden zu beleidigen.
Beispiel: In unserer Klasse ...

b) Behauptung: ...

...

B 4 Arbeitstechnik: Überfliegendes Lesen

Auch wenn du alle Tipps zur Entscheidung für eine Prüfungsaufgabe beachtest (siehe A3, Seite 11), bist du in den 15 Minuten, die dir zur Verfügung stehen, um dir einen Überblick über die Aufgaben zu verschaffen, unter starkem Zeitdruck. Du musst alle Texte und die Aufgabenstellungen lesen und verstehen. Dabei hilft dir die Strategie des **überfliegenden Lesens**.

INFO zur Technik des überfliegenden Lesens

Beim **überfliegenden Lesen** geht es darum, sich einen ersten Eindruck über die vorhandenen Materialien und Aufgabenstellungen zu verschaffen. Hierbei gleiten deine Augen nur oberflächlich über den Text – du liest nicht jede einzelne Silbe oder jedes einzelne Wort. Vielmehr „scannen" deine Augen den Text ab und bleiben dabei an Schlüsselbegriffen hängen. Das Markieren einiger dieser besonders wichtigen Stellen kann später hilfreich sein.
Um Zeit zu sparen, lässt du unwichtigere Stellen erst einmal aus.
Später, wenn du dich für eine Aufgabe entschieden hast, musst du natürlich alle für dich wichtigen Textinhalte gründlich lesen.

1. Hier findest du einen **Sachtext,** in dem bereits einige Kernaussagen markiert sind. Du hast zwei Minuten Zeit, den Text zu überfliegen und weitere Kernaussagen zu markieren.

TIPP zu 1. und 2.

Zuerst liest du immer die Überschrift des Textes. Beim weiteren „Scannen" achte besonders auf die Stellen im Text, die auf die **W-Fragen** antworten:

- Worum geht es?
- Wo und wann spielt die Handlung?
- Welche Personen handeln?
- Wer erzählt?
- Was wird ausgesagt?

Was fällt auf bei der Ernährung der Jugendlichen?

Um das Essverhalten von 6- bis 17-Jährigen zu untersuchen, wurden im Auftrag des Robert-Koch-Instituts zwischen 2015 und 2017 2.644 Kinder und Jugendliche an 170 Orten, verteilt auf ganz Deutschland, befragt. Die Ergebnisse legten die Forscher in den sogenannten „EsKiMo-Studien I und II" vor. Bei den jüngeren Kindern füllten ihre Eltern Ernährungsprotokolle für einen mehrtägigen Untersuchungszeitraum aus. Jugendliche zwischen 12 und 17 Jahren beantworteten selbst in Interviews detaillierte Fragen zu den Speisen, die sie normalerweise essen.
Dabei zeigten sich für die Gruppe der Jugendlichen zwei besonders auffällige Aspekte: Zum einen stehen die jungen Menschen heutzutage unter einem erheblichen Schlankheitsdruck. Ein Drittel der eigentlich normalgewichtigen Jugendlichen unter den Studienteilnehmern fühlt sich deutlich zu dick und 40 Prozent der untergewichtigen schätzt ihr geringes Gewicht als „genau richtig" ein. Dementsprechend hat schon jeder fünfte Befragte in dieser Altersklasse bereits eine längere Diät hinter sich – wobei der Prozentsatz bei den Mädchen noch einmal deutlich höher ist als bei den Jungen. Viele Jugendliche achten sogar ständig darauf, nicht zu viel zu essen, und zählen bei jeder Mahlzeit die Kalorien aus Sorge, sie könnten zunehmen.

Zum anderen fiel auf, dass jeder sechste der befragten Jugendlichen in den vergangenen vier Wochen Nahrungsergänzungsmittel geschluckt hatte. Vor allem Jugendliche, die viel Sport machen und normalgewichtig sind, greifen öfter zu Nahrungsergänzungsmitteln als andere. Auch unter Vegetariern war der Anteil auffallend hoch, in dieser Gruppe nahmen fast 30 Prozent Pulver und Kapseln. Der Großteil gab an, mit den Mineralstoffen oder Vitaminen seine Gesundheit verbessern zu wollen. Ein Fünftel sagte, sie würden die Mittel auf Anraten ihres Arztes nehmen.
Außerdem zeigt die Studie, dass der Anteil der Vegetarier unter den Jugendlichen zunimmt. Fünf Prozent der befragten 12-17-Jährigen ernährt sich aktuell vegetarisch, bei den Mädchen sind es sogar 8,1 Prozent. Diese Zahlen liegen deutlich über dem Bundesdurchschnitt von 4,3 Prozent bei Erwachsenen. Dabei könnte nicht nur das Tierwohl eine Rolle spielen, sondern der Verzicht auf Fleisch ist auch beim Klimaschutz wichtig.

Autorentext

TIPP zu 1. und 2.

Achte darauf, dass du wirklich nur einzelne Wörter bzw. Wortgruppen und nur in Ausnahmefällen einen Satz unterstreichst. Du wirst merken, dass es dir dann viel leichter fällt, die Übersicht zu behalten!

2. Überfliege diesen Textauszug aus einem Jugendbuch und markiere die Kernaussagen. Dazu hast du zwei Minuten Zeit.

Clown

Seit vier Jahren arbeitete er nun schon als Clown. Obwohl – eigentlich nicht wirklich. Im richtigen Leben, fernab der Zirkuswelt, war er der Inhaber eines kleinen Buchgeschäftes.
„Junge“, hatte sein Vater ihn gewarnt, „Junge, das wird nichts. Mach dich nicht lächerlich. Warum wirst du nicht Tischler, so wie ich? Handwerk, weißt du, Handwerk hat goldenen Boden.“
Seine Mutter, die hatte zu ihm gehalten, so lange er denken konnte. Sie glaubte an ihn. Stets und immer hatte sie allen wieder und wieder gesagt, dass sie an ihren Jungen glaube, an ihn und an seinen Traum von einem eigenen, gut besuchten Buchladen. […]
„Spot an!“ Die klassische Zirkusmusik ertönte, während er mit seinen Kollegen in die Manege einmarschierte. Er winkte, sah kleine Kinder auf sich zeigen. Es war so einfach: Er stolperte, oder besser gesagt, er tat so und die Kinder im Publikum jauchzten und klatschten vor Begeisterung.
Nach der Pause hatten viele dieser Kinder kleine Luftballontiere im Arm, die er in der Pause an sie zu verschenken pflegte. Mittlerweile war er gut darin, konnte blitzschnell die verschiedensten Tiere formen.
„Hund!“, „Giraffe!“, „Katze!“, brüllten sie begeistert – und er gab ihnen, was immer sie sich wünschten.
Bis hierhin war es okay für ihn. Was er hasste, war der Teil, in dem er mit einem anderen Clown zusammen als eigene Zirkusnummer auftrat. Er fragte sich, wie man sich als erwachsener Mann dermaßen der Lächerlichkeit preisgeben konnte. […]

Autorentext

B 5 Arbeitstechnik: Texte erschließen und zusammenfassen

Bevor du dich mit der Aussage eines Textes auseinandersetzen kannst, musst du ihn zunächst genau lesen, um seinen Inhalt zu verstehen. Dabei helfen dir unterschiedliche Lesestrategien. Einige kannst du bereits **vor dem Lesen** anwenden, auf andere kannst du **während des Lesens** zurückgreifen. **Nach dem Lesen** helfen dir weitere Lesestrategien dabei, dein Textverständnis noch einmal zu überprüfen. Die folgenden Textbeispiele stammen aus dem Text *„Was ist ein Blog und was macht ein Blogger eigentlich genau?“* (siehe Seite 37/38).

Erster Schritt: Vor dem Lesen → Sich orientieren

„Was ist ein Blog und was macht ein Blogger eigentlich genau?“

1. Notiere stichpunktartig, was dir zum Titel einfällt.

   Es geht um das Schreiben und Veröffentlichen von Texten.

2. Stelle anhand des Titels Fragen an den Text oder äußere Vermutungen zu seinem Inhalt.

   Wie ist die Geschichte des Weblogs?

   Wie kann man selbst einen Blog erstellen?

TIPP zum ersten Schritt

Überlege:
- Was weißt du bereits über das Thema?
- Geht der Text kritisch mit einem Thema um?

Zweiter Schritt: Während des Lesens → Markieren

TIPP zum zweiten Schritt

- Lies immer mit dem Stift. Es kann hilfreich sein, verschiedene Farben zu benutzen.
- Manche Unklarheiten kann man auch mithilfe des Textes, der unmittelbar vor oder hinter dem unbekannten Wort steht, klären.

3. Markiere unverständliche Textstellen und kläre sie z. B. durch Nachschlagen im Wörterbuch.

4. Mache dir Randnotizen. Dafür gibt es verschiedene Möglichkeiten.
   a) Wichtige Aussagen unterstreichen und dazu Stichworte an den Rand schreiben.

TIPP zu 3. und 4.

Schau dir im Text auf Seite 37 und 38 die Unterstreichungen, Markierungen und Kommentare an und bearbeite den Rest des Textes in gleicher Weise.

Das Weblog, das Blog oder mittlerweile laut Duden auch der Blog ist aus dem Ursprung heraus nichts anderes als ein Online-Tagebuch. User, die das Internet früh für sich entdeckt hatten, stellten ihre Lebensereignisse online. Das Kunstwort Weblog als Kurzform für World Wide Web & Logbuch entstand und die ersten Web-Logger, also Blogger waren geboren.

Online-Tagebuch

Definition

   b) Mit Symbolen (! !! ?) verdeutlichst du, welche Textstellen oder Abschnitte dir besonders wichtig erscheinen oder wo du noch Klärungsbedarf siehst.

Dank Kategorien und Schlagwörtern können Blogleser schnell und einfach durch den Blog navigieren.

??

5. Hilfreich ist es auch, Fragen oder Kommentare zum Gelesenen am Rand zu notieren. So verschaffst du dir einen intensiveren Zugriff auf den Text.

Möchte man einen eigenen Blog erstellen, findet man im Netz kostenlose Blogging-Dienste und kann so ohne finanziellen Aufwand und mit wenigen Klicks sofort loslegen. Für eine einfache und schnelle Einrichtung ist in der Regel keine Registrierung vonnöten, es reicht, einen Nickname sowie eine Mailadresse anzugeben.

Sind kostenfreie Blogging-Dienste genauso gut wie kostenpflichtige?

1 Lies zunächst den folgenden Textausschnitt und bearbeite ihn danach, indem du die Hilfen 6 und 7 zur Texterschließung benutzt (siehe Seite 38).

Was ist ein Blog und was macht ein Blogger eigentlich genau?

Für die meisten Menschen ist ein Blog oder das Bloggen so selbstverständlich wie die Luft zum Atmen. Es gibt jedoch auch viele, vor allem viele ältere Menschen, die nicht wissen, was ein Blog ist und was ein Blogger eigentlich macht. [...]

Das Weblog, das Blog oder mittlerweile laut Duden auch der Blog ist aus dem Ursprung heraus nichts anderes als ein Online-Tagebuch. User, die das Internet früh für sich entdeckt hatten, stellten ihre Lebensereignisse online. [...] Wofür einst das gute alte Tagebuch aus Papier herhalten durfte, wurde nun das World Wide Web als Medium genutzt. Das Kunstwort Weblog als Kurzform für World Wide Web & Logbuch entstand und die ersten Web-Logger, also Blogger waren geboren.

Online-Tagebuch

Definition

Mittlerweile ist das Medium Blog den Kinderschuhen entwachsen und schon lange kein reines Tagebuch mehr für persönliche Gedanken und Träume. Blogs entstehen aus den unterschiedlichsten Gründen, Zielsetzungen und mit den vielfältigsten Themen.

Der Unterschied zwischen teilweise überladenen Webseiten und Blogs ist der einfache und schlichte Aufbau. [...] Reine Blogs bieten dem Leser eine sauber strukturierte Informationsquelle ohne viel Drumherum. In der Regel sind Blogbeiträge absteigend nach Datum aufgelistet und geben dem Blogleser eine genaue Übersicht über die Aktualität eines Beitrags.

Dank Kategorien und Schlagwörtern können Blogleser schnell und einfach durch den Blog navigieren. Die entsprechende interne Verlinkung und Auflistungen aller Artikel, die einer Kategorie oder einem Schlagwort zugeordnet sind, tragen erheblich zur Nutzerfreundlichkeit bei. [...] Die Faszination Blog hat weltweit mittlerweile viele Millionen Anhänger und täglich werden es mehr. Das Tolle an einem Blog ist, dass ein Blog dank der Kommentarfunktion ganz einfach zu einem regen Gedankenaustausch von Gleichgesinnten beitragen kann. [...] Möchte man einen eigenen Blog erstellen, findet man im Netz kostenlose Blogging-Dienste und kann so ohne finanziellen Aufwand und mit wenigen Klicks sofort loslegen. Für eine einfache und schnelle Einrichtung ist in der Regel keine Registrierung vonnöten, es reicht, einen Nickname sowie eine Mailadresse anzugeben. [...]

??

Sind kostenfreie Blogging-Dienste genauso gut wie kostenpflichtige?

Egal, ob jemand aus Spaß an der Freude im Hobbybereich oder seinen Lebensunterhalt mit dem Bloggen bestreiten möchte, inzwischen ist alles möglich. Dabei gibt es zahlreiche unterschiedliche Blogthemen, wie Fashion-Blogs, Kunstblogs, News-Blogs, Mikroblogs (Bsp. Twitter), Wissenschafts-Blogs und viele mehr. Die Liste lässt sich endlos verlängern. [...]

Vom Einzelkämpfer bis zu ganzen Gruppen gibt es Blogger, die einzelne Blogs oder gar Blognetzwerke betreiben. Der Blog ist global betrachtet weitaus mehr als nur ein Tagebuch oder eine Website, sondern ein Medium, das mitunter eine sehr große Meinungsmacht mit sich bringt. [...]

Von professionellen Journalisten werden Blogger oft fachlich nicht ernst genommen, sei es wegen der fehlenden journalistischen Ausbildung oder einfach, weil man die neue Konkurrenz fürchtet. [...] Zudem sind Blogger oftmals schneller und damit aktueller in ihrer Berichterstattung.

Andreas Meyhöfer (Bremen): Blog, Bloggen? Was ist ein Blog und was macht ein Blogger eigentlich genau? https://blogsheet.info/blog-blogger-genau-erklaert-18677 (Zugriff: 10.02.2021, verändert)

6. Unterteile den Text in sinnvolle Abschnitte, damit er für die Weiterarbeit übersichtlicher wird. Trenne dabei die Abschnitte durch Querstriche und fasse den jeweiligen Inhalt in einem Satz zusammen.

7. Schlüsselwörter sind die wichtigen Wörter in einem Abschnitt, da sie dessen Kerngedanken tragen. Unterstreiche in jedem Abschnitt die Schlüsselwörter.

TIPP zu 6. und 7.

Unterteile den Text in nicht zu viele kleine Abschnitte. Unterstreiche möglichst nur ein Schlüsselwort pro Abschnitt. Deine Vorlage wird sonst leicht zu unübersichtlich.

Dritter Schritt: Nach dem Lesen → Notieren

8. Inhaltliche Zusammenfassung
   a) Diese kannst du mithilfe von Markierungen, Stichpunkten und Randnotizen vorbereiten.
      Fasse den Text kurz zusammen und beachte dabei folgende Punkte:
      - Um welches Thema geht es?
      - Wer berichtet über das Thema?
      - Warum wird über das Thema berichtet?
      - Gibt es wichtige Zitate?
      - Um welche Textsorte handelt es sich?
      - Mit welcher Absicht wurde der Text verfasst? (Will der Autor unterhalten, informieren, kritisieren ...)

TIPP zum dritten Schritt

Wenn du vor dem Lesen anhand des Titels Fragen oder Vermutungen an den Text gestellt hast, solltest du nun dein Wissen dahingehend überprüfen:

- Welche Antworten hast du im Text auf deine Fragen gefunden?
- Haben sich deine Vermutungen bestätigt?
- Welche Erkenntnisse hat dir der Text darüber hinaus gebracht?

   b) Du kannst außerdem ein Cluster oder eine Mindmap anlegen. Dazu schreibst du das zentrale Thema des Textes in die Mitte eines Blattes Papier. Darum herum notierst du die im Text genannten verschiedenen thematischen Aspekte, Inhalte oder Personen. Du kannst auch weitere Aspekte hinzufügen bzw. hast die Möglichkeit, besonders wichtige Details durch Farben oder Ähnliches hervorzuheben.

B 6 Einen informierenden Text in sechs Schritten erarbeiten

Auf den folgenden Seiten lernst du die wichtigsten Arbeitsschritte zur Erarbeitung eines informierenden Textes kennen. Dieses Kapitel stellt eine Art Grundkurs dar. Es enthält Aufgabenstellungen, wie sie auch in der Prüfung vorkommen können.

Du sollst dich mit einem Sachtext und einem Diagramm zum Thema „Klimawandel" auseinandersetzen und am Ende einen informierenden Text verfassen.
Lies den vorliegenden Text. Du kannst wesentliche Aussagen markieren.

Text 1: Hitzewellen am Nordpol

Die globale Erwärmung gewinnt an Dramatik – Klimaforscher: „Wir haben nur noch wenig Zeit"

Berlin. Eine Hitzewelle im arktischen Winter ist eigentlich unvorstellbar. Und dennoch verwendet David Carlson diesen Begriff, als er in Genf den Jahresbericht der Weltwetterorganisation (WMO) vorstellte. Mindestens dreimal im vergangenen Winter sei es am Nordpol „zu so etwas wie Hitzewellen gekommen", sagte Carlson, WMO-Direktor für Klimaforschung. Auf dem Höhepunkt des Winters und der eigentlichen Frostperiode habe es Tage mit Temperaturen fast am Schmelzpunkt gegeben. Das habe den polaren Jetstream – einen der Windströme, die sich in großer Höhe um den Planeten ziehen – und damit das Wetter global[1] beeinflusst.
2016 war nicht nur das wärmste Jahr seit Beginn der Aufzeichnungen 1880. Auch die Oberflächentemperaturen der Meere haben Rekordwerte erreicht. Der Meeresspiegel sei zwischen November 2014 und Februar 2016 um 15 Millimeter gestiegen – der Wert liege damit deutlich über dem durchschnittlichen Anstieg seit 1993 um 3 bis 3,5 Millimeter im Jahr. Die arktische Eisdecke maß am stärksten Tag, dem 24. März 2016, 14,5 Millionen Quadratkilometer – das war der niedrigste Wert seit 1979. Im November war die Fläche der Eisdecken auf allen Weltmeeren vier Millionen Quadratkilometer kleiner als im langjährigen Mittel. Auch in der Antarktis war die Eisdecke über dem Ozean so gering wie noch nie.
Die globale Erwärmung ist nun mehr denn je mit aktuellen Zahlen zu belegen: Jedes der 16 Jahre seit der Jahrtausendwende ist nach WMO-Berechnungen mindestens 0,4 Grad wärmer gewesen als der Durchschnitt der Jahre 1961 bis 1990. Das südliche Afrika habe 2016 Hitzerekorde von mehr als 42 Grad in Pretoria erlebt – mehr als drei Grad über dem vorherigen Rekord. In Thailand wurde im April ein Hitzerekord von 44,6 Grad und in Indonesien im Mai von 51 Grad gemessen. Im September 2016 war es in Córdoba in Südspanien 45,5 Grad warm.
Angesichts dieser Daten griff Carlson zu dramatischen Formulierungen: „Wir sehen bemerkenswerte Veränderungen auf dem Planeten, die die Grenzen unseres Verständnisses des Klimasystems erreichen", sagte er. „Wir betreten hier absolutes Neuland."

??

Deutsche Klimaforscher wunderten sich etwas über diese Formulierung. Sie fanden die Zahlen wenig überraschend – allerdings nicht weniger dramatisch. „Wir sind in Bereiche vorgestoßen, die es auf der Erde seit Jahrtausenden nicht gab. Damit ist aber genau das eingetreten, was wir bereits in den allerersten Computersimulationen vor 30 Jahren errechnet haben", sagte der Kieler Klimaforscher Mojib Latif. Auch sein Potsdamer Kollege Stefan Rahmstorf hält die Zahlen der WMO zwar für dramatisch, aber alles andere als überraschend.

„Der Bericht zeigt: Es wird von Jahr zu Jahr dringender, die Emissionen[2] von Treibhausgasen zu stoppen", sagt Rahmstorf, der am Potsdamer Institut für Klimafolgenforschung arbeitet. „Wir haben nur noch sehr wenig Zeit. Wenn wir weltweit auf dem jetzigen Niveau der CO_2-Emissionen[3] bleiben, hätten wir nur noch acht Jahre Zeit, bis die Emissionen auf null sinken müssten. Sonst wäre das 1,5 Grad-Ziel des Pariser Klimagipfels nicht mehr erreichbar. Würden wir zwei Grad globale Erwärmung tolerieren, könnten wir noch 22 Jahre lang so weitermachen wie bisher. Besser wäre es natürlich, die Emissionen jetzt stark herunterzufahren."

Rahmstorf fordert die Bundesregierung auf, ihre Klimaziele zu revidieren[4]. „Die Reduktion von 85 bis 90 Prozent des CO_2-Ausstoßes bis 2050 reicht nicht mehr aus, da muss nachgebessert werden. Die Wende muss jetzt passieren. Diese Ziele sind nicht unrealistisch, zurzeit stagniert der globale CO_2-Ausstoß. Die Klimaziele wären erreichbar, wenn der politische Wille vorhanden wäre."

Beide Klimaforscher äußerten sich schockiert über die neue US-Regierung, in der Klimawandel-Skeptiker das Sagen haben. „Dass Trump alarmierende Tatsachen ignoriert, passt in seine postfaktische[5] Welt", sagt Latif.

Jan Sternberg: Hitzewellen am Nordpol. Hildesheimer Allgemeine Zeitung, 22.03.2017. © RND RedaktionsNetzwerk Deutschland

1 weltweit
2 Ausstoß
3 Kohlenstoffdioxid- oder Kohlendioxid-Ausstoß: Kohlenstoffdioxid entsteht durch die Verbrennung verschiedener kohlenstoffhaltiger Materialien wie Kohle, Diesel und Benzin, Erdgas, Holz oder Flüssiggas und ist wesentlich am sogenannten Treibhauseffekt beteiligt, der zu einer globalen Klimaerwärmung führt.
4 prüfen und berichtigen, verändern
5 auf Gefühlen, nicht auf Tatsachen beruhend

Diagramm: Temperaturentwicklung in der Arktis/Nähe Nordpol

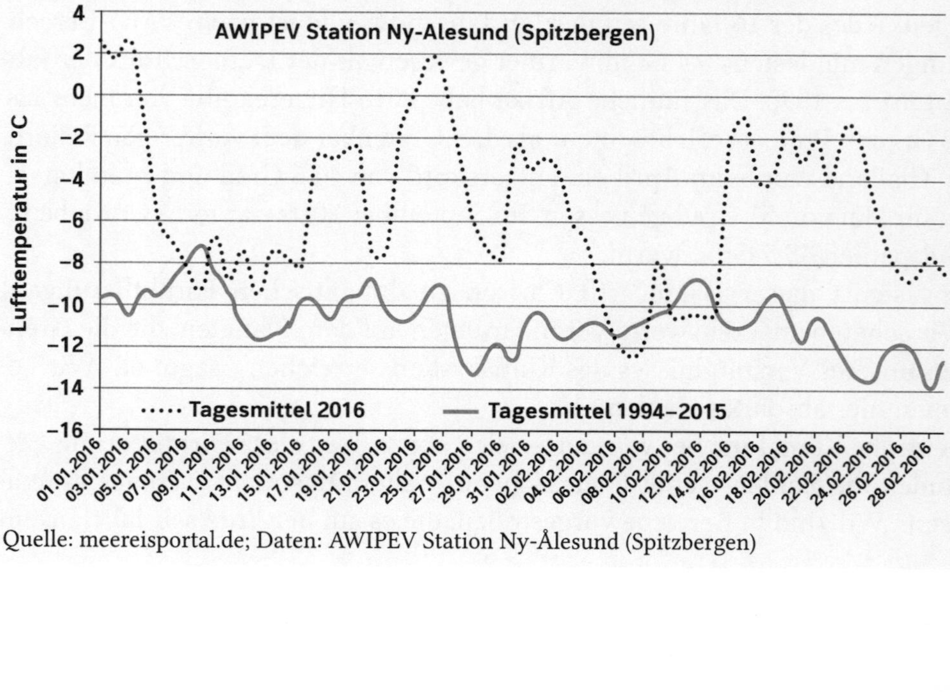

Quelle: meereisportal.de; Daten: AWIPEV Station Ny-Ålesund (Spitzbergen)

Aufgabe 1

Fasse den Inhalt des Textes in nicht mehr als vier Sätzen zusammen.

Aufgabe 2

Welchen Personen sind folgende Textaussagen zuzuordnen? Trage die entsprechenden Namen in die Tabelle ein.

Person	Aussage
	... glaubt, dass die herrschenden Politiker in Amerika die alarmierenden Tatsachen des Klimawandels ignorieren.
	... hat nachgewiesen, dass die Wärme am Nordpol das Wetter weltweit beeinflusst.
	... hält die Zahlen der WMO zwar für dramatisch, aber nicht für überraschend.

Aufgabe 3

Erläutere drei klimatische Veränderungen, die den Klimawandel auf der Erde deutlich machen.

Aufgabe 4

Stelle einen Zusammenhang zwischen dem Text und dem Diagramm her.

Aufgabe 5

Verfasse einen informierenden Text zum Thema „Klimawandel auf der Erde“ für eure Schülerzeitung. Gehe dabei so vor:

a) Finde eine passende Überschrift für deinen Text.
b) Schreibe mithilfe der Informationen aus dem Zeitungsartikel eine kurze Einleitung zu dem Thema.
c) Stelle dar, wie sich das Klima auf der Erde in den letzten Jahren gewandelt hat und welche Auswirkungen der Klimawandel mit sich bringt. Beziehe dazu alle Materialien mit ein.
d) Erläutere, was von Wissenschaftlern gefordert wird, um den Klimawandel zu verlangsamen bzw. aufzuhalten.
e) Nimm im Schlussteil kurz Stellung zum Thema „Klimawandel auf der Erde“.

Erster Schritt: Sich orientieren

TIPP zum ersten Schritt

Stürze dich nicht gleich in die Arbeit, sondern verschaffe dir eine erste Orientierung:
- Worum geht es im Text bzw. der Grafik?
- Was verraten dir die Überschriften?
- Was verlangen die Aufgaben von dir? Beachte besonders die Aufgabenstellung zu Aufgabe 5 (Seite 41).

1. Notiere stichpunktartig, was dir zu dem Thema „Klimawandel“ einfällt. Welche Unterthemen könnten dargestellt werden?

____

____

____

2. Lies die Aufgabenstellungen zu Aufgabe 5 (Seite 41) „mit dem Stift“. Gib dann mit eigenen Worten wieder, was du tun sollst.

____

____

____

Zweiter Schritt: Texte und Materialien erschließen und Inhalte erfassen

TIPP zum zweiten Schritt

- Lies den Text mehrmals. Nimm dabei immer einen Stift zur Hand.
- Unterstreiche alle unbekannten Begriffe und kläre sie mithilfe eines Wörterbuches oder aus dem Sinnzusammenhang.
- Kennzeichne mit Markierungen und Symbolen (! ?) Textstellen, die für das Verständnis der Texte wichtig sind oder die dir noch nicht klar sind. Verweise kannst du mit Pfeilen (→) verdeutlichen.
- Erarbeite das Diagramm mithilfe der Arbeitstechnik „Schaubilder auswerten“ auf Seite 28/29.

3. Schau dir auf Seite 39 die Unterstreichungen zu Beginn des Textes an. Bearbeite in ähnlicher Weise die folgenden Absätze.

4. Notiere, welche Informationen im Diagramm dargestellt werden.

____

____

____

____

____

Dritter Schritt: Inhalt des Textes zusammenfassen

TIPP zum dritten Schritt

Mithilfe dieser Vorarbeiten kannst du die Aufgabe 1 auf Seite 41 leicht lösen.
- In welche Sinnabschnitte kann man den Text einteilen?
- Wie lassen sich die einzelnen Abschnitte in jeweils einem Satz zusammenfassen?
- Welche Informationen aus den einzelnen Abschnitten kann ich miteinander verknüpfen?

5. Unterteile den Text in sinnvolle Abschnitte, damit er für die Weiterarbeit übersichtlicher wird. Fasse den jeweiligen Inhalt in einem Satz zusammen.

a) 2016: Hitzewellen am Nordpol, dadurch wird das Wetter global beeinflusst (Z. 1 – 9)

b) 2016 wärmstes Jahr seit 1880, überdurchschnittlich starker Anstieg des Meeresspiegels, Fläche der Eisdecke auf den Weltmeeren kleiner als jemals zuvor (Z. 10 – 19)

c) Hitzerekorde in Afrika, Asien und Südeuropa belegen globale Erwärmung (Z. 20 – 27)

d) Zahlen für deutsche Forscher dramatisch, aber nicht überraschend

e) ...

f) ...

6. Schreibe eine kurze Inhaltsangabe zum Text 1 (siehe Aufgabe 1, S. 41).

TIPP zu 6.

Im ersten Satz deiner Inhaltsangabe stellst du den Text kurz vor: Titel, Autor, Textsorte, Thema. Dann fasst du die Überschriften der Sinnabschnitte zu ganzen Sätzen zusammen. Achte genau auf die Aufgabenstellung.

Vierter Schritt: Materialien genau untersuchen und auswerten

TIPP zum vierten Schritt

Was im Text und in der Grafik dargestellt wird, hast du durch die Bearbeitung der Aufgaben 4., 5. und 6. (Seite 42/43) bereits festgestellt. Nun musst du überprüfen, welche Informationen du für die Aufgaben 2 – 4 und für den informierenden Text (Aufgabe 5, Seite 41) nutzen kannst. Lies dir dazu noch einmal genau die einzelnen Aufgabenstellungen durch.

7. In welchen Zeiträumen unterscheiden sich die im Diagramm dargestellten Kurven besonders auffällig voneinander? Worin besteht der Unterschied? Schreibe in ganzen Sätzen.

____

____

____

____

____

8. Benenne die Auswirkungen der Hitzewellen am Nordpol bzw. des Klimawandels für das globale Klima.

____

____

____

____

____

9. Schreibe stichwortartig auf, welche Maßnahmen nach Meinung der Klimaforscher erforderlich sind, um den Klimawandel zu verlangsamen.

____

____

____

____

TIPP zu 9.

Lies Text 1 noch einmal gründlich. Unterstreiche alle Stellen, die sich mit den Forderungen der Klimaforscher beschäftigen, mit einem farbigen Stift.

Fünfter Schritt: Einen Schreibplan anlegen

TIPP zum fünften Schritt

Aufgabe 5 besteht darin, einen informierenden Text zusammenhängend zu schreiben. Stelle dazu Zusammenhänge zwischen den Informationen des Textes her und nutze die Erkenntnisse, die du beim Lösen der anderen Aufgaben gewonnen hast. Nutze die Aufgabenstellung und deren Unterpunkte für deine Gliederung. Bei der Erstellung des Schreibplans gehst du so vor:

1. Finde eine passende **Überschrift** und orientiere dich dabei an der Vorgabe des Themas. Achte auch darauf, dass die Überschrift neugierig macht und zum Lesen anregt.
2. In der **Einleitung** führst du in das Thema ein und weckst das Interesse deiner Leser. Zuerst stellst du kurz den Text vor, machst Angaben zu Titel, Autor, Textart und Erscheinungsjahr. Danach fasst du knapp zusammen, worum es allgemein in dem Text geht. Damit hast du die Aufgabe 5 a) und b) bearbeitet.
3. Im **Hauptteil** wendest du dich den Aufgaben 5 c) und d) zu. Hier beschreibst du an Beispielen, wie sich das Klima auf der Erde verändert hat, und beziehst dabei auch die Aussagen des Diagramms mit ein. Weiterhin erläuterst du, welche Maßnahmen nach Aussage von Wissenschaftlern erforderlich sind, um den Klimawandel zu verlangsamen.
4. Im **Schluss** formulierst du deine eigene Meinung zum Thema. Damit hast du die Aufgabe 5 e) bearbeitet.

10. In einem Schreibplan legst du die Abfolge deiner Gedanken in Stichpunkten fest. Stelle diese Gliederung für deinen informierenden Text zusammen. Sie sichert ab, dass du deine Ergebnisse zusammenhängend und strukturiert darstellst. Vervollständige den folgenden Schreibplan als Grundlage für deinen Text.

Schreibplan

Überschrift:

a) Bald Sonnenbaden am Nordpol?

Einleitung:

b) Einleitung zum Thema mithilfe der Informationen aus dem Zeitungsartikel:

Hauptteil:

c) Wie hat sich das Klima auf der Erde verändert?

Welche Folgen hat der Klimawandel?

d) Maßnahmen, die Klimaforscher für erforderlich halten, um Klimawandel zu verlangsamen:

Schluss:

e) Persönliche Stellungnahme zum Thema Klimawandel:

Sechster Schritt: Eigenen Text schreiben und überarbeiten

TIPP zum sechsten Schritt

1. Schreibe deinen Text. Lass an der Seite deines Blattes und unten einen breiten Rand, damit du Platz für die Überarbeitung und Ergänzungen hast.
2. Finde eine Überschrift, die deine Leser neugierig macht: *Bald Sonnenbaden am Nordpol?*
3. Bringe die Ergebnisse deiner Vorarbeit in einen schlüssigen und zusammenhängenden Gedankengang. Orientiere dich an den **Aufgaben**. Setze nach jeder Aufgabe einen **Absatz**.
4. Schreibe sachlich, aber auch anschaulich und lebendig.
5. Halte dich an die dargestellten Fakten und Zahlen. Verwende Fachbegriffe, erkläre aber auch Begriffe und Namen, die in der Alltagssprache nicht häufig vorkommen.
6. Formuliere in eigenen Worten. Kennzeichne Zitate oder Belege durch Anführungszeichen und Angabe der Quelle: *„Wir betreten hier absolutes Neuland.“* (Zeile 30 – 31)
7. Schreibe grundsätzlich im Präsens.

11. Verfasse deinen informierenden Text. Orientiere dich dazu an deinem Schreibplan. Beginne mit der Einleitung.

Bald Sonnenbaden am Nordpol?
Der Zeitungsartikel „Hitzewellen am Nordpol“ von Jan Sternberg, erschienen am 22.3.2017 in der Hannoverschen Allgemeinen Zeitung, beschäftigt sich mit der Klimaveränderung am Nordpol und deren Folgen für das Klima weltweit ...

Die WMO hat nämlich festgestellt, dass es im Winter 2016 am Nordpol dreimal so etwas wie „Hitzewellen“ gab. Obwohl die Temperaturen dort mitten im Winter eigentlich weit unter dem Gefrierpunkt liegen müssten, gab es Tage mit Temperaturen fast am Schmelzpunkt ...

12. Schließe nach einem Absatz deinen Hauptteil an:

Die Frage danach, wie sich das Klima auf der Erde in den letzten Jahren gewandelt hat, lässt sich kurz und knapp beantworten: Auf der Erde wird es immer wärmer. Die Zahlen aus dem Diagramm belegen diese Entwicklungen.
Die globale Erwärmung bleibt natürlich nicht ohne Folgen. So hat beispielsweise die Oberflächentemperatur der Meere Rekordwerte erreicht ...
Deutsche Klimaforscher bewerten diese bemerkenswerten Veränderungen zwar als dramatisch, aber nicht als überraschend. Sie haben diese Entwicklungen bereits vor 30 Jahren vorhergesagt. Auch wenn die Folgen der globalen Erwärmung noch nicht bis ins Detail abzusehen sind, ist eines ganz klar: Wir können so nicht weitermachen.
Die Klimaforscher nehmen in diesem Zusammenhang vor allem die Politiker in die Pflicht und fordern diese auf, aktiv zu werden und die bisherigen Klimaziele zu überdenken.

13. Im Schlussteil beziehst du Stellung zu dem Thema. Der Anfang der Stellungnahme könnte so lauten:

Das Ziel meines Textes ist es, über das Thema „Klimawandel auf der Erde“ zu informieren. Die im Artikel und im Diagramm genannten Zahlen machen sehr deutlich, wie stark sich das Klima weltweit bereits verändert hat. Das war mir bisher noch gar nicht bewusst ...
Die globale Erwärmung macht mir Angst ...
Ich unterstütze daher die Forderungen der Klimaforscher ...
Aber auch jeder Einzelne von uns sollte sich überlegen, was er zum Thema Klimaschutz beitragen kann ...

14. Überarbeite deinen Text. Verwende dazu die Checkliste.

CHECKLISTE zur Überarbeitung von informierenden Texten

1. Den Text inhaltlich überprüfen (Inhaltsleistung)

- ✓ Hast du in deinem Text alle Unterpunkte der Schreibaufgabe berücksichtigt?
- ✓ Hast du den Text sinnvoll gegliedert? Ist er durch Absätze überschaubar gestaltet?
- ✓ Sind die Informationen für den Leser nachvollziehbar und interessant dargestellt?
- ✓ Wurden die Informationen (Fakten, Zahlen) richtig aus den Materialien übernommen?
- ✓ Hast du unterschiedliche Beobachtungen miteinander verknüpft und Zusammenhänge hergestellt?
- ✓ Hast du deine Stellungnahme nachvollziehbar gestaltet und deine Meinung begründet?

2. Den Text sprachlich überprüfen (Darstellungsleistung)

- ✓ Gibt es unnötige Wiederholungen?
- ✓ Fallen dir unklare Formulierungen oder Begriffe auf, die du noch erklären musst?
- ✓ Sind deine Sätze vollständig?
- ✓ Kannst du komplizierte Sätze vereinfachen?
- ✓ Hast du Zusammenhänge durch sinnvolle Satzverknüpfungen verdeutlicht?
- ✓ Überprüfe Rechtschreibung, Zeichensetzung und Grammatik.

Alle wichtigen Rechtschreibregeln findest du auch im Internet auf **www.finaleonline.de.** Einfach „Realschulabschluss“ und dein Bundesland eingeben und das kostenlose „EXTRA-Training Rechtschreibung“ herunterladen.

B 7 Eine Wahlaufgabe mit erzählendem Text in sechs Schritten erarbeiten

Auf den nächsten Seiten werden die wichtigsten Arbeitsschritte für das Erarbeiten eines erzählenden Textes vorgestellt. Dieses Kapitel stellt eine Art Grundkurs dar. Es enthält dabei Aufgabenstellungen, wie sie auch in der Prüfung vorkommen können.

Du sollst dich mit einer Kurzgeschichte auseinandersetzen und eine Interpretation dazu verfassen. Lies den vorliegenden Text. Du kannst während des Lesens schon Aussagen und sprachliche Mittel markieren und Fragen am Rand notieren.

Tanzen gehen

Nils Mohl

Er steht im Badezimmer vor dem Spiegel, öffnet die oberen vier Knöpfe seines Hemdes, zieht den Kragen des T-Shirts nach unten und betrachtet die streichholzlange, strichartige Stelle zwischen Schlüsselbein und Brustwarze. Er berührt die Narbe und streicht mit den Fingern darüber hinweg. Die Narbe fühlt sich glatt an, ein bisschen wie Plastik. Wenn er dagegen drückt, verfärbt sie sich. In ein paar Monaten wird er sie vermutlich kaum noch wahrnehmen. Er hat eine ganz ähnliche Narbe am Kinn, seit über fünfzig Jahren schon, und eine viel größere am Unterschenkel. Überhaupt ist sein Körper voll von Narben. Die meisten sind für ihn inzwischen unsichtbar. Er beugt sich vor, betrachtet seine Augen im Spiegel. Die Pupillen weiten sich ein Stück, dann ziehen sie sich wieder zusammen. Er streicht den Kragen seines T-Shirts glatt, knöpft das Hemd zu, betätigt die Klospülung. Er hat die Toilette nicht benutzt. Die Klospülung betätigt er, weil er nicht möchte, dass seine Frau Verdacht schöpft.

??

Gus schaltet das Licht aus und verlässt das Bad. Er weiß an diesem Samstag wenig mit sich anzufangen. Er könnte im Garten arbeiten, aber es nieselt draußen. Er könnte die Steuererklärung machen, er hat sich extra ein entsprechendes PC-Programm besorgt, und der Rechner läuft auch, doch er ist mit den Gedanken gerade woanders und biegt deshalb auch vom Flur nicht ins Arbeitszimmer ab, sondern landet im Wohnzimmer. Ob er wieder vor dem Spiegel gestanden habe? Das ist die Frage, die Gus von Ella, seiner Frau, eigentlich erwartet, aber Ella sagt bloß: Hier, der Sportteil. Ella sitzt am Wohnzimmertisch, vor ihr ausgebreitet liegt die Zeitung: Geburtsanzeigen, Hochzeitsanzeigen, Todesanzeigen. Eine Liza mit Zett, murmelt Ella vor sich hin, seltsam sieht das geschrieben aus, ganz ungewohnt.

Gus nimmt den Sportteil zur Hand, setzt sich Ella gegenüber in den Sessel, liest aber nicht. Er blickt, die Zeitungsseiten auf den Knien, zu Ella und beobachtet, wie diese mit wachen Augen die Spalten mit den Geburts- und Hochzeitsanzeigen abfährt. Sie lacht des Öfteren leise auf oder quittiert hier und da einen ihrer Meinung nach allzu extravaganten Namen mit einem halb verblüfften, halb ironischen: Wie kann man das seinem Kind nur antun!, um dann nach kurzer Pause meist auch noch ein Also wirklich! oder Ist das zu glauben? hinzuzufügen. Gus räuspert sich. Er sagt aber nichts. Ella blättert die Seite um. Das Zeitungspapier raschelt. Gus fragt: Warum schaust du dir das immer an? Ella ist bei der Seite mit den Todesanzeigen angekommen.

Was meinst du? Die Todesanzeigen? Überhaupt, sagt Gus, diese Anzeigen eben. Kann ich nicht erklären, ich gucke, wie alt diese Leute geworden sind, ob man vielleicht jemanden davon gekannt hat ... Ella macht eine Pause, dann sagt sie: Warum nicht? Sie schaut Gus an, zuckt mit den Schultern. Gus schaut zurück. Schon gut, nicht so wichtig, sagt er und blickt zum Fenster. Er sagt: Ich wollte ja eigentlich noch in den Garten, aber ... Gus beendet den Satz nicht. Ella sagt: Morgen. Sie sagt: Vielleicht ist das Wetter morgen besser. Dann blickt sie wieder auf die Zeitungsseiten, auf die vielen, unterschiedlich großen, schwarzumrandeten Kästchen.

Gus erhebt sich vom Sessel. Er geht in Richtung Fenster, macht aber nach ein paar Schritten vor dem Regal halt. Ella hat kürzlich die gerahmten Fotos, die dort stehen, neu arrangiert. Gus betrachtet ein Porträt von sich, das er seit Jahren nicht mehr betrachtet hat. Es zeigt ihn als Mann von knapp dreißig Jahren.

Hier, diese Anzeige zum Beispiel, sagt Ella, da ist eine Frau ums Leben gekommen bei einem Unfall, mit 57. Gus starrt auf den Bilderrahmen, das Glas spiegelt die Silhouette seines Kopfes. Gus lehnt sich mit dem Oberkörper ein Stück zurück, neigt den Kopf, versucht seinen Schattenriss mit dem Umriss des Porträts in Übereinstimmung zu bringen. Ella liest: Es war ein Leben, ausgefüllt mit viel Arbeit, Freude und Erfüllung in 27 wunderbaren Ehejahren. Sie war ein wunderbarer Mensch. Sie war mein Leben. Gus nimmt den Bilderrahmen vom Regal, dreht sich zu seiner Frau um. Ella schaut auf, sagt: Ist das nicht schön? Gus antwortet nicht. Dann, nachdem er den Rahmen zurück ins Regal gestellt hat, sagt er: Lass uns tanzen gehen. Er steht mit dem Rücken zum Regal, hat den Kopf geneigt, betrachtet die Armlehne des Sessels, das Teppichmuster, wirft dann einen Blick zu Ella. Sie sitzt wie zuvor auf dem Sofa, schaut ihn an. Gus meint etwas wie Traurigkeit oder vielleicht auch Mitleid in ihren Augen zu lesen. Er wendet seinen Blick ab.

Tanzen gehen? Ella macht eine kurze Pause. Vor oder nach dem Essen?, fragt sie dann. Gus tritt einen Schritt zur Seite, stockt in der Bewegung, verlagert das Gewicht zurück auf das Standbein. Mach dich nur lustig, sagt er und ist über die Schärfe seines Tons selbst ein wenig überrascht. Ruhiger setzt er deshalb noch hinzu: War nur ein Gedanke. Ella seufzt. Gus zieht die Mundwinkel gequält nach oben, geht zum Wohnzimmerfenster. Er sagt: Ich wüsste, ehrlich gesagt, gar nicht, keine Ahnung ... Disco, Seniorentanz? Gus lacht kurz auf: Wo geht man denn heute hin? Wo könnte man denn hingehen? Leute wie wir.

Ella faltet die Zeitung zusammen. Gus hört das Rascheln der Seiten, tritt dichter ans Fenster, schiebt seine Lippen vor, haucht einen kräftigen Stoß Atem gegen die Scheibe. Sie beschlägt. Er fragt: Soll ich Kartoffeln schälen? Du könntest Musik auflegen, sagt Ella. Gus beobachtet das Verschwinden des Hauchflecks. Er fragt: Musik zum Kartoffelschälen? Aber er weiß natürlich, was Ella meint. Er hat sich zu ihr umgedreht. Sie sitzt nach wie vor auf dem Sofa, hat sich aber jetzt gegen die Rückenpolster zurückgelehnt und die Hände im Schoß liegen. Gus sagt: Komm her. Ella lächelt. Komm schon. Gus macht eine auffordernde Bewegung mit dem Kopf. Ella erhebt sich vom Sofa. Gus geht auf sie zu. Er winkelt seinen rechten Arm an, streckt seinen linken zur Seite hin aus. Ella steht vor ihm und amüsiert sich. Gus sieht die

Grübchen in ihren Wangen tiefer werden, aber sie legt die eine Hand auf seine Schulter und greift mit der anderen nach seiner Linken. So stehen sie da, in Tanzhaltung, und dann führt Gus Ella rechtsherum und immer weiter im Eins-zwei-drei eines unhörbaren Walzertakts, und weder er noch Ella sagen irgendetwas. Schließlich streifen sie mit den Ellbogen leicht die Stehlampe, die bedenklich kippelt, und Gus ruft ein Ups! und Ella ein Oh!, und beide haben Mühe, das Gleichgewicht zu halten. Gus spürt seinen Puls schlagen. Ella wischt sich eine Strähne aus dem Gesicht. Beide atmen sie flach. Gus bemerkt die kleinen Schweißperlen auf ihrer Oberlippe. Er drückt den Rücken durch, spannt die Bauchmuskeln, zieht Ellas Körper dichter an seinen. Ob sie mit ihm ins Schlafzimmer käme, jetzt? Gus nähert seinen Kopf Ellas Gesicht. Das Sofa. Er fährt mit der einen Hand Ellas Rücken abwärts bis zur Hüfte, drängt seine Frau dabei ein wenig plump, wie es ihm vorkommt, zurück in Richtung des Platzes, an dem die Zeitung liegt. Ella fängt die Bewegung auf, wie selbstverständlich, mit einem Schritt zur Seite. Sie bleiben stehen. Viel haben wir nicht verlernt, was meinst du?, sagt Ella. Sie streichelt Gus über die Wange. Dann legt sie ihm beide Hände, eine rechts, die andere links, auf die Schultern. Er riecht ihren Schweiß, ganz leicht nur – atmet tief ein.

Erst als Ella dann längst in der Küche ist, fallen Gus ein paar Dinge ein, die er gerne gesagt hätte. Nichts Großartiges, aber er formuliert es sogar im Kopf. Er steht im Flur vor dem Garderobenspiegel, stopft sein Hemd zurück in den Bund der Hose. Gus hört, wie Ella am Spülstein in der Küche hantiert. Sie lässt Wasser in einen Topf fließen. Gus berührt einmal kurz durch die Kleidung hindurch die Stelle zwischen Brust und Schlüsselbein. Anschließend lässt er die Hand sinken und betrachtet sich im Spiegel, sein Gesicht, schaut sich in die Augen. Er beugt sich vor, bis seine Nase fast das Glas des Spiegels berührt, blickt auf. Seine Pupillen weiten sich ein Stück, dann ziehen sie sich wieder zusammen.

Nils Mohl: Tanzen gehen: Kurzgeschichten, Literatur Quickie, Frobsthayn, 2019.

Aufgabe 1

Stelle das Thema der Kurzgeschichte in nicht mehr als vier Sätzen vor.

____

____

____

____

Aufgabe 2

Notiere Stichworte zum Inhalt der Kurzgeschichte.

____

____

____

Aufgabe 3

Weise für die Geschichte drei wichtige sprachliche Mittel nach, benenne sie und erkläre ihre Wirkung.

Zeile	Textstelle	Sprachliches Mittel und Wirkung

Aufgabe 4

Untersuche den Satzbau. Nenne drei auffällige Beispiele, benenne und erkläre ihre Wirkung.

Zeile	Textstelle	Wirkung

Aufgabe 5

Benenne vier Merkmale einer Kurzgeschichte und belege diese am Text.

Merkmal	Textbezug

Aufgabe 6

Gus fordert Ella zum Tanz auf. Stelle Überlegungen an, warum Gus dies tut. Begründe.

___

___

___

___

___

Aufgabe 7

Schreibe nun deine Interpretation der Kurzgeschichte und gehe dabei folgendermaßen vor:

a) Verfasse eine Einleitung, in der du das Thema der Geschichte vorstellst und anschließend den Inhalt kurz zusammenfasst.
b) Deute mithilfe der sprachlichen Mittel das Thema der Kurzgeschichte. Berücksichtige dabei, was der Autor mit der Geschichte ausdrücken möchte.
c) Erläutere, warum der Tanz von Gus und Ella der Höhepunkt und gleichzeitig ein Wendepunkt der Geschichte ist.
d) Erkläre die Überschrift „Tanzen gehen“ und ihren Bezug zur Aussage des Textes.
e) Äußere zum Schluss deine persönliche Meinung zu der Geschichte. Nimm begründet Stellung zur Textaussage und berücksichtige dabei eigene Erfahrungen.

Erster Schritt: Sich orientieren

TIPP zum ersten Schritt

Stürze dich nicht gleich in die Arbeit, sondern verschaffe dir eine erste Übersicht:

- Worum geht es im Text? Was verrät dir die Überschrift über den Inhalt?
- Lies die Aufgabenstellungen sorgfältig. Besonders Aufgabe 7 ist für dich wichtig, damit du weißt, worauf du hinarbeiten musst.

1. Notiere stichpunktartig, was dir zum Titel der Kurzgeschichte „Tanzen gehen“ einfällt.

TIPP zur Aufgabe 1

In der Einleitung wird der Text kurz vorgestellt: Titel, Autor, Entstehungsjahr, Textsorte, Thema.
Mithilfe der Ergebnisse aus Aufgabe 4 kannst du die Kurzgeschichte kurz zusammenfassen.
Die Kurzgeschichte „Tanzen gehen“ von Nils Mohl wurde 2019 veröffentlicht. Sie handelt von einem alten Ehepaar und einem üblichen Samstag in ihrem Leben. ...

2. Lies die Schreibaufgabe 7 genau. Gib mit eigenen Worten wieder, was du tun sollst.

____

____

____

Zweiter Schritt: Den Text lesen und das Thema erfassen

TIPP zum zweiten Schritt

- Lies den Text mehrmals. Unterstreiche alle unbekannten Wörter und Textstellen.
- Verwende ein Wörterbuch oder erschließe die Bedeutung aus dem Textzusammenhang. Schreibe die Erklärungen an den Rand oder auf ein extra Blatt.
- Kennzeichne wichtige, auffällige oder unklare Textstellen mit Zeichen (! ?), verdeutliche Verweise mit →, z.B. Wiederholungen.

3. Schau dir im Text auf Seite 47 die Unterstreichungen und Markierungen an. Bearbeite in gleicher Weise den ganzen Text.

4. Schreibe in Stichworten auf, um welche Probleme es in der Geschichte geht.

   – alltägliches Einerlei oder Routine eines alten Ehepaares

   – fehlende Gespräche zwischen beiden Hauptpersonen

   – Versuch, die Situation zu verändern, aber dieser scheitert

   – ...

5. Schreibe eine Einleitung (siehe Aufgabe 1, Seite 49).

Dritter Schritt: Den Inhalt zusammenfassen

TIPP zum dritten Schritt

- Stelle W-Fragen an den Text und beantworte sie in Stichworten. Dadurch gewinnst du schnell einen Überblick über die Handlung und sammelst gleichzeitig Stichwörter für die Inhaltszusammenfassung.
- In welche Sinnabschnitte kann man den Text einteilen? Wie lassen sich einzelne Abschnitte jeweils in einem Satz zusammenfassen? Mithilfe dieser Informationen kannst du später die Inhaltsangabe schreiben.

6. Gliedere den Text in inhaltliche Abschnitte. Notiere dir auch die Zeilenangaben.

   a) Gus steht im Badezimmer und betrachtet seine Narben. (Z. 1 – 14)
   b) Ella sitzt im Wohnzimmer und liest die Zeitung (vor allem die Geburts-, Heirats-, Todesanzeigen). Gus beobachtet sie.
   c) Nach einer Weile wandert Gus durch das Wohnzimmer und ...
   d) ...
   e) ...
   f) ...

7. Verfasse nun die Inhaltsangabe (siehe Aufgabe 2 auf Seite 49).

   Gus steht im Badezimmer und betrachtet seine Narben. Da er nicht weiß, was er tun soll, geht er ins Wohnzimmer, wo Ella sitzt und die Zeitung liest. Sie studiert vor allem die Geburts-, Heirats- und Todesanzeigen. Gus beobachtet sie eine Zeitlang und geht dann ...

Vierter Schritt: Den Text untersuchen und die sprachlichen Merkmale erfassen

TIPP zum vierten Schritt

- Die Absicht und die Wirkung eines Textes auf die Leser werden durch sprachliche Mittel (→ Glossar) erreicht, z. B. durch sprachliche Bilder, Verwendung von Wörtern aus einem Themenfeld oder bestimmten Adjektiven, auffällige Wortwahl und auffälligen Satzbau.
- Die sprachlichen Mittel stehen immer in Beziehung zur Textaussage.
- In diesem Schritt werden die Aufgaben 3 bis 5 (Seite 50) bearbeitet.

8. Lies und bearbeite die Aufgabe 3 (Seite 50).

TIPP zur Aufgabe 3

Das Glossar (Seite 133) hilft dir, sprachliche Mittel im Text zu finden.

Zeile	Textstelle	Sprachliches Mittel und Erklärung
4 – 5	Die Narbe fühlt sich glatt an, ein bisschen wie Plastik.	Vergleich; Hinweis für den Leser: Narbe ist verheilt. Hinweis auf sein Alter
8 – 9	Überhaupt ist sein Körper voll von Narben.	Narbe(n) = Symbol(e); stehen für sein Leben sowie die Vergangenheit
76 – 77	Gus beobachtet das Verschwinden des Hauchflecks.	Neologismus; erster Versuch eines Umbruchs in der täglichen Routine

9. Lies und bearbeite die Aufgabe 4 (Seite 50)

TIPP zur Aufgabe 4

Es gibt Sätze, die durch den gleichen Aufbau den eintönigen Alltag des Ehepaars widerspiegeln.

Zeile	Textstelle	Erklärung
51	Gus starrt auf den Bilderrahmen, ...	Parallelismus; die Anfänge spiegeln den monotonen, gleichförmigen Ablauf eines Tages
57 – 58	Ella schaut auf, sagt: Ist das nicht schön? Gus antwortet nicht.	Rhetorische Frage; erfordert keine Antwort; Ehepaar kennt sich gut nach so vielen Jahren, versteht sich ohne viele Worte.
40 – 41	Er sagt ... Ella sagt ... Sie sagt ...	...

10. Lies und bearbeite die Aufgabe 5 (Seite 50).

TIPP zur Aufgabe 5

Du kannst die Merkmale einer Kurzgeschichte im Glossar nachlesen (Seite 134).

Merkmal	Textbezug
Begrenzte Anzahl von handelnden Personen	Gus und Ella

Merkmal	Textbezug
Alltagssituation	Das Geschehen, die Situation, die Örtlichkeit, die Menschen sind alltäglich. Alles ist realistisch und auf den ersten Blick nicht außergewöhnlich.
Das Problem wird nicht gelöst, daher bleibt das Ende der Geschichte offen.	Der Leser wird mit Gus und der Betrachtung im Spiegel allein gelassen. Er wird „gezwungen", darüber nachzudenken, was weiter passieren könnte.

11. Lies und bearbeite die Aufgabe 6 (Seite 50).
Als Ella Gus aus einer Todesanzeige vorliest, wird ihm klar, wie schnell das Leben vorbeigehen kann und dass er ...

TIPP zur Aufgabe 6

Kurzgeschichten haben oft einen Wendepunkt, an dem es im Leben eines Menschen eine Veränderung oder einen Einschnitt gibt.

Fünfter Schritt: Den Text interpretieren

TIPP zum fünften Schritt

Um dir zu erschließen, was eine Kurzgeschichte aussagen soll, stellst du dir selbstständig Fragen zum Text. Sie können sich beziehen auf auffällige Textstellen, Wörter, Verhaltensweisen der Personen, besondere Gegenstände, die Überschrift oder überraschende Handlungsschritte. Mithilfe der Fragen sollst du das Verhalten der Hauptpersonen darstellen und Begründungen dafür abgeben. Du kannst in Stichworten antworten.

12. Wie wird der Alltag des Ehepaares dargestellt? Suche entsprechende Textstellen.

___

___

___

13. Wieso ist die Unterhaltung zwischen Ella und Gus so verkürzt?

___

___

14. Wie fühlen sich Ella und Gus wohl vor dem Tanz, während des Tanzes und danach?

15. Wie beginnt und wie endet der Text? Was fällt dir auf? Was könnte der Grund dafür sein?

Sechster Schritt: Eigenen Text vorbereiten, schreiben und überarbeiten

TIPP zum sechsten Schritt

Lies nochmal genau die Aufgabe 7. Du sollst die Aussage und die Absicht des Textes darstellen und gestalterische Mittel nennen, die die Zielsetzung des Autors unterstützen. In einer Stellungnahme sollst du deinen Standpunkt klar und eindeutig darstellen, nachvollziehbar begründen und durch anschauliche Beispiele erläutern. Dabei soll deine persönliche Position klar erkennbar werden.

16. Nun fertige in Stichworten einen Schreibplan an.

TIPP zum Schreibplan

Orientiere dich an den Aufgaben 1 bis 6.

Schreibplan

Einleitung:

a) Vorstellung des Textes } siehe Aufgabe 1

Hauptteil:

b) Zusammenfassung des Inhalts } siehe Aufgabe 2

c) Analyse/Darstellung der sprachlichen Mittel } Aufgaben 3 – 6 bereiten auf

d) Wendepunkt } Aufgabe 7 vor

Schluss:

e) – Persönliche Meinung zu der Geschichte

– Stellungnahme zur Textabsicht, eventuell anhand eigener Erfahrungen

17. Verfasse nun deinen Text (Bearbeitung der Aufgabe 7). Schreibe in vollständigen Sätzen.

In der Kurzgeschichte „Tanzen gehen“ von Nils Mohl, die 2019 veröffentlicht wurde, geht es um das Problem des eintönigen Alltags eines lange verheirateten Ehepaares.
Die Kurzgeschichte beginnt damit, dass Gus im Badezimmer steht und seine Narben im Spiegel betrachtet. Da er nicht weiß, was er tun soll, geht er ins Wohnzimmer, wo Ella sitzt und die Zeitung liest. Sie studiert vor allem die Geburts-, Heirats- und Todesanzeigen. ...

18. So könnte dein Schlussteil (Aufgabe 7) anfangen. Beginne mit einer persönlichen Stellungnahme.

TIPP zur Stellungnahme

Für deine persönliche Beurteilung kannst du folgende Formulierungen verwenden:
einerseits – andererseits, im Gegensatz zu, meiner Meinung nach, fest steht, dass ..., ich denke, dass ..., denn, aus diesem Grund, hinzu kommt, dass ..., nicht zu vergessen ist, dass ..., das bedeutet ..., unbestritten ist, dass ...

Ich finde die Geschichte sehr interessant. Besonders die Darstellung des monotonen Alltags eines Ehepaares wird durch die sprachliche Gestaltung widergespiegelt. ...

19. Überarbeite zum Schluss deinen Text sorgfältig. Verwende dazu die Checkliste.

CHECKLISTE zur Überarbeitung des Textes

Text inhaltlich überprüfen
- ✓ Hast du in deinem Text alle Unterpunkte der Aufgabenstellung berücksichtigt?
- ✓ Wo könnten Absätze deinen Text besser gliedern?
- ✓ Wo willst du etwas ergänzen oder streichen?
- ✓ Hast du deine Aussagen am Text belegt?

Text sprachlich überarbeiten
- ✓ Hast du das Präsens verwendet und wörtliche Rede im Konjunktiv wiedergegeben?
- ✓ Hast du störende Wiederholungen vermieden?
- ✓ Sind deine Sätze vollständig?
- ✓ Hast du Satzgefüge verwendet? An welchen Stellen kannst du Sätze verbinden?
- ✓ Gibt es lange Sätze, die du auflösen solltest?

Text auf Rechtschreibung und Zeichensetzung überprüfen
- ✓ Entdeckst du Flüchtigkeitsfehler (unvollständige Wörter, falsche Groß- und Kleinschreibung)?
- ✓ Musst du Wörter nachschlagen?
- ✓ Stimmt die Zeichensetzung (Punkte, Fragezeichen, Kommas, Anführungsstriche)?

Alle wichtigen Rechtschreibregeln findest du auch im Internet auf **www.finaleonline.de.** Einfach „Realschulabschluss“ und dein Bundesland eingeben und das kostenlose „EXTRA-Training Rechtschreibung“ herunterladen.

B 8 Einen lyrischen Text in sechs Schritten erarbeiten

Im Folgenden werden die wichtigsten Arbeitsschritte für das Erarbeiten eines lyrischen Textes vorgestellt. Ein lyrischer Text kann ein Gedicht, aber auch, wie in diesem Beispiel, ein Lied sein. Dieses Kapitel stellt eine Art Grundkurs dar. Es enthält Aufgabenstellungen, wie sie auch in der Prüfung vorkommen können.

Du sollst dich mit einem Songtext als Beispiel für einen lyrischen Text auseinandersetzen, diesen interpretieren und abschließend eine Stellungnahme verfassen.
Lies den vorliegenden Text. Du kannst dabei auch schon Markierungen von wichtigen Textstellen oder sprachlichen Mitteln vornehmen.

Haus am See (2008)

Peter Fox

Hier bin ich gebor'n und laufe durch die Straßen,
Kenn' die Gesichter, jedes Haus und jeden Laden.
Ich muss mal weg, kenn jede Taube hier beim Namen.
Daumen raus, ich warte auf 'ne schicke Frau mit schnellem Wagen.
Die Sonne blendet, alles fliegt vorbei.
Und die Welt hinter mir wird langsam klein.
Doch die Welt vor mir ist für mich gemacht!
Ich weiß, sie wartet und ich hol sie ab!
Ich hab den Tag auf meiner Seite, ich hab Rückenwind!
Ein Frauenchor am Straßenrand, der für mich singt!
Ich lehne mich zurück und guck ins tiefe Blau,
Schließ' die Augen und lauf einfach geradeaus.

Und am Ende der Straße steht ein Haus am See.
Orangenbaumblätter liegen auf dem Weg.
Ich hab 20 Kinder, meine Frau ist schön.
Alle komm'n vorbei, ich brauch nie rauszugehen.

Ich suche neues Land mit unbekannten Straßen,
Fremde Gesichter und keiner kennt mein'n Namen!
Alles gewinnen beim Spiel mit gezinkten Karten.
Alles verlieren, Gott hat einen harten linken Haken.
Ich grabe Schätze aus im Schnee und Sand,
Und Frauen rauben mir jeden Verstand!
Doch irgendwann werd ich vom Glück verfolgt
Und komm zurück mit beiden Taschen voll Gold.
Ich lad' die alten Vögel und Verwandten ein.
Und alle fang'n vor Freude an zu wein'n.
Wir grillen, die Mamas kochen und wir saufen Schnaps.
Und feiern eine Woche jede Nacht.

Und der Mond scheint hell auf mein Haus am See.
Orangenbaumblätter liegen auf dem Weg.
Ich hab 20 Kinder, meine Frau ist schön.
Alle komm'n vorbei, ich brauch nie rauszugehen.

Und am Ende der Straße steht ein Haus am See.
Orangenbaumblätter liegen auf dem Weg.
Ich hab 20 Kinder, meine Frau ist schön.
Alle komm'n vorbei, ich brauch nie rauszugehen.

Hier bin ich gebor'n, hier werd ich begraben.
Hab taube Ohr'n, 'nen weißen Bart und sitz im Garten.
Meine 100 Enkel spielen Cricket auf'm Rasen.
Wenn ich so daran denke, kann ich's eigentlich kaum erwarten.

Aufgabe 1

Verfasse eine Einleitung für deine Interpretation.

Aufgabe 2

Gib den Inhalt des Liedes mit eigenen Worten wieder.

Aufgabe 3

Beschreibe stichwortartig den formalen Aufbau des Liedtextes.

– 6 Teilabschnitte (3 Strophen, 3x Refrain), 40 Verse, kein eindeutiges Reimschema
– ...

Aufgabe 4

Der Verfasser beschreibt seine Sehnsucht danach, sein Leben zu verändern. Finde im Liedtext drei (zusätzliche) sprachliche Mittel, die dies verdeutlichen.
Beispiel:

Textstelle	Zitat	Stilmittel	Erklärung
Vers 6 + 7	„die Welt“ (2x)	Wiederholung	Es gibt eine Welt vor ihm und eine hinter ihm. Es gibt also zwei verschiedene Welten für ihn. Die eine ist Vergangenheit, die andere Zukunft.
Vers 19 / 20	„Alles gewinnen ... alles verlieren“	Anapher	Gegensätzlichkeit des Lebens, Lebendigkeit
Vers 13 + 33	„am Ende der Straße“	Metapher	Ziel, angekommen sein

Aufgabe 5

a) Untersuche die Formulierung „kenn jede Taube hier beim Namen“ (Vers 3). Was will der Verfasser damit sagen? Welche Stimmung wird dadurch ausgedrückt?
b) Das Lied ist aus der Perspektive des „Lyrischen Ichs“ geschrieben. Wie wirkt diese fiktive Person auf dich? Warum wird deiner Meinung nach die Ich-Perspektive benutzt?

Aufgabe 6

Analysiere den Liedtext und setze dich kritisch mit der dargestellten Zukunftsversion auseinander. Gehe dabei folgendermaßen vor:

a) Stelle das Lied einleitend vor und fasse den Inhalt kurz zusammen. (Aufgabe 1 und 2)
b) Beschreibe, wie die Situation des Menschen in dem Lied auf dich wirkt und mit welchen sprachlichen Mitteln der Verfasser dies zu erreichen versucht. (Aufgabe 4 und 5)
c) Erkläre, warum im Lied deiner Meinung nach die „Ich-Perspektive“ genutzt wird. (Aufgabe 5)
d) Nimm zum Schluss Stellung dazu, ob eine Zukunftsvision, wie sie in diesem Liedtext dargestellt wird, deiner Meinung nach realistisch und/oder wünschenswert erscheint.

Erster Schritt: Sich orientieren

TIPP zum ersten Schritt

Stürze dich nicht gleich in die Arbeit, sondern verschaffe dir eine erste Übersicht:

- Was verrät dir die Überschrift?
- Worum geht es in dem Text?
- Vor allem solltest du an dieser Stelle schon einmal alle Aufgaben genau lesen. Besonders Aufgabe 6 ist für dich wichtig, um zu verstehen, worauf du eigentlich hinarbeiten musst.

1. Notiere stichpunktartig, was dir zu dem Titel „Haus am See“ einfällt.
Um was könnte es in dem Lied von Peter Fox gehen?

____

____

____

2. Schau dir die Aufgabe 6 an (siehe oben). Schreibe auf, was du tun sollst.

____

____

____

Zweiter Schritt: Den Text lesen und das Thema erfassen

TIPP zum zweiten Schritt

- Unterstreiche alle Wörter oder Textstellen, die dir unbekannt sind und kläre sie mithilfe eines Wörterbuches oder aus dem Sinnzusammenhang.
- Schreibe deine Erklärungen an den Textrand oder auf ein gesondertes Blatt.
- Kennzeichne wichtige, auffällige oder unklare Textstellen mit Zeichen (!?). Verweise solltest du mit → verdeutlichen, z. B. Wiederholungen einer Textstelle oder eines Wortes.

3. Schreibe in Stichworten auf, um was es in dem Lied geht.

4. Schreibe den Entwurf für die Einleitung deiner Interpretation (Aufgabe 1, Seite 58) auf ein gesondertes Blatt.

TIPP zur Aufgabe 1

- In der Einleitung wird der Text zunächst kurz vorgestellt: Titel, Interpret, Erscheinungsjahr, Textsorte, Thema (einleitender Satz).
- Mit den Stichpunkten aus 3. (siehe oben) kannst du zudem die Thematik des Liedes in ein bis zwei Sätzen zusammenfassen.

Dritter Schritt: Den Inhalt zusammenfassen

TIPP zum dritten Schritt

- Stelle W-Fragen an den Text und beantworte sie in Stichworten. Dadurch gewinnst du einen Überblick über die Handlung oder über dargestellte Gedanken und sammelst so Stichwörter für die Inhaltszusammenfassung.
- Entsprechen die Strophen einzelnen Sinnabschnitten oder lassen sich andere Zusammenfassungen finden, aus denen du eine Inhaltsangabe schreiben kannst?

5. a) Worin besteht die Handlung?

b) Wer spricht im Text?

c) Was ist das Ergebnis?

d) Untersuche die Veränderungen, die die letzte Strophe inhaltlich deutlich macht. Was ist anders?

6. Notiere dir den Aufbau des Liedes, indem du es in Sinnabschnitte einteilst.

TIPP zu 6.

Sinnabschnitte sind zusammengehörende Teile einer Handlung oder einer Gedankenführung. Ein Sinnabschnitt kann daher mehrere Verse oder Strophen umfassen.

a) 1. Abschnitt: Vers 1 – 3 (Ausgangssituation)

b) 2. Abschnitt: Vers 4 – 6 (Die Person haut einfach ab.)

7. Schreibe eine Inhaltsangabe zu dem Liedtext (siehe Aufgabe 2, Seite 58).

Dieser Liedtext handelt von einem Lebenstraum. Das lyrische Ich lebt in einer Welt, in der es alles kennt und die es langweilig findet ...

Vierter Schritt: Den Text untersuchen und sprachliche Merkmale erfassen

TIPP zum vierten Schritt

- Absicht und Wirkung eines Textes auf den Leser werden durch die Verwendung von sprachlichen Mitteln (→ Glossar) erreicht, z. B.:
  - sprachliche Bilder, Vergleiche, Metaphern,
  - die Verwendung von Farben, von bestimmten Adjektiven,
  - auffällige Wortwahl, Neuschöpfungen,
  - auffälliger Satzbau, Schreibweise und Textanordnung.
- Die sprachlichen Mittel stehen immer in Beziehung zur Textaussage.
- In diesem Schritt werden die Aufgaben 3, 4 und 5 (Seite 58/59) bearbeitet.

8. a) Lies und bearbeite die Aufgabe 3 auf Seite 58. Hinweise zu Merkmalen lyrischer Texte findest du im Glossar ab Seite 133.
   b) Das Lied besteht aus drei verschiedenen Strophen. Versuche, jeder dieser Strophen in nur einem Satz eine Hauptaussage zuzuordnen.

9. a) Lies und bearbeite die Aufgabe 4 auf Seite 59.
   b) Wie verändert sich die Stimmung in diesem Liedtext?

Textstelle	Stimmung	Erklärung
Vers 1 – 3	perspektivlos gelangweilt, will weg	Der Handelnde beschreibt seine Wohngegend als ihm vertraut, aber langweilig. Er sehnt sich nach Neuem.
...	...	...

Fünfter Schritt: Den Liedtext interpretieren

TIPP zum fünften Schritt

Um die Aussageabsicht eines lyrischen Textes zu erschließen, musst du dir selbstständig Fragen überlegen, die du an den Text stellen könntest. Sie können sich beziehen auf auffällige Textstellen, Wörter, Textanordnung, Verhaltensweisen, besondere Gegenstände, Farben, die Überschrift oder überraschende Handlungsschritte.

Die folgenden Fragen sind Beispiele, die dir helfen sollen, Aufgabe 5 vorzubereiten. Mit diesen Fragen sollst du auf die innere Form des Gedichtes eingehen und dich zur Absicht des Verfassers äußern. Außerdem sollst du Stellung zu der im Gedicht dargestellten Zukunftsvision nehmen. Du kannst in Stichworten antworten.

10. Lies und bearbeite die Aufgabe 5 auf Seite 59. Falls dir eine Teilaufgabe Probleme bereitet, findest du Anregungen im Lösungsteil.

11. a) Was verbindet der Verfasser mit dem „Haus am See"?

____

____

b) Was soll dieses Lied beim Zuhörer auslösen?

____

____

c) Was löst dieses Lied bei dir aus?

____

____

12. Verfasse den Schlussteil für deine Interpretation.

Zusammenfassend bin ich der Meinung, dass Peter Fox mit seinem Lied aussagen möchte, dass sich jeder wünscht, anzukommen. ...

Sechster Schritt: Eigenen Text planen, schreiben und überarbeiten

TIPP zum sechsten Schritt

Sieh dir die Aufgabe 6 noch einmal genau an. Hier sollst du die Aussage und Absicht des Liedtextes darstellen und bestimmte gestalterische Mittel nennen, die die Zielsetzung der Autoren des Textes unterstützen.

Im **Schlussteil** wird von dir erwartet, dass du deinen Standpunkt klar und eindeutig darstellst und durch nachvollziehbare Gründe und anschauliche Beispiele erläuterst. Dabei soll deine persönliche Position erkennbar werden.

13. Lege dir in Stichworten einen Schreibplan an. Orientiere dich dabei an den Aufgaben.

Schreibplan

Einleitung:

a) Vorstellung des Textes und Zusammenfassung bereits erledigt, Aufgabe 1

Hauptteil:

b) Wir wirkt der Mensch in dem Lied auf mich?

Verwendete sprachliche Mittel hierfür:

c) Warum wurde die Ich-Perspektive gewählt?

Schluss:

d) Persönliche Stellungnahme mit Begründung:

14. Verfasse nun deinen Text (Aufgabe 6, Seite 60). Schreibe in vollständigen Sätzen. Folgende Sätze könntest du verwenden:

- Jeder kennt wohl das Gefühl, etwas Neues erleben zu wollen.
- Wer hat sich noch nicht vorgestellt, wie sein Leben aussehen soll, wenn man einmal alt ist? Träumen wir nicht alle davon, irgendwann einmal anzukommen?
- Der Verfasser wählt durchgehend die Ich-Perspektive. Das bedeutet, es geht um ihn. Um SEIN Leben, SEINE Zukunft, um SEINE Gedanken und Träume.
- Aus diesem Grund halte ich den Liedtext auch für aktuell.
- Ich denke, das Lied ist deshalb so erfolgreich gewesen, weil es die Sehnsüchte der Menschen anspricht. Jeder, der dieses Lied mitsingt, spricht damit automatisch von sich selbst.

TIPP zum Schlussteil

Für deine persönliche Beurteilung kannst du folgende Formulierungen verwenden: *einerseits – andererseits; im Gegensatz zu; meiner Meinung nach; fest steht, dass …; ich denke, dass …; denn; aus diesem Grund; hinzu kommt, dass …; nicht zu vergessen ist, dass …; das bedeutet …; unbestritten ist, dass …*

15. Überarbeite deinen Text. Verwende dazu die Checkliste von Seite 56.

C Angeleitete Prüfungsaufgaben

C 1 Prüfungsbeispiel: Höflichkeit in der Schule

Bearbeite auch diese Prüfungsvorlage so, wie du es im Kapitel B1 (Seite 26/27) sowie in den Grundkursen B6 – B8 (Seite 39 – 64) gelernt hast. Gehe dabei schrittweise vor. Auf den Seiten 72 – 74 findest du Lösungshilfen.

Hier liegt ein Hörtext in gedruckter Form vor. Lass ihn dir zweimal in einem normalen Sprachtempo vorlesen, um die Prüfungssituation zu simulieren. Decke ihn ab, wenn du die dazugehörigen Aufgaben bearbeitest.

Hörverstehenstest

Etikette ist nicht gleich Höflichkeit

Ein wichtiger Punkt: Etikette ist nicht gleich Höflichkeit. Sie bestimmt lediglich, wie wir uns technisch in der Gesellschaft richtig verhalten. Dabei spielt Höflichkeit zunächst keine Rolle. Allerdings ist es auffällig, dass Menschen, die das technische Verhalten zu hundert Prozent beherrschen, zuweilen an der Höflichkeit sparen. Dabei ist die Etikette keineswegs sinnlos. Im Gegenteil. Wir erlernen früher oder später, wie man sich in bestimmten Situationen verhalten soll, welche Konvention in verschiedenen Gesellschaftsbereichen herrscht, und passen uns an. Wir geben uns also einen Rahmen für das Miteinander vor.

Deshalb ist es wichtig zu wissen, wie man in der Öffentlichkeit seinen Mitmenschen gegenüber auftritt. Es geht nicht darum, sein Ego zu verbiegen. Vielmehr bedeutet es Rücksichtnahme auf ein stressfreies Miteinander. In der Öffentlichkeit sollte es selbstverständlich sein, anderen seine Hilfsbereitschaft anzubieten. Eine freundliche Begrüßung beim Betreten eines Raumes gehört ebenso dazu wie ein „Danke“ oder „Bitte“, wenn man etwas bekommen hat oder möchte.

Der tägliche Umgang mit Menschen ist durch Kommunikation geprägt. Wer nicht spricht, kann mit anderen kaum sinnvoll umgehen. Und ein „zivilisiertes“ Miteinander bedeutet nicht immer das Einhalten einer steifen Etikette. Vielmehr kommt es darauf an, sich ein Repertoire verschiedener Verhaltensmuster anzueignen und bei Bedarf das passende auszuwählen.

Dass steifer Etikette immer etwas Unnatürliches anhaftet, wusste im Übrigen ja auch schon der alte Knigge. Um seinen Namen kommt man im Zusammenhang mit diesem Thema nicht vorbei: Adolph Freiherr Knigge veröffentlichte 1788 sein bekanntestes Werk: „Über den Umgang mit Menschen“.

Tatsächlich hat es trotz seines Alters wenig an Bedeutung verloren – wenngleich es mit der Zeit vollkommen uminterpretiert wurde. So kommt es, dass wir uns vor Benimmregeln zu verschiedensten Lebenslagen – herausgegeben von vermeintlich ausgewiesenen Experten – gar nicht mehr retten können. Dabei war das überhaupt nicht im Sinn des Freiherrn Knigge. […]

Vielmehr ging es ihm um ein konfliktfreies, zivilisiertes und sinnerfülltes Miteinander ohne unnötige Reibungspunkte. Je mehr man also von seinem Gegenüber weiß und Situationen richtig einzuschätzen lernt, desto problemloser läuft das Miteinander ab. Unsere Erziehung spielt dabei eine nicht unerhebliche Rolle. Und wer eine gute Beobachtungsgabe hat, kann Höflichkeit auch heute noch peu à peu erlernen. [...]

Knigge ging es um ein ganzheitlicheres Bild verschiedenster Menschentypen, die miteinander Umgang hatten. Gerade wenn untere Schichten mit dem Adel in Berührung kamen, mussten sie wissen, was sie am Hofe erwartete. Im Grunde genommen war das Buch eher eine Weitergabe seines persönlichen Erfahrungsschatzes als ein Benimmwerk. Und dazu gehörte der Umgang mit einem gesunden Selbstbewusstsein und Wahrung der eigenen Würde ebenso wie auch Toleranz und Respekt gegenüber seinen Mitmenschen. Inhalte, die bis heute nichts an Aktualität eingebüßt haben. Egal welchen Hierarchien man gegenübertreten muss.

Andreas Dauerer, FOCUS online, 14.10.2007. https://www.focus.de/wissen/mensch/campus/tid-7655/benimmregeln_aid_135714.html (Zugriff: 10.02.2021, verändert)

Aufgabe 1

Kreuze an, welche der folgenden Aussagen richtig ist.

a) Durch gutes Benehmen wird das Miteinander der Menschen problematischer. ☐

b) Der tägliche Umgang mit Menschen ist durch Kommunikation geprägt. ☐

c) Adolph Freiherr Knigges bekanntestes Werk hieß „Über den Umgang mit Menschen“. ☐

d) Im „Knigge“ wird ausführlich beschrieben, wie man sich im Restaurant verhält. ☐

Aufgabe 2

Erkläre den Unterschied zwischen „Etikette“ und „Höflichkeit“.

Aufgabe 3

Erkläre, welche Intention dem Buch des Freiherrn von Knigge zugrunde liegt. Warum hat er es geschrieben?

Aufgabe 4

„Und wer eine gute Beobachtungsgabe hat, kann Höflichkeit auch heute noch peu à peu erlernen." (Z. 36 – 37) Erkläre dieses Textzitat mit eigenen Worten.

Die folgenden Materialien befassen sich mit dem Thema „Höflichkeit in der Schule". Bearbeite zunächst die Aufgaben in Basisteil. Im Anschluss daran musst du dich entscheiden, ob du die Schreibaufgabe im Wahlteil A oder B bearbeitest.

Basisteil

Text 1: Gutes Benehmen will gelernt sein

Im Bus stehen Kinder für ältere Menschen nicht mehr auf, ihren Müll lassen sie überall fallen, sie sind vorlaut, dreist, grüßen nicht und spielen in unpassenden Situationen mit elektronischen Geräten – die Jugend hat kein Benehmen mehr, so das gängige Urteil der Erwachsenen.

Ganz neu ist diese Ansicht nicht, beinahe jede Generation hat über das Verhalten der Jüngeren geklagt, möglicherweise weil sie das Fremde am Umgangston der Nachfolgenden nicht verstanden hat. In einem Punkt aber hatten die Alten immer Recht. Gutes Benehmen muss sein.

Nach Auffassung des Soziologen und Kulturphilosophen Norbert Elias sind Höflichkeit, Rücksichtnahme und Dankbarkeit unerlässliche „Schmiermittel" der Zivilisation. Da Gesellschaften immer arbeitsteiliger würden, wären die Menschen immer mehr aufeinander angewiesen, meinte Elias. Dieser „Prozess der Zivilisation" zwinge sie zu immer rücksichtsvollerem Umgang miteinander. [...] Damit das komplizierte System funktioniert, so Elias, mussten die Menschen lernen, spontane Bedürfnisse und Gefühlsäußerungen zu kontrollieren und sich auf Umgangsregeln zu einigen. Sich an der Wursttheke anstellen und warten, bis man drankommt, ist zum Beispiel so eine Regel.

Was im Großen gilt, ist auch im Kleinen richtig. In der Familie, in der Kita in Schule und Betrieb sorgt gutes Benehmen für ein angenehmes Klima und reibungslose Abläufe. Dabei geht es nicht um geziertes Zeremoniell wie früher an den Königshöfen. Auch Unterwerfungsgesten wie Knicks und Diener sind heute nicht mehr angezeigt, wohl aber Höflichkeit und Rücksichtnahme. Wer andere mit „Guten Morgen" oder „Guten Tag" begrüßt, drückt aus: „Ich nehme dich wahr und du bist mir wichtig." Wer mit dem Essen erst anfängt, wenn alle versorgt sind, zeigt: „Ich kümmere mich nicht nur um mich selbst, sondern mir ist auch wichtig, dass es den anderen gut geht." Wer bei Tisch auf Schmatzen, Pupsen, In-der-Nase-Bohren verzichtet, möchte anderen den Appetit nicht verderben. „Bitte" und „Danke" sagen, einer mit Taschen bepackten Person die Tür aufhalten, aufstehen, wenn man einen älteren Menschen begrüßt, anderen Autofahrern das Einfädeln gewähren ... all das bezeugt vor allem eins: Respekt vor dem anderen. Respekt, Achtsamkeit, Rücksichtnahme aber sind Friedensstifter, sorgen für Entspannung, machen fröhlich und das Leben leichter.

Was gutes Benehmen ist, darüber herrscht im Groben hierzulande Einigkeit, im Einzelnen können die Meinungen aber weit auseinanderliegen. So gilt es in manchen Familien als undenkbar, dass man ungekämmt und im Schlafanzug zum Frühstück erscheint, während andere das locker sehen. Bei Familie A. läuft während der Mahlzeiten regelmäßig der Fernseher im Hintergrund, bei den B.s hingegen ist jede Ablenkung vom Essen verpönt. [...] Viele Paare bringen [...] aus ihren Herkunftsfamilien unterschiedliche Ideen davon mit, was sich gehört und was nicht. Sie sollten sich über ihre Erziehungsvorstellungen austauschen, meint Familientherapeutin Paula Honkanen-Schobert, und nach Möglichkeit einen gemeinsamen Benimmkanon entwickeln, der für die eigene Familie passt. [...]

Aber nicht nur zwischen Eltern und Familien können die Ansichten über gutes Benehmen verschieden sein, sondern auch zwischen den Generationen. Dabei ist nicht alles, was die Älteren als ungehobelt empfinden, auch wirklich so gemeint. Wenn zwölfjährige Jungen sich zum Beispiel mit einem deftigen „Hey, Alter“ begrüßen, dann ist das durchaus freundschaftlich. Umgangsweisen werden durch andere Kulturen beeinflusst und durch andere Umstände. Ob es unhöflich ist, im Beisein anderer ständig mit dem Handy zu hantieren, war zum Beispiel vor Jahren keine Frage – weil es keine Handys gab. Wenn sich die Gegebenheiten ändern, etwa durch neue Kommunikationsformen via Internet und Smartphone, dann müssen die Benimmregeln im Einzelfall neu ausgehandelt werden.

Wie aber lernen Kinder gutes Benehmen? Zunächst und vor allem durch das Vorbild der Erwachsenen. „Von dem, was wir sind, was wir tun, denken und fühlen, wird ein Kind am meisten beeinflusst“, erklärt Paula Honkanen-Schobert. Eine Mutter, die sich selbst zum Beispiel schwer damit tut, Ordnung zu halten, wird ihr Kind auch durch noch so viele Ermahnungen kaum dazu bringen, sein Spielzeug nach Gebrauch wegzuräumen. Ob Kinder elterliche Werte übernehmen, hängt außerdem von ihrer Beziehung zu den Erwachsenen ab. Fühlen sie sich selbst achtungsvoll behandelt, sind sie eher bereit, Hinweise zum Benehmen zu akzeptieren. Massiver Druck bewirkt jedoch meist das Gegenteil. Beschimpfung, Herabsetzung, Strafe führen dazu, dass Kinder nach und nach ihre Kooperationsbereitschaft verlieren. Dabei sind sie von ihrem ersten Tag an dazu bereit, mit den Erwachsenen zusammenzuarbeiten und sich an ihnen zu orientieren, wie der dänische Pädagoge Jesper Juul hervorhebt. Was sie brauchen, ist liebevolle Anleitung, auch in Benimmfragen.

Ingrid Leifgen, Online-Familienhandbuch, hrsg. v. Staatsinstitut für Frühpädagogik (IFP), München, 25.07.2013. https://www.familienhandbuch.de/babys-kinder/bildungsbereiche/selbststaendigkeit/GutesBenehmenwillgelerntsein.php (Zugriff: 10.02.2021)

Aufgabe 1

Fasse kurz zusammen, worum es in diesem Text geht.

___

___

___

Aufgabe 2

Erkläre anhand zweier Beispiele aus dem Text, welche gesellschaftliche Funktion „Höflichkeit" hat.

___

___

___

___

___

___

Karikatur: „Die Jugend – besser (erzogen) als ihr Ruf"

© Michael Hüter, Bochum / Stiftung Jugend und Bildung

Aufgabe 3

Erkläre in höchstens fünf Sätzen, was du auf der Karikatur siehst und was sie aussagt.

___

___

___

___

Wahlteil A

Der vorliegende Text stammt von einer Homepage für Lehrkräfte in der Ausbildung. Als du ihn liest, vergleichst du ihn augenblicklich mit deinem persönlichen Bild von deinen Lehrern. Inwiefern sollten sie Vorbild für Schülerinnen und Schüler sein? Das Thema ist für dich so vielschichtig, dass du beschließt, einen Artikel für die nächste Ausgabe eurer Schülerzeitung zum Thema zu verfassen.

Text 2A: Hilfe, ich bin ein Vorbild

Sie teilen die Hefte aus. Ein Schüler schaut seine Arbeit an. Unter seinem Text steht in roter Schrift ein Satz, den er nicht entziffern kann. Er meldet sich: „Ich kann den Satz nicht lesen! Was soll das heißen?" Sie gehen zu ihm, schauen nach und sagen: „Da steht: Du sollst leserlicher schreiben!" Was heißt das nun für Sie? Dazu einige Gedanken.

Ein bekanntes Beispiel: Es ist spät, und die Ampel zeigt Rot, aber kein Auto ist zu sehen. Wer würde da auf jeden Fall stehen bleiben? Oder wie ist es mit gesunder Ernährung und den Pommes auf dem Stadtfest? Das Radfahren ohne Helm? Dem seit Wochen nicht korrigierten Mathetest? Und den zu Haus vergessenen Kopien? Sicherlich ließe sich das noch beliebig fortsetzen. Man könnte vieles finden, das nicht gut oder sogar eine Ordnungswidrigkeit ist, was aber von vielen trotzdem gemacht wird.

Eigentlich sagt dagegen auch kaum jemand etwas – aber von Lehrern erwartet doch jeder irgendwie, dass sie immer alles wissen und alles richtig machen, zumindest solange Schüler sie sehen oder etwas merken könnten. Gleichzeitig soll man als Lehrer authentisch sein, also so sein, wie man sich im Unterricht gibt. […]

Es ist nicht immer einfach, ein Vorbild zu sein, und selbst, wer sich bemüht, immer alles richtig zu machen, wird von Zeit zu Zeit etwas tun, das eben nicht zu dem passt, was man sich vornimmt. […]

All das, was Sie von Ihren Schülern (an Ordnung) erwarten, sollten Sie auch selbst beachten. Also: Je aufgeräumter der eigene Schreibtisch ist, desto mehr Ordnung kann auch von den Schülern erwartet werden. Wer seine Schüler respektvoll behandelt, kann auch von seinen Schülern Respekt erwarten. Ein Lehrer, der Schülern nicht vorhält, wenn sie einmal – nicht regelmäßig – etwas vergessen, kann auch auf das Verständnis seiner Schüler hoffen, wenn er selbst einmal etwas nicht fertig hat.

Manon Sander: https://www.forrefs.de/sekundarstufe/unterricht/unterricht-halten/lehrer verhalten/hilfe-ich-bin-ein-vorbild.html (Zugriff: 10.02.2021)

Bearbeite die folgenden Aufgaben in einem zusammenhängenden Text. Zähle abschließend die von dir geschriebenen Wörter.

a) Beginne deinen Artikel, indem du auf Text 2A Bezug nimmst.
b) Fasse inhaltlich kurz zusammen, welche Meinung die Verfasserin vertritt. Stelle dem deine eigene Meinung gegenüber.
c) Führe drei Situationen an, in denen Lehrer deiner Meinung nach als Vorbild agieren sollen, und begründe warum.
d) Stelle demgegenüber drei Situationen, in denen Lehrer deiner Meinung nach das Recht haben, anders zu handeln als Schüler.

e) Appelliere an deine Mitschüler, mit einem Leserbrief auf deinen Artikel zu antworten und ihre eigene Meinung zum Thema kundzutun.

Wahlteil B

Als Mitglied der Schülervertretung deiner Schule nimmst du oft wahr, dass Lehrer sich über das „schlechte Benehmen" ihrer Schüler beschweren. Auf der anderen Seite ist vielen Jugendlichen nicht bewusst, warum genau sie gerade anecken. Um Abhilfe zu schaffen, möchtest du der Schulleitung in einem Brief vorschlagen, einen Benimmkurs in der Schule einzurichten.

Text 2B: Knigge im Klassenzimmer

Schwarzes Hemd, schwarze Hose, schwarze Lackschuhe. So steht Andreas Lassen vor einer Gruppe von Achtklässlern. Eigentlich betreibt er eine Tanzschule, heute aber steht Benimmunterricht auf dem Stundenplan. An der Mittelschule in Oberasbach, nicht weit von Nürnberg, soll er den Schülern gute Manieren beibringen, ihnen zeigen, wie man mit ungewohnten Situationen umgeht, wie man sich richtig vorstellt oder sich im Gespräch mit dem Chef verhält. Zweimal 45 Minuten – diese Zeit steht ihm dafür zur Verfügung. [...]

Tugenden wie Höflichkeit oder Pünktlichkeit – zuweilen als spießig verschriene Werte – feiern Renaissance. Ratgeber wie *Der neue Knigge* stehen in den Verkaufsregalen. [...] Konnte es Lehrern bislang eher egal sein, wie sich Kinder etwa am Esstisch benehmen, so ist das Thema inzwischen im Schulalltag angekommen. [...]

Hinzu kommen konkrete Klagen: Einer Umfrage des Deutschen Industrie- und Handelskammertages (DIHK) zufolge sind immer weniger Bewerber ausbildungsreif. Nicht nur Rechnen oder Schreiben seien dabei das Problem, vielmehr fehle es oft an Disziplin, Pünktlichkeit und Teamfähigkeit – schlicht an den Grundvoraussetzungen für eine Berufsausbildung.

Grüßen und Konversation ist Teil der heutigen Lektion in Oberasbach. Daniel ist an der Reihe, er soll sich vorstellen. Er nennt seinen Vor- und Nachnamen, spricht bestimmt und freundlich. Nur: Er hat seine Kappe auf dem Kopf. Darauf angesprochen, nimmt er sie ab, pfeffert sie in eine Ecke und setzt sich wieder wortlos. „Ich werde hier keine starren Regeln predigen", sagt Coach Lassen, „ich möchte nur einige Fettnäpfchen zeigen, in die man leicht treten kann." Die Kappe ist so eines. Die Schüler sind 14 oder 15 Jahre alt, bald schon müssen sie Bewerbungen schreiben. Sie sind keine Kinder mehr, aber erwachsen auch noch nicht. Bei einem Bewerbungsgespräch entscheiden in der Regel das Auftreten und der erste Eindruck darüber, ob der Bewerber einen Ausbildungsplatz bekommt – oder eben nicht. [...]

Schulen haben heute mehr denn je einen Erziehungsauftrag – vor allem, wenn es hier Defizite im Elternhaus gibt. „Wir müssen uns von dem Gedanken verabschieden, dass nur Fachwissen vermittelt wird. Schule muss heute ganz andere Aufgaben übernehmen", sagt Jürgen Knorz, Schulleiter in Oberasbach. [...]

Schulen lassen sich dabei ständig neue Ideen einfallen, um diesen Gedanken umzusetzen. Etwa die Förderung der Gesprächskultur: Im ersten Stock der

Mittelschule Schliersee debattiert gerade die sechste Klasse – das Kaugummiverbot soll fallen. Im Klassenrat bilden sich Koalitionen, unterschiedliche Ansichten werden diskutiert. […] „In unserem Klassenrat werden viele Probleme auf einmal diskutiert – das tut auch dem Unterricht gut. Die Kinder sind konzentrierter, wenn diese Dinge aus der Welt geschafft sind." […] Trotzdem sind Klassenräte, ein gemeinsames Essen im Restaurant oder ein Benimmtraining noch Ausnahmen an den meisten deutschen Schulen.

Markus Peters, Süddeutsche Zeitung online, 31.10.2011. https://www.sueddeutsche.de/karriere/benimm-kurse-in-der-schule-knigge-im-klassenzimmer-1.1026649 (Zugriff: 10.02.2021)

Bearbeite die folgenden Aufgaben in einem zusammenhängenden Text. Zähle abschließend die von dir geschriebenen Wörter.

a) Beginne den Brief mit einer passenden Anrede und einer Erklärung, warum du den Brief schreibst.
b) Nimm Bezug auf den Artikel „Knigge im Klassenzimmer".
c) Erkläre ausführlich, warum ein Benimmkurs an deiner Schule sinnvoll wäre und welche Vorteile Jugendliche aus diesem Kurs ziehen würden.
d) Werde konkret: In welchem Jahrgang und in welchem Umfang soll der Kurs deiner Meinung nach durchgeführt werden? Begründe deine Auswahl.
e) Beende deinen Brief, indem du die Schulleitung bittest, aktiv zu werden.

Lösungshilfen zum Wahlteil A

1. Stelle deine Meinung der Meinung der Verfasserin gegenüber.

Meinung der Verfasserin	Meine Meinung

2. Entscheide dich: In welchen Situationen sollten Lehrer ein Vorbild sein, in welchen nicht?

Lehrer sollten Vorbild sein	Das dürfen Lehrer anders machen

3. Erstelle nun einen Schreibplan. Markiere oder unterstreiche in der Aufgabenstellung, was von dir erwartet wird. Anschließend formulierst du es so, dass du weißt, was du schreiben musst.

Schreibplan zum Wahlteil A

Überschrift: Hilfe, ich bin ein Vorbild

Einleitung:

a) Schreibanlass

Hauptteil:

b) Kurze Zusammenfassung der Meinung der Autorin:

Meine eigene Meinung:

c) Situationen, in denen Lehrer Vorbild sein sollten:

1.

Grund:

2.

...

d) Situationen, in denen Lehrer anders handeln können:

1.

2.

3.

Grund:

Schluss:

e) Appell an Mitschüler (Leserbrief verfassen, eigene Meinung mitteilen)

4. Schreibe nun deinen Text. Die folgenden Formulierungsvorschläge können dir dabei helfen.

Einleitung:
Liebe Mitschüler
Ich habe im Internet einen Artikel entdeckt ...

Hauptteil:
Die Verfasserin des Artikels ist der Meinung, dass ...
Ich selber sehe das etwas anders.
Sicherlich sollten Lehrer in manchen Situationen ein Vorbild sein.
Es gibt aber auch Momente, in denen Lehrer nicht in erster Linie Vorbild sein müssen.

Schluss:
Eure Meinung zum Thema würde mich sehr interessieren.

5. Überarbeite deinen Text mithilfe der Checklisten auf den Seiten 46 und 56.

Lösungshilfen zum Wahlteil B

1. a) Schreibe einen einleitenden Satz zum Text „Knigge im Klassenzimmer".
   b) Schreibe stichpunktartig auf, welche Aussagen des Textes wichtig für deinen Aufsatz sind.

2. a) Suche Gründe für einen Benimmkurs an deiner Schule.
   b) Lies deine Gründe durch und entscheide, für welchen Jahrgang und in welchem Umfang der Kurs deiner Meinung nach am meisten Sinn machen würde.

   Jahrgang: __________

   Umfang: __________

3. Unterstreiche in der Aufgabenstellung, was von dir erwartet wird. Erstelle mit diesen Angaben einen Schreibplan. Du darfst hierfür die Aufgabenstellung auch in eigenen Worten ausdrücken, wenn es dir hilft.

Schreibplan zum Wahlteil B

a) Anrede
   Grund des Schreibens:
b) Bezug zum Text / Inhalt:
c) Das spricht für einen Benimmkurs an unserer Schule:
   1.
   2.
   3.
d) Durchführung:
   Jahrgang: Umfang:
e) Bitte an die Schulleitung:

4. Schreibe nun deinen Text. Die folgenden Formulierungsvorschläge können dir dabei helfen.

   Einleitung:
   Liebe Schulleitung,
   ich habe im Internet einen spannenden Artikel entdeckt: ...

   Hauptteil:
   In dem Text geht es darum, dass ...
   Ich bin der Meinung, diese Idee sollten wir auch an unserer Schule umsetzen.
   Der Kurs würde das Schulleben bereichern, weil ...
   Viele Schüler würden davon profitieren, denn ...
   Gut wäre, den Kurs in den Jahrgängen ...

   Schluss:
   Es würde mich freuen, wenn ...

5. Überarbeite deinen Text mithilfe der Checklisten auf den Seiten 46 und 56.

C 2 Prüfungsbeispiel: Krisen in der Jugendzeit

Bearbeite auch diese Prüfungsvorlage so, wie du es in den Grundkursen B6 – B8 (Seite 39 – 64) gelernt hast. Gehe dabei schrittweise vor. Auf den Seiten 80 – 83 findest du Lösungshilfen zu den Schreibaufgaben des Wahlteils A und B.

Die folgenden Texte befassen sich mit dem Thema „Krisen in der Jugendzeit". Bearbeite zunächst die Aufgaben im Basisteil. Im Anschluss daran bearbeitest du die von dir gewählte Wahlaufgabe im Wahlteil A oder B.

Basisteil

Text 1: An manchen Tagen

Nadja Einzmann

An manchen Tagen warte ich, dass etwas passiert. Auf einen Anruf; dass das Haus einstürzt; oder der Arzt mir sagt, dass ich nur noch wenige Wochen zu leben habe. Ich sitze im Bett und warte und meine Mutter klopft an die Türe. Zu berichten hat sie nichts. Sei so gut, sagt sie, bring den Müll hinunter, oder: Wie wäre es mit einem Spaziergang, es ist ein wunderbarer Tag, sonnig, und die Spatzen pfeifen es von allen Dächern. Nein, rufe ich ihr zu, durch die geschlossene Tür, mir ist nicht danach, mir ist nicht nach Welt. Und ich sitze im Bett, der Himmel schaut blau durch mein Fenster oder umwölkt sich, oder ein Gewitter zieht auf. Mein Bett ist mein Schiff, mein Bett ist mein Floß, ich treibe dahin, Haie und andere Meerestiere unter mir und Sterne und Himmel über mir.

Was soll ich unternehmen mit dir, sagt meine Mutter, und stellt mir das Abendessen vor die Tür. Keines meiner Kinder, keines meiner Kinder, alle sind sie normal und gehen zur Arbeit, gehen morgens aus dem Haus und kehren abends zurück, nur du nicht. Was soll nur werden mit dir?

Es gab Zeiten, da ich anders war, solche Zeiten hat es gegeben. Ausgesprochen lebhaft war ich. Keine Aufgabe war sicher vor mir, und dann noch zum bloßen Zeitvertreib zeichnete ich und voltigierte[1] und focht und tanzte die Nächte durch. Meine Geschwister sahen müde aus, wenn sie von der Arbeit kamen. Sie hatten sich das Weiß in ihren Augen blutig gesehen über den Tag und auch ihre Hände waren wund und schmerzten. Mir sah man keine Mühe an. Nie. Ich schwebte über den Boden, wo andere gingen und dass ich mich bückte, kam nur sehr selten vor. Ja, es hat Zeiten gegeben, da ich anders war und ich trauere ihnen nicht nach. Packt eure Herzen in Alufolie, dass sie geschützt sind, wenn ihr aus dem Haus geht und reicht sie nicht frei herum!

Es hat Zeiten gegeben, da ich anders war und meine Mutter trauert ihnen nach. Kind, sagt sie, willst du nicht aufstehen, dass dein Vater mit dir fischen gehen kann und deine Geschwister dir berichten von ihrem Tag? Nein, sage ich, mir ist nicht nach Welt. In meinem Bett sitze ich, das mein Floß ist, und der Seegang ist hoch. Salziger Wind fährt mir durchs Haar und die Wellen überschlagen sich.

Nadja Einzmann: An manchen Tagen. Aus: Nadja Einzmann: Da kann ich nicht nein sagen. S. Fischer Verlag. Frankfurt a. M. 2001, S. 41 – 42

[1] voltigieren: auf dem galoppierenden Pferd turnen

Aufgabe 1

Beschreibe das Verhalten der Hauptperson der Kurzgeschichte in wenigen Sätzen.

Aufgabe 2

Warum kommt es der Person in der Geschichte vor, als sei ihr Bett ihr „Floß"?

Aufgabe 3

Beschreibe, inwiefern sich das Verhalten der Hauptperson im Vergleich zu früher geändert hat.

Aufgabe 4

Suche aus deinem eigenen Erfahrungsschatz drei mögliche Gründe für diese Verhaltensänderung.

Foto:

Quelle: Shutterstock / Bartek Zyczynski

Aufgabe 5

Beschreibe die Situation auf dem Foto auf Seite 76.

Aufgabe 6

Erkläre, inwiefern die Situation auf dem Foto typisch dafür ist, wie Jugendliche sich häufig fühlen.

Text 2: Jugendliche Krisen

Die „normalen", d. h. notwendigen Prozesse der Selbstwerdung und Selbstfindung im Jugendalter sind an sich schon als eine Lebenskrise zu verstehen. Es ist eine Krise, die die zentralen Bereiche des Menschen, die Persönlichkeit oder das Selbst, zu ihrem Thema hat. Eine Krise ist als ein Prozess zu verstehen, der sich langsam oder schnell zuspitzt. Alle Methoden und Strategien, ein Problem zu bewältigen, haben versagt oder versagen. Es kommt zu einer Ansammlung, einer Ballung verschiedener Gefühle, die als spannungsreich und unerträglich empfunden werden. Jeder Mensch erlebt solche Prozesse im Laufe der Entwicklung. Er wird dadurch gezwungen, Altes aufzugeben, da es nicht mehr weiterhilft, und neue Möglichkeiten in sich selbst und in seiner Umwelt zu entwickeln und einzusetzen.
Ursprünglich bedeutet der aus dem Griechischen kommende Begriff „Krise" „Entscheidung".
Eine Krisenzeit ist eine Zeit großer Labilität[1], aber auch großer Offenheit für Neues, eine Zeit großer Wandlungsfähigkeit, aber auch erhöhter Anfälligkeit, Verletzlichkeit und Kränkbarkeit. Sie beinhaltet sowohl entwicklungsfördernde Momente – ist insofern ein kreativer Prozess – als auch zerstörerische oder selbstzerstörerische Tendenzen.

[1] Labilität: Anfälligkeit, Schwäche

Quelle: Notwendigkeit jugendlicher Krisen. neuhland Hilfe in Krisen gGmbh, Berlin, https://www.neuhland.net/informationsuizid.html (Zugriff: 10.02.2021)

Aufgabe 7

Beschreibe anhand von Text 2 in eigenen Worten, was eine Krise eigentlich ist.

Aufgabe 8

Entnehme Text 2, was der aus dem Griechischen stammende Begriff „Krise“ ursprünglich bedeutet. Stelle dann eine begründete Überlegung an, was diese beiden Wörter miteinander zu tun haben.

Wahlteil A

Deine Schule gestaltet einen informierenden Elternabend zum Thema „Erwachsen werden“. Du bist Schulsprecherin bzw. Schulsprecher und dein Anliegen ist es, den Eltern zu verdeutlichen, wie wichtig ihre Rolle bei der Bewältigung der emotionalen Krisen ihres Kindes ist. Bei der Recherche stößt du im Internet auf folgenden Artikel:

Text 3A: Das soziale Netzwerk der Eltern

Das soziale Netzwerk der Eltern prägt das soziale Umfeld, in dem die Kinder aufwachsen. Freunde der Eltern und Verwandte können die Sozialwelt der Kinder bereichern, indem sie den Kindern als Interaktionspartner zur Verfügung stehen. Kinder können durch diese Personen neue Sichtweisen vermittelt bekommen und lernen, die Sichtweisen der Eltern zu relativieren[1]. Die Interaktionen[2] zwischen Netzwerkpartnern der Eltern und Kindern unterscheiden sich von den Interaktionen zwischen Eltern und Kindern, da die Netzwerkpartner freier (re)agieren. Es kommt auch zu einer Relativierung der Position der Eltern, da die Kinder ihre Eltern mit anderen Erwachsenen vergleichen. Manche Netzwerkpartner der Eltern (vor allem Verwandte und enge Freunde), können die Kinder in schwierigen Situationen beraten und eventuell zwischen Kindern und Eltern vermitteln. Die Kinder werden dadurch emotional gestützt, und sie können Vertrauen in andere Menschen neben den Eltern entwickeln. Sozial aktive Eltern können ihren Kindern Vorbild darin sein, viele mitmenschliche Kontakte über die Familie hinaus zu pflegen. Gleichzeitig kommen auch die Freunde und Verwandte als Modelle in Betracht. Diese Personen werden sozial eher aktiv sein, sonst wären sie nicht mit der Familie, zu der die Kinder gehören, in Kontakt. Kinder gut integrierter Eltern können also viele sozial aktive Personen beobachten.

Sind die Eltern dagegen sozial isoliert, haben die Kinder weniger potentielle[3] Vorbilder. Diese übrig bleibenden Vorbilder, nämlich die Eltern selber, haben nur wenig oder gar keine Beziehungen. Die Kinder erlernen und erleben also ein zurückgezogenes soziales Leben."

Werner Stangl: Das soziale Netzwerk der Eltern. http://arbeitsblaetter.stangl-taller.at/JUGENDALTER/Eltern-Freundschaft-Jugendliche.shtml/ (Zugriff: 10.02.2021)

[1] relativieren: die Bedeutung von etwas abschwächen, indem man es zu einer anderen Sache in Beziehung setzt
[2] Interaktion: wechselseitige Handlung / Kommunikation zwischen zwei oder mehreren Menschen
[3] potentielle: mögliche

Du möchtest im Rahmen des Elternabends einen Vortrag halten, der zum einen die Sicht der Jugendlichen beschreibt und zum anderen einen Appell an die Eltern richtet. Als Grundlage dafür verfasst du einen Text. Bearbeite hierfür die folgenden Aufgaben. Beachte auch die Überleitungen zwischen den einzelnen Aufgaben, um einen zusammenhängenden Vortrag zu gestalten.

a) Beginne mit der Begrüßung des Publikums und der Beschreibung deines Anliegens.
b) Beschreibe den Eltern, wie sich Jugendliche in Krisensituationen fühlen. Beziehe deine Erkenntnisse aus der Bearbeitung von Text 1 und dem Foto in deine Überlegungen ein.
c) Erkläre, was der Begriff „Krise" heißt, und ab wann man von einer Krise sprechen kann.
d) Verdeutliche anhand dreier Aspekte aus Text 3A, welche Vorbildfunktion Eltern gegenüber ihren Kindern haben. Erkläre es so, dass der Zusammenhang deutlich wird.
e) Appelliere an die anwesenden Eltern, ihren Kindern dabei zu helfen, jugendliche Krisen zu bewältigen oder erst gar nicht entstehen zu lassen.

Wahlteil B

Stell dir folgende Situation vor: Du bist die Person aus Text 1, sitzt abends auf deinem Bett, schaust hinaus in den Nachthimmel und denkst über dein Leben nach. In letzter Zeit hattest du es nicht leicht. Immer wieder geht dir ein Gedicht durch den Kopf, welches du zufällig in einer Zeitung gelesen hast.

Text 3B: pass auf

pass auf, wer deine freunde sind!
pass auf, wes geistes kind sie sind!
pass auf, woher sie kommen.

pass auf, wohin sie gehen.
pass auf, zu wem sie stehen.
pass auf, ob sie auch sehen.

pass auf, von welcher art sie sind!
pass auf, mein liebes, gutes kind,
pass auf, pass auf!

pass auf, wo deine sterne steh'n,
pass auf, wo die gedanken weh'n,
pass auf, ob alle herzen treu – slash –
mir – slash – dir – slash – nicht so neu.

pass auf, ob immer noch die welt:
pass auf: das grüne sich erhält!
pass auf, dass lügen nicht mehr stimmen.
pass auf. denn alles kommt von innen.

pass auf, wo deine sehnsucht schlummert
pass auf, wo nur dein herz so wummert,
pass auf, wo sehnsucht in dir wohnt,
pass auf, ob dieses dieses lohnt.

pass auf, dass licht den tag erhellt,
pass auf, dass wahrheit aus dir schnellt.
pass auf. pass auf.

pass auf, du kannst nur deinen augen trauen.
pass auf: dann musst du schlauer schauend schauen.
pass auf!

pass auf: auch dies gedicht wird schwinden.
pass auf: sie werden lügen um es winden.
pass auf ...

pass auf, wer deine freunde sind!
pass auf, wes geistes kind sie sind!
pass auf! versehentlich werden sie gehen.

Wolfgang Reus: pass auf! https://www.aphorismen.de/suche?f_rubrik=Gedichte&f_autor=3147_Wolfgang+J.+Reus&seite=2 (verändert, Zugriff: 10.02.2021)

Du nimmst dein Tagebuch und schreibst einen Tagebucheintrag, um deine Gedanken zu strukturieren.

a) Beschreibe die Gefühlssituation, die sich in Text 1 offenbart, aus der Ich-Perspektive. Nutze dabei auch die Erkenntnisse, die du aus der Auswertung des Fotos gewonnen hast.
b) Beschreibe das Gedicht (Text 3B), indem du es inhaltlich vorstellst. Gehe dabei nicht auf jeden einzelnen Vers ein, sondern fasse es geschickt zusammen.
c) Benenne die drei für dich wichtigsten Aspekte aus dem Gedicht und begründe, warum sie für dich in deiner Situation bedeutsam sind.
d) Mache dir selber Mut mit einem Appell, der sich aus deinem Textverlauf ergibt.

Lösungshilfen zum Wahlteil A

1. Mache dir stichpunktartig Notizen dazu, wie es Jugendlichen in Krisensituationen geht. Welche Probleme haben sie? Beziehe auch deinen eigenen Erfahrungsschatz mit ein.

2. Lies Text 3A genau und unterstreiche, welche Informationen zur Bearbeitung der Aufgabenstellung wichtig sind. Was versteht man unter einer Krise? Ab wann spricht man von einer Krise? Fasse deine Erkenntnisse in ein paar Sätzen zusammen.

3. Notiere dir die drei Aussagen aus Text 3A, auf die du die Eltern hinweisen möchtest.

4. Lege dir in Stichworten einen Schreibplan an.

Schreibplan zum Wahlteil A

Einleitung:

a) Begrüßung des Publikums (Eltern), warum halte ich den Vortrag, was möchte ich?

Hauptteil:

b) Gefühle von Jugendlichen in Krisensituationen:

c) Definition „Krise“:

Von einer Krise spricht man, wenn ...

d) Eltern haben für Kinder eine Vorbildfunktion, weil:

1.

2.

3.

Schluss:

e) Appell an die Eltern:

5. Schreibe nun deinen Text. Die folgenden Formulierungsvorschläge können dir dabei helfen.

Einleitung:
- Liebe Eltern, ich freue mich, dass ...
- Ich stehe heute hier, weil ich Ihnen verdeutlichen möchte ...

Hauptteil:
- Die Zeit der Pubertät stellt uns Jugendliche vor ganz besondere Herausforderungen.
- Auch seelisch ist es in dieser Zeit für uns schwer.
- Von einer wirklichen Krise aber spricht man, wenn ...
- Aber auch Ihnen, liebe Eltern, kommt eine nicht unerhebliche Vorbildfunktion zu ...
- Gerne möchte ich Ihnen aufzeigen, wie Sie ...

Schluss:
- Ich würde mir wünschen, dass ...

6. Überarbeite deinen Text mithilfe der Checklisten auf den Seiten 46 und 56.

Lösungshilfen zum Wahlteil B

1. Versetze dich in die Situation einer Person, die das erlebt, was Text 1 und 2 ausdrücken. Wie geht es ihr?

___

___

2. Fasse den Inhalt des Gedichtes in fünf Sätzen zusammen.

___

___

___

3. Finde die drei für dich hilfreichsten Aussagen des Gedichtes in Bezug auf die eigene Entwicklung.

Helfende Aussage	Begründung, warum das für mich wichtig ist

4. Lege dir in Stichworten einen Schreibplan an.

Schreibplan zum Wahlteil B

Einleitung:

a) Gefühlslage (Informationen aus Text 1 und 2 entnommen), Ich-Form:

____

____

Hauptteil:

b) Inhalt des Gedichtes (kurz zusammengefasst!):

____

____

____

b) Drei Kernaussagen des Gedichtes, die hier wichtig sind:

1. ______________________________

2. ______________________________

3. ______________________________

Schluss:

d) Appell an mich (Mut machende Formulierung):

____

____

____

5. Schreibe nun deinen Text. Die folgenden Formulierungsvorschläge können dir dabei helfen.

Einleitung:

- Alles scheint sich verändert zu haben. Früher ...

Hauptteil:

- Immer wieder fällt mir das Gedicht „pass auf" von Wolfgang Reus ein. Darin geht es ...
- Das Gedicht weist auf verschiedene Dinge im Leben hin, auf die man aufpassen sollte ...
- Drei Aspekte sind mir dabei vor allem ins Auge gesprungen ...
- Da ist zum Beispiel der Punkt, dass ... / Ihn finde ich wichtig, weil ...

Schluss:

- Aber ich werde es schaffen. Ich bin mir sicher, denn ...

6. Überarbeite deinen Text mithilfe der Checklisten auf den Seiten 46 und 56.

C 3 Prüfungsbeispiel: Künstliche Intelligenz

Bearbeite auch diese Prüfungsvorlage so, wie du es im Kapitel B1 (Seite 26/27) sowie in den Grundkursen B6 – B8 (Seite 39 – 64) gelernt hast. Gehe dabei schrittweise vor. Auf den Seiten 89 – 91 findest du Lösungshilfen.

Die folgenden Materialien befassen sich mit dem Thema „Künstliche Intelligenz". Bearbeite zunächst die Aufgaben im Hauptteil 2. Im Anschluss daran musst du dich entscheiden, ob du die Schreibaufgabe im Wahlteil A oder B bearbeitest.

Basisteil

Text 1: Spracherkennung: Smarte Assistenten – Freund oder Feind?

Sprachassistenten reagieren auf Befehle, um uns im Alltag zu helfen. Doch in Zukunft sollen sie an unserer Stimme Krankheiten, Wünsche und Emotionen erkennen. Der Beginn einer wunderbaren Freundschaft? Wer wünscht sich das nicht? Jemanden an seiner Seite zu wissen, der immer für einen da ist. Der weiß, was uns bewegt und was wir gerade am dringendsten brauchen. Jemanden, der ein angenehmer Gesprächspartner ist, der auf unsere Gesundheit achtet, der uns quasi in- und auswendig kennt. Noch ist das Zukunftsmusik: Der Sprachassistent als vielleicht bester Freund des Menschen. Die heutigen Sprachassistenzsysteme stellen zwar eine Vielzahl an Funktionen bereit, die ihren Benutzern das Leben leichter machen – von der Terminplanung über Navigation[1], Smart-Home- und Gerätesteuerung und vieles mehr. Andererseits fungieren[2] sie bisher lediglich als Befehlsempfänger und Antwortgeber, die in ihrer Kommunikationsfähigkeit stark limitiert[3] sind. Erwartbare Fragen und Befehle, wie nach dem Wetter fragen, die Order, das Licht ein- und auszuschalten, können sehr gut bearbeitet werden. Was die Sprachsysteme nicht gut können, ist, locker zu plaudern und damit in eine natürliche verbale Interaktion[4] mit dem Benutzer zu treten. Doch trotz dieser Einschränkungen beobachten Wissenschaftler bereits jetzt, dass es menschelt zwischen Benutzer und Maschine.

Prof. Nicole Krämer untersucht an der Universität Duisburg-Essen, wie Sprachassistenten unsere Emotionen beeinflussen: „Dass wir sozial reagieren, wird eigentlich relativ einfach ausgelöst", erklärt sie. „Ein ganz wichtiges Element, haben verschiedene Studien gezeigt, ist die Sprache. Dann wird automatisch das wachgerufen, was wir in uns haben, nämlich diese natürliche Fähigkeit zur Kommunikation und sozial mit anderen zu interagieren", so die Sozialpsychologin. Testpersonen zeigten beispielsweise Höflichkeitsverhalten gegenüber den sprechenden Maschinen oder sie versuchten den Maschinen gegenüber, einen guten Eindruck zu machen. Ganz so wie das in der Interaktion mit anderen Menschen vorkommt. Kennzeichnend dabei war, dass den Versuchspersonen ihr eigenes Verhalten nicht bewusst war und es sogar von ihnen geleugnet wurde. Sind wir beeinflussbar, ohne es zu merken? Und könnte dieser Umstand ausgenutzt werden? Besonders unter der Annahme, dass sich mit zunehmender Interaktionsfähigkeit der Sprachassistenten auch die Bindung vom Menschen zur Maschine intensivieren wird?

Eine entscheidende Rolle bei der Weiterentwicklung der modernen Sprachassistenten ist der Einsatz von Künstlicher Intelligenz. Mittels sogenanntem Machine Learning wird dabei versucht, aus großen Datenmengen Muster herauszulesen, die dann ein besseres Funktionieren des Sprachassistenten ermöglichen sollen. Die Daten gewinnen Unternehmen wie Google, Apple, Microsoft und Amazon dadurch, dass die Benutzer ihre Maschinen mit Sprachbefehlen füttern. Es wird dann, zum Teil auch mit menschlicher Hilfe, analysiert, welche Anfragen die Benutzer stellen. So können die Sprachassistenten darauf trainiert werden, diese Anfragen besser zu verstehen und darauf zielgerichtet zu antworten.

Ein Problem, das sich beim Sammeln von Daten ergibt, ist, dass die Benutzer keinen Einfluss darauf haben, wie ihre Daten verwendet und wie lange sie gespeichert werden. „Daten, die irgendwo gespeichert sein können, wecken immer Begehrlichkeiten. Auch Krankenkassen könnten sich natürlich für Daten darüber, in wie weit der Sprachassistent Depressionsneigungen bei jemandem anscheinend erkannt hat, interessieren“, erklärt Prof. Nicole Krämer. Tarife könnten dann angepasst werden. Aber auch eine Änderung von politischen Systemen könnte zu einem Missbrauch der Daten führen.

Wohin also geht die Reise in Zukunft? Eine Patentbewilligung in den USA, ausgestellt im Jahr 2018 an Amazon, könnte ein Fingerzeig sein. Dort wird beschrieben, wie mittels Spracherkennung Krankheiten und die Stimmung der Nutzer erkannt werden können. Alexa erkennt also körperliche und seelische Zustände von Menschen anhand von Stimmanalyse und der Erfassung von Umgebungsgeräuschen wie Husten, Schnupfen oder Schluchzen. Ist Alexa der Meinung, dass ihr Benutzer krank, verstimmt oder depressiv ist, kümmert sie sich. Dem Nutzer werden dann beiläufig Produktvorschläge unterbreitet und bei Zustimmung über Amazon geliefert. Amazon ließ offen, ob das Patent jemals in eine konkrete Anwendung umgesetzt wird. „Die Chancen in der Entwicklung von Sprachassistenten sind die Services, die es heutzutage schon bietet, zu verbessern. Aber aus ethischer[5] Sicht muss man sich fragen, können diese unbewussten sozialen Reaktionen, die wir beobachten, ausgenutzt werden“, sagt Prof. Nicole Krämer. Aufgrund der noch sehr jungen und sich in ständiger Weiterentwicklung befindlichen Technologie fehlen bisher Langzeitstudien. Ob Alexa und Co Assistenten bleiben oder doch irgendwann wie Freunde wahrgenommen werden, wird erst die Zukunft zeigen.

Quelle: Markus Plawszewski (SWR), https://www.daserste.de/information/wissen-kultur/w-wie-wissen/kuenstlicheintelligenz-102.html (Zugriff: 10.02.2021)

1 Navigation: *hier:* zielgerichtetes Anwenden von EDV-Programmen
2 fungieren: eine bestimmte Aufgabe haben
3 limitiert: begrenzt
4 verbale Interaktion: sprachlich miteinander in Beziehung treten
5 ethisch: moralisch, sittlich (Die Ethik sagt, wie der Mensch handeln soll und wie nicht.)

Aufgabe 1

Stelle den Text und sein zentrales Thema in nicht mehr als drei Sätzen vor.

Aufgabe 2

Was erhoffen sich Menschen vom Einsatz Künstlicher Intelligenz? Notiere Stichworte.

Aufgabe 3

Am Anfang des Artikels wird die Frage aufgeworfen, ob Menschen und Künstliche Intelligenzen „Freunde" sein können. Formuliere ein Argument, das dafür, und eins, das dagegen spricht.

Wahlteil A

Bei einer Recherche im Internet stolperst du über den Begriff „Smart Home". Du informierst dich genauer darüber. Was du erfährst, fasziniert dich. Du versuchst, deine Eltern zu überzeugen, euer Zuhause etwas „smarter" zu machen.
Verfasse ein Referat mit abschließender persönlicher Stellungnahme.
Verfasse dafür einen informierend-appellierenden Text.

Text 2A: Was ist eigentlich ein Smart Home?

Wer beim Begriff „Smart Home" (engl. „Intelligentes Haus") an den berühmten, selbst einkaufenden Kühlschrank mit Internetanschluss denkt, liegt falsch. Den gibt es noch lange nicht zu kaufen. Dennoch sind es auch im Smart Home verschiedene technische Hilfsmittel wie Sensoren[1], gesteuerte Motoren oder Kameras, die für mehr Annehmlichkeit oder Hilfe im Haushalt sorgen. Ob Smart-Home-Lösungen für Licht, Türen und Fenster oder Heizung – immer lässt sich das Einsatzgebiet auf die drei Bereiche Komfort, Energiesparen und Sicherheit eingrenzen. Und keine Sorge vor kühler Technik: Viele haben schon jetzt Funksteckdosen, Rauchmelder oder Dimmer[2] bei sich zu Hause, ohne dass sie stören. Neu ist lediglich, dass die Geräte nun untereinander vernetzt sind. Das heißt, dass zum Beispiel die Waschmaschine per Funk Kontakt mit dem Handy hält und automatisch eine Nachricht verschickt, wenn die Wäsche fertig ist oder eine Störung vorliegt. Die Hersteller der verschiedenen Systeme legen außerdem großen Wert darauf, dass Sie ohne weitere Hilfe oder technisches Vorwissen innerhalb weniger Minuten ein Smart-Home-System einrichten können. Was viele Systeme jedoch voraussetzen: ein aktuelles Smartphone oder ein Tablet-PC. Denn viele Smart Homes werden heute einfach und intuitiv per App gesteuert. [...]

Individuelle Lichtstimmungen automatisch nach Tageszeit, ein perfekt temperiertes Haus oder Rollläden, die herunterfahren, wenn der Fernseher eingeschaltet wird. Einer der angenehmsten Effekte eines Smart Home ist der Komfortgewinn. Denn vieles lässt sich bequem per Handydisplay oder Tablet vom Sofa aus steuern.

Neben dem direkten Steuern lassen sich über die dazugehörigen Programme auch zeitliche Abläufe einrichten. So zieht sich die Markise[3] automatisch zum Sonnenuntergang ein, fährt die Heizung für kuschelig warme Räume

kurz vor dem Feierabend hoch oder öffnen sich Haustüren oder Garagentore von selbst – ganz ohne Schlüsselsuche.
Richtig interessant wird es, wenn die einzelnen intelligenten Elemente wie Funksteckdosen, Rollladenmotoren und App-gesteuerte LED-Leuchten per Software miteinander verknüpft sind. So lassen sich individuelle Szenarien einstellen. Zum Beispiel können für den Heimkino-Abend auf nur einen Fingertipp die Fenster verdunkelt, das Licht gedimmt und die Raumtemperatur erhöht werden. Oder es startet an heißen Tagen dank Wärmesensoren automatisch der Rasensprenger, fährt die Markise aus und setzt sich in den Innenräumen die Klimaanlage oder der Ventilator in Gang. Ein Haus, das sich so an die Bedürfnisse seiner Bewohner anpasst, ist dann wirklich smart.
Neben Komfort steht Energiesparen bei einem Smart Home mit an vorderster Stelle. Nicht nur, dass man sich dank der Verbindung zum Smartphone über den Stromverbrauch aller Geräte jederzeit informieren kann. Besitzer einer Photovoltaikanlage[4] können sich auch anzeigen lassen, wie viel Strom parallel dazu auf dem Dach produziert wird. Mit einem Fingertipp lassen sich auf Wunsch sogar die stärksten Verbraucher einzeln oder gleich alle Geräte beim Verlassen des Hauses mit einem Mal ausschalten. Denn ausgeschaltete Geräte sparen die meiste Energie. [...]
Neben Komfort und Energieeinsparung bietet ein Smart Home noch ein bedeutendes Plus an Sicherheit. Ob ein Urlaubsmodus mit unterschiedlichen Beleuchtungsszenarien, eine über das WLAN-Netzwerk verbundene Kamera an der Eingangstür oder Funksteckdosen, mit denen auch von unterwegs dem noch eingeschalteten Bügeleisen der Strom gekappt werden kann – Smart Home macht es möglich. Eigentlich passt die kluge Technik daher zu jedem, denn die Vielfalt der Anwendungsmöglichkeiten ist enorm. [...]

Quelle: Heiko Spilker, https://www.schoener-wohnen.de/architektur/36906-rtkl-was-ist-eigentlich-ein-smart-home (Zugriff 10.02.2021)

1 Sensor: Messfühler
2 Dimmer: Helligkeitsregler
3 Markise: faltbares Stoffdach zum Schutz gegen Sonne
4 Photovoltaik: Gewinnung von elektrischer Energie aus Sonneneinstrahlung

Bearbeite die folgenden Aufgaben in einem zusammenhängenden Text. Gehe folgendermaßen vor.

a) Beginne dein Referat mit einer Erklärung, in der Thema und Ziel deutlich werden.
b) Fasse inhaltlich kurz zusammen, was ein Smart Home ist und wie es funktioniert.
c) Führe drei Situationen an, in denen deine Eltern im Alltag von einem smarten Zuhause profitieren würden. Belege diese mit Beispielen aus eurem Familienalltag.
d) Erkläre, wie die Smart-Technologie die Sicherheit zuhause erhöhen würde.
e) Appelliere im Schlussteil an deine Eltern, die Idee eines Smart Home gemeinsam in die Tat umzusetzen, und schlage vor, wie ihr damit beginnen könnt.

Wahlteil B

In immer mehr Wohnungen deiner Mitschülerinnen und Mitschüler ist „Alexa" eingezogen. Viele gehen deiner Meinung nach sehr unvorsichtig mit dieser Technik um. Du beschließt, einen Vortrag vorzubereiten, um die Risiken deutlich zu machen. Verfasse hierzu einen informierend-appellierenden Text. Nutze hierfür Text 1 und Text 2B.

Text 2B: Diese Risiken birgt Alexa für Kinder

Ein Junge, sechs Jahre alt, wünscht sich ein Kinderlied, ruft „play Digger, Digger“[1] ins Mikrofon. Und was tut Amazons Sprachassistentin „Alexa“? Sie schlägt ihm verschiedene Porno-Titel vor. Diese Geschichte ist nicht die einzige Panne vergangener Jahre, die Eltern schockiert. Jetzt warnt sogar der Wissenschaftliche Dienst des Bundestags.

In einem Gutachten wird bemängelt, dass Kinder und Jugendliche persönliche Informationen von sich preisgeben oder eben Inhalte abrufen können, die sie nicht hören sollten. Außerdem stelle sich die Frage, was eigentlich mit Besuchern sei, die nicht wüssten, dass die Software gerade ihre Sätze aufzeichnet. Amazon dürfte der Pflicht zur Informationsvermittlung bei der Datenerhebung von Nutzern zwar ausreichend nachkommen, heißt es – „offen bleibt jedoch, wie unbeteiligte Dritte und Minderjährige von der Datensammlung ausgeschlossen werden können“. Mit Blick auf die USA sei außerdem unklar, „zu welchen weiteren Zwecken Amazon seine Daten zukünftig nutzen könnte“. Dass sich Kriminelle Zugriff zu den Daten in der Cloud verschaffen könnten, sei ebenfalls nicht auszuschließen.

Eine Reihe von Kritikpunkten. Das Bundesinnenministerium fühlt sich in der Sache aber nicht zuständig. Ein Sprecher erklärte auf Anfrage der Deutschen Presse-Agentur: „Die Nutzung der Sprachassistenten betrifft Datenverarbeitungen durch nichtöffentliche Stellen.“ Für diese lasse die Datenschutz-Grundverordnung der EU den nationalen Gesetzgebern so gut wie keinen Regelungsspielraum. „Wir müssen darauf dringen, dass die Einwilligungserklärung für den Nutzer auf die Gefahren und Möglichkeiten hinweist, die mit der Übertragung und Nutzung der Daten sowie der Daten von Dritten, die sich zufällig im Raum befinden, hinweist“, meint hingegen der fraktionslose Bundestagsabgeordnete Uwe Kamann. Dies müsse detailliert erfolgen, „und nicht indem man nur einmal ein Häkchen für alles setzt“. Kamann war es, der die Frage aufgeworfen hatte, ob es zulässig ist, dass Amazon die Spracheingaben der „Alexa“-Nutzer auswertet.

Der Hamburgische Datenschutzbeauftragte Johannes Caspar ist ebenfalls empört. Er teile die Befürchtungen des Wissenschaftlichen Dienstes des Bundestags. Probleme würden sich „aus der hohen Zahl von Fehlaktivierungen bei automatischen Sprachassistenten“ ergeben. Diese führten dazu, dass Gespräche immer wieder übertragen werden, weil das System das Aktivierungswort fälschlicherweise verstehe. „Von diesen Datenerhebungen sind ausnahmslos alle Personen im Haushalt betroffen, ohne dass die relevanten rechtlichen Vorgaben vorliegen dürften“, sagte Caspar zu Tagesspiegel Background Digitalisierung & KI. Insbesondere dürften „Kinder kaum einwilligungsfähig sein“. Ein weiteres Problem ist aus seiner Sicht „die fehlende Zugriffskontrolle durch eine personalisierte Steuerung, mit der eine Nutzung des Sprachsystems durch dritte unbefugte Personen verhindert werden könnte“. Amazon bietet den Nutzern zwar neuerdings mit dem Befehl „Alexa, lerne meine Stimme“ die Möglichkeit, ein persönliches Stimmprofil einzurichten. Diese werden nach Angaben eines Amazon-Sprechers aber nur genutzt, „um das individuelle Nutzererlebnis zu verbessern“. Auf den Befehl „Computer, spiele Musik!“ hin würden für verschiedene Profile

unterschiedliche Titel abgespielt. Das Gerät für Kinder zu sperren, erlaubt die neue Stimmerkennung nicht.
Das Unternehmen teilte auf Tagesspiegel-Anfrage mit: „Echo und Alexa schützen die Privatsphäre der Kunden und jedes Haushaltsmitglieds." Jeder Echo-Lautsprecher sei mit einer Stummtaste ausgestattet, die die Stromzufuhr der Mikrofone und Kameras elektronisch trenne. Dadurch sei es für Kunden einfach zu steuern, wann Alexa in der Lage ist, das Aktivierungswort zu erkennen. Außerdem könne jeder seine Aufzeichnungen ansehen, anhören und beseitigen. Nötig sei nur der Satz „Alexa, lösche, was ich gerade gesagt habe!"
Der Sprachassistent wird nicht zum ersten Mal als Übel für Kinder angesehen. Im vergangenen Jahr veröffentlichte die britische Childwise Agency eine Untersuchung mit dem Ergebnis: Da Alexa Anweisungen ohne Wörter wie „bitte" oder „danke" ausführt, fürchten Experten, dass Kinder zu unhöflichen Wesen heranwachsen, die bloß noch befehlen.
Alexa, lies mir eine Gute-Nacht-Geschichte vor! Alexa, ich will ...! Im April 2018 brachte Amazon tatsächlich eine Version für Kinder auf den Markt. Diese formuliert ihre Antworten kindgerechter, sagt der Hersteller. Außerdem bekamen Kinder ein Lob, wenn sie bitten und sich bedanken. [...]

Quelle: Sonja Alvarez und Marie Rövekamp, Der Tagesspiegel, Berlin vom 09.07.2019

1 Digger: Anrede für einen Freund oder Kumpel

Bearbeite nun die folgenden Aufgaben in einem zusammenhängenden Text.
Gehe folgendermaßen vor:

a) Beginne dein Referat mit einer passenden Anrede und erkäre, warum du dich zu „Alexa" äußerst.
b) Benenne Vorteile, die der Umgang mit „Alexa" bietet. Mache dabei deutlich, dass du die Begeisterung deiner Mitschüler nachvollziehen kannst.
c) Führe begründet drei Gefahren der Nutzung einer „Alexa" an.
d) Gib deinen Mitschülern Tipps, wie sie sinnvoll mit Sprachassistenten umgehen.
e) Beende dein Referat, indem du dich bei deinen Mitschülern bedankst und daran appellierst, dass sie in Zukunft vorsichtiger bei der Nutzung von Sprachassistenten sein sollen.

Lösungshilfen zum Wahlteil A

1. Schreibe in eigenen Worten auf, was ein Smart Home ist.

____

____

2. Sammle Aspekte in der Tabelle, auf welche Weise ein smartes Zuhause den Alltag erleichtern und die Sicherheit erhöhen kann.

Hilfe im Alltag	Erhöhung der Sicherheit

3. Lege dir in Stichworten einen Schreibplan an. Lies in der Aufgabe nach, was von dir erwartet wird.

Schreibplan zum Wahlteil A

Einleitung:

a) Anrede:

Thema:

Ziel:

Hauptteil:

b) Was ist ein Smart Home?

Wie funktioniert es?

c) Hilfreiche Situationen im Alltag:

1.

2.

3.

d) Wie erhöht die Smart-Technologie die Sicherheit zuhause?

Schluss:

e) Bitte um Umsetzung

Wie beginnen wir?

4. Schreibe nun deinen Text. Die folgenden Formulierungsvorschläge können dir dabei helfen. Überarbeite deinen Text anschließend mithilfe der Checklisten auf den Seiten 46 und 56.

Einleitung:
- Wie ihr wisst, habe ich in letzter Zeit relativ viel über Smart-Technologie gelesen.
- Ich würde mir wünschen, dass ...

Hauptteil:
- Ein Smart Home zu besitzen, bedeutet ...
- An einigen Beispielen möchte ich zeigen, wie ein smartes Zuhause den Alltag erleichtern kann ...

Schluss:
- Ich würde mich freuen, wenn ...
- Vielleicht können wir damit beginnen ...

Lösungshilfen zum Wahlteil B

1. Notiere stichpunktartig, was deinen Mitschülern an „Alexa“ gefallen könnte.

2. Nenne stichpunktartig mindestens drei Gefahren von „Alexa".

3. Versuche zu erklären, worauf man bei der Nutzung von „Alexa" achten muss. Markiere im Anschluss den deiner Meinung nach wichtigsten Aspekt.

4. Markiere oder unterstreiche in der Aufgabenstellung, was von dir erwartet wird. Erstelle mit diesen Angaben einen Schreibplan.

Schreibplan zum Wahlteil B

Einleitung:

a) Anrede:

Grund des Vortrags:

Hauptteil:

b) Vorteile von „Alexa":

Begeisterung kann ich nachempfinden, weil ...

c) Gefahren der Nutzung:

1. ...

2. ...

3. ...

d) Tipps zum Umgang:

...

Schluss:

d) Bedanken:

Appell:

5. Schreibe nun deinen Text. Die folgenden Formulierungsvorschläge können dir dabei helfen. Überarbeite deinen Text anschließend mithilfe der Checklisten auf den Seiten 46 und 56.

Einleitung:
- Liebe Mitschüler und Mitschülerinnen, ich weiß aus Gesprächen, dass ...
- Dieser Vortrag soll euch dabei helfen, ...

Hauptteil:
- „Alexa" ist faszinierend. Ich finde es auch spannend, ...
- Dennoch gibt es auch Gefahren, auf die ich euch hinweisen möchte: ...
- Wenn ihr euch dazu entschließt, eine Alexa anzuschaffen, solltet ihr ...

Schluss:
- Ich danke dafür, ... und ich hoffe, dass ...

C 4 Prüfungsbeispiel: Klimawandel

Bearbeite auch diese Prüfungsvorlage so, wie du es in den Grundkursen B6 – B8 (Seite 39 – 64) gelernt hast. Gehe dabei schrittweise vor.

Auf den Seiten 98 – 99 findest du Lösungshilfen zu den Schreibaufgaben des Wahlteils A und B.

Die folgenden Materialien befassen sich mit dem Thema „Klimawandel". Bearbeite zunächst die Aufgaben im Basisteil. Im Anschluss daran bearbeitest du die von dir gewählte Wahlaufgabe im Wahlteil A oder B.

Basisteil

Text 1: Was ist der Klimawandel?

Unser Klima verändert sich. [...] Dabei ist Klima nicht das Gleiche wie Wetter!

Während Wetter einen kurzfristigen Zustand wie Sonnenschein oder Regen an einem bestimmten Ort bezeichnet, betrachtet man beim Klima die Temperaturen über einen längeren Zeitraum und in einer größeren Region.

Im letzten Jahrhundert hat sich das Klima auf der Welt verändert, die globale Durchschnittstemperatur ist um ungefähr 1 °C gestiegen. Man könnte meinen, dass das gar nicht so viel ist, aber die aktuelle Erwärmung verläuft schneller als alle bekannten und natürlichen Erwärmungsphasen in den letzten 65 Millionen Jahren. Mittlerweile sind sich die meisten Wissenschaftler deshalb einig, dass die aktuelle Erderwärmung von Menschen verursacht ist.

Eine wichtige Ursache für die globale Erwärmung ist der sogenannte Treibhauseffekt. Wie bei einem Gewächshaus lässt die Erdatmosphäre Sonnenstrahlen größtenteils ungehindert zu uns durch. Die Strahlen werden von der Erde reflektiert und die sogenannten Treibhausgase in der Atmosphäre nehmen die Strahlung weitgehend auf, erwärmen sich und schicken uns längerwellige Strahlung zurück. Das ist ein ganz natürlicher Prozess, durch den es auf der Erde angenehm warm ist. Im globalen Durchschnitt 15 °C. Ohne diesen natürlichen Treibhauseffekt wäre es im Schnitt −18 °C kalt.

Seit Beginn des Industriezeitalters ist die Konzentration der Treibhausgase jedoch stark gestiegen, denn viele industrielle Prozesse erzeugen Treibhausgase wie Kohlenstoffdioxid, kurz CO_2, oder Methan. Vereinfacht kann man sagen, je mehr Treibhausgase in der Atmosphäre sind, desto mehr Rückstrahlung gibt es und umso wärmer wird es auf der Erde. Verursacht haben wir den Anstieg der Treibhausgase dadurch, dass wir in der Industrie oder im Autoverkehr fossile Brennstoffe wie Kohle oder Erdöl verwenden.

Und durch die Abholzung von Wäldern, denn Pflanzen nehmen CO_2 auf und wandeln es in Sauerstoff um. Die Amazonasregion zum Beispiel hat so viel CO_2 gespeichert wie die ganze Welt in 15 Jahren produziert. Die Folgen? Manche spüren wir heute schon. Zum Beispiel häufige Wetterextreme wie Starkregen, Überschwemmungen, Dürren und Hitzewellen oder wärmere Winter. Langfristig schmelzen durch wärmeres Klima die Eismassen in der Arktis oder Antarktis. Dadurch steigt der Meeresspiegel. Viele Regionen, Pflanzen und auch Tiere sind von der Erderwärmung bedroht. Im schlimmsten Fall könnte jede dritte Art aussterben. Höchste Zeit, aktiv zu werden. Für die Weltgemeinschaft, aber auch für jeden Einzelnen.

youknow GmbH, München, 22.03.2016. https://www.youtube.com/watch?v=ZGXVq9obUms (Zugriff: 10.02.2021, verändert)

Aufgabe 1

Stelle den Text und sein zentrales Thema in nicht mehr als drei Sätzen vor.

____

____

____

Aufgabe 2

Erläutere den Unterschied zwischen Wetter und Klima.

____

____

____

____

Aufgabe 3

Notiere in Stichpunkten die Folgen des Klimawandels.

____

____

____

____

Illustration: Der Treibhauseffekt

https://www.regenwald-schuetzen.org/fileadmin/user_upload/Bilder/1_Regenwald-Wissen/Klimaschutz/klima-klimaschutz-in-treibhauseffekt.jpg (Zugriff: 11.02.2021)

Aufgabe 4

Beschreibe das Bild von Seite 93. Nutze dafür auch Text 1.

Text 2: Weltklimakonferenz

Das Klimaschutzabkommen wurde auf dem sogenannten Erdgipfel in Rio de Janeiro 1992 beschlossen und ist inzwischen von 197 Ländern unterzeichnet worden. Seit ihrem Inkrafttreten 1994 finden jährlich die Weltklimakonferenzen statt. [...] Das 1992 festgelegte Ziel des Klimaschutzabkommens ist: *„Eine gefährliche anthropogene[1] Störung des Klimasystems zu verhindern und die globale Erwärmung zu verlangsamen sowie ihre Folgen zu mildern.“* Einfach ausgedrückt heißt das, dass die Weltgemeinschaft den Klimawandel zu verringern versucht, um die Folgen für Natur, Mensch und Umwelt zu begrenzen.

Das funktioniert konkret so, dass sich die Staaten jährlich auf der Weltklimakonferenz oder auch zu einem „Klimagipfel“ treffen, um Maßnahmen zu beschließen, die nötig sind, um diese Ziele zu erreichen.

Bei der Weltklimakonferenz 2015 in Paris hatten sich alle Staaten dazu verpflichtet, die Weltwirtschaft auf klimafreundliche Weise zu verändern. Ziel ist es, die globale Erwärmung auf unter zwei Grad Celsius und möglichst unter 1,5 Grad Celsius zu beschränken. Im Dezember 2019 fand der Klimagipfel in Madrid statt. Angesichts der fortschreitenden Erderwärmung war ein starkes Signal erwartet worden. Das Treffen der Staaten sollte vorbereiten, dass die Länder im kommenden Jahr ihre nationalen Pläne für den Klimaschutz nachbessern und die Klimaschutzziele für 2030 möglichst verschärfen.

Nach harten und langen Verhandlungen ging die UN-Klimakonferenz in Madrid [...] mit Minimalbeschlüssen zu einer Anhebung der Klimaschutz-Ambitionen und anderen Themen zu Ende. Vertreter verschiedener Umwelt- und Entwicklungsorganisationen haben sich von den Beschlüssen der UN-Klimakonferenz enttäuscht gezeigt. Michael Schäfer, Leiter Klimapolitik und Energie des WWF Deutschland, bezeichnete die Konferenz am Sonntag als „gruseligen Fehlstart in das für die Umsetzung des Pariser Klimaabkommens so entscheidende Jahr 2020“. Die wichtigsten Themen seien liegen geblieben, kritisierte er. So sei unter anderem das Regelbuch des Pariser Abkommens nicht fertiggestellt und für die Finanzierung klimabedingter Schäden und Verluste keine vernünftige Lösung gefunden worden.

https://www.umwelt-im-unterricht.de/wochenthemen/spezial-weltklimakonferenz-2019/
https://www.br.de/nachrichten/deutschland-welt/un-klimagipfel-einigt-sich-auf-kompromiss,Rkhsfiw
NGO-Vertreter zeigen sich enttäuscht von Beschlüssen der Weltklimakonferenz © Agence France-Presse

[1] durch den Menschen verursacht

Aufgabe 5

Schreibe das Ziel des Klimaschutzabkommens heraus.

Aufgabe 6

Notiere in Stichpunkten die Ergebnisse der Weltklimakonferenzen 2015 in Paris und 2019 in Madrid.

Wahlteil A

Im Fach Erdkunde beschäftigt ihr euch intensiv mit den Themen „Klimawandel“ und „Klimaschutz“. Allen wird klar, dass in einigen wenigen Generationen die Menschen die Erde nicht mehr so erleben werden, wie sie jetzt ist. Innerhalb der Klasse entwickelt sich die Idee, ein eigenes Klimaschutzprojekt zu starten, und du erklärst dich bereit, dazu im Internet zu recherchieren. Bei deinen Recherchen stößt du auf das Projekt „Schule – Klima – Wandel“ des SV-Bildungswerks Berlin.
Bereite einen informierend-appellierenden Text vor, mit dem du deine Mitschüler und deine Lehrerin von der Teilnahme an einem Klimaschutz-Workshop überzeugen möchtest.

Text 3A: Projekt: Schule – Klima – Wandel

- Du hast Bock, etwas für Umwelt- und Klimaschutz zu tun, weißt aber nicht so recht, was das sein könnte?
- Klimawandel war zwar schon Thema im Unterricht, aber was das mit dir und deinem Alltag zu tun hat, könntest du jetzt nicht genau sagen?
- Du hast eine coole Projektidee und willst nicht lange fackeln, um ein Projekt für besseres Klima an deiner Schule umzusetzen?

Klimaschutz ist ein großes Anliegen, das viel Unterstützung benötigt. […] Auch die Bundesregierung findet das wichtig und fördert Maßnahmen zur Senkung der Emissionen von Treibhausgasen über die Nationale Klimaschutzinitiative. In diesem Rahmen wird auch das Projekt „Schule – Klima – Wandel“ umgesetzt. Es wird gefördert durch das Bundesministerium für Umwelt und Naturschutz aufgrund eines Beschlusses des Deutschen Bundestages.

Warum „Schule – Klima – Wandel“??

In diesem Projekt verbinden wir zwei Fragen: „In was für einer Schule wollen wir lernen?“ mit „In was für einer Welt wollen wir leben?“ Denn sowohl das Lernklima in der Schule als auch das Weltklima draußen bedürfen des Wandels. Deshalb organisieren wir Workshops von Schülern für Schüler und setzen uns gemeinsam mit Ursachen und Folgen von Klimawandel auseinander – hier vor Ort und weltweit. Wir wollen jungen Menschen zeigen, wie gute Bildung aussehen kann, und Mut machen, sich einzumischen und den Wandel selbst zu gestalten. […]

Wenn du mit deinen Mitschülern gemeinsam etwas für ein gutes Klima tun möchtest, dann frag uns für einen Workshop an. Hier können wir gemeinsam mehr über den Klimaschutz lernen oder direkt Nägel mit Köpfen machen und Projekte umsetzen.

Wenn du mehr Zeit mitbringst und Lust hast, bundesweit an Schulen Workshops mit und für Jugendliche zu moderieren, dann melde dich für eine Ausbildung an und lass dich zum Klima-Botschafter ausbilden! Worum geht es dabei genau?

Klimaschutz braucht Leute, die sich für ihn einsetzen. Unsere Klima-Botschafter sind solche Leute. Sie gehen an Schulen und geben Workshops zum Thema „Klimawandel“ und „Klimaschutz“, erarbeiten gemeinsam mit den Schülern mögliche Lösungsmöglichkeiten und helfen, Projekte anzustoßen. Im Berliner Büro des SV-Bildungswerks koordinieren wir das Projekt mit einem Team aus hauptamtlichen Mitarbeitern und Freiwilligen.

Wenn du uns erreichen willst, nimm das Telefon in die Hand oder schreib eine E-Mail. […]

Bildungswerk für Schülervertretung und Schülerbeteiligung e.V., Berlin, http://www.schule-klima-wandel.de/ueber-das-projekt/#mitmachen-fuer-schulen, (Zugriff: 10.02.2021, verändert)

Bearbeite die folgenden Aufgaben in einem zusammenhängenden Text.

a) Erkläre einleitend den Anlass für deinen Beitrag.
b) Stelle kurz Ursachen und Folgen des Klimawandels dar (Text 1).
c) Erläutere die Grundidee des Projekts „Schule – Klima – Wandel“ (Text 3A).
d) Appelliere an die Klasse und die Lehrerin, der Idee zuzustimmen, beim SV-Bildungswerk einen Klimaschutz-Workshop für deine Klasse zu beantragen. Beziehe schon eventuell vorhandene Projektideen ein.
e) Überlege abschließend, wie zusätzlich dein persönlicher Beitrag zum Klimaschutz aussehen könnte.

Wahlteil B

Du interessiert dich für die Themen „Klimawandel“ und „Klimaschutz“ und recherchierst im Internet nach Informationen. Bei deiner Recherche entdeckst du die Initiative „Sing for the climate“ und möchtest darüber einen Artikel für die Schülerzeitung der Schule schreiben. Dein Ziel ist es, sowohl über diese Themen zu informieren als auch zu Mitmachaktionen aufzurufen.
Verfasse einen informierend-appellierenden Text.

Text 3B: Sing for the climate

Mit der Initiative „Sing for the climate" lud der belgische Filmemacher Nic Balthazar Menschen aus aller Welt dazu ein, die Politiker im Vorfeld der Weltklimakonferenz am 30. November 2015 in Paris dazu aufzufordern, sich für ein verbindliches Klimaabkommen einzusetzen. Im Rahmen dieser weltweiten Aktion sollen Millionen von Menschen das Lied „Do it now" singen, sich dabei filmen und es im Internet hochladen. „Das ist eine einzigartige Gelegenheit für die Menschen, sich mit ihrer Stimme Gehör zu verschaffen", erklärt Nic Balthasar: „Das ist wirkungsvoller als eine Petition und leichter zugänglich als eine Demonstration." Auch die Deutschen waren begeistert von dieser Aktion. Am 17. Mai 2015 rockte München: 3000 Menschen sangen gemeinsam für eine grüne Zukunft und mehr Klimaschutz.

Do it now (Originaltext)

We need to wake up
We need to wise up
We need to open our eyes
And do it now now now
[...]

Mach es jetzt! (Übersetzung)

Wir müssen aufwachen.
Wir müssen weise werden.
Wir müssen unsere Augen öffnen.
Und es jetzt, jetzt, jetzt tun!
Wir müssen eine bessere Zukunft aufbauen.
Und wir müssen gleich anfangen.

Wir befinden uns auf einem Planeten,
Der ein Problem hat.
Wir müssen es lösen, mitmachen.
Und es jetzt, jetzt, jetzt tun!
Wir müssen eine bessere Zukunft aufbauen.
Und wir müssen gleich anfangen.

Mach es grüner,
Mach es sauberer.
Lass es dauern, mach es schnell.
Und es jetzt, jetzt, jetzt tun!
Wir müssen eine bessere Zukunft aufbauen.
Und wir müssen gleich anfangen.

Es hat keinen Sinn zu warten
Oder zu zögern
Wir müssen klug werden, keine Lügen mehr nehmen
Und es jetzt, jetzt, jetzt tun!
Wir müssen eine bessere Zukunft aufbauen.
Und wir müssen gleich anfangen.

Sing For The Climate, München, 14.09.15, singfortheclimate.com © Sing for the Climate: Gertrud Deckers, Brigitte Günther
Do it now / Mach es jetzt: Text von Nic Balthazar und Stef Kamil Carlens, Rechte beim Urheber.

Bearbeite die folgenden Aufgaben in einem zusammenhängenden Text.

a) Erkläre einleitend den Anlass für deinen Beitrag und stelle die Initiative „Sing for the climate" in wenigen Sätzen vor.
b) Erläutere die Ziele und Ergebnisse der jährlich stattfindenden Weltklimakonferenzen (Text 2).
c) Fasse den Inhalt der Übersetzung des Liedes „Do it now" zusammen (Text 3B).
d) Schließe den Text mit einer persönlichen Stellungnahme zum Thema und appelliere an deine Mitschüler und Lehrer, eine von dir vorgeschlagene Initiative zum Klimaschutz zu unterstützen.

Lösungshilfen zum Wahlteil A

1. Lies Text 3A genau und unterstreiche die Textstelle, die beschreibt, durch wen das Projekt „Schule – Klima – Wandel“ unterstützt wird. Schreibe diese Information heraus.

2. Beschreibe die Grundidee des Projekts „Schule – Klima – Wandel“.

____

____

____

____

____

3. Lege dir in Stichworten einen Schreibplan an.

Schreibplan zum Wahlteil A

Einleitung:

a) Anlass für deinen Beitrag:

Hauptteil:

b) Ursachen des Klimawandels:

Folgen des Klimawandels:

c) Die Grundidee des Projekts „Schule – Klima – Wandel“ ist

d) Appell: Als Klasse einen Beitrag für den Klimaschutz leisten: Beim Bildungswerk für Schülervertretung für einen Workshop anfragen.

Weitere Projektideen:

Schluss:

e) Mein persönlicher Beitrag zum Klimaschutz:

4. Schreibe deinen Text. Die folgenden Formulierungsvorschläge können dir dabei helfen. Überarbeite deinen Text anschließend mithilfe der Checklisten auf den Seiten 46 und 56.

Einleitung:
Durch den Klimawandel werden in einigen wenigen Generationen die Menschen die Erde nicht mehr so erleben, wie sie jetzt ist.

Hauptteil:
Im letzten Jahrhundert hat sich das Klima auf der Welt verändert, die globale Durchschnittstemperatur ist um ungefähr 1 °C gestiegen. Eine wichtige Ursache ist …
Die Folgen spüren wir heute schon. Zum Beispiel …

Klimaschutz ist deswegen wichtig und benötigt viel Unterstützung.
Die Bundesregierung fördert Maßnahmen zum Klimaschutz ...
Insofern ist es wichtig, dass unsere Klasse sich auch Gedanken macht ...

Schluss:
Ich persönlich möchte auch meinen Beitrag zum Klimaschutz leisten und habe mir überlegt, ...

Lösungshilfen zum Wahlteil B

1. Lies Text 2 genau und unterstreiche die Textstellen, die die Ziele und Ergebnisse der jährlich stattfindenden Weltklimakonferenzen beschreiben.

2. Fasse den Inhalt der Übersetzung des Liedes „Do it now" mit eigenen Worten zusammen.

3. Lege dir in Stichworten einen Schreibplan an.

Schreibplan zum Wahlteil B

Einleitung:

a) Anlass für deinen Beitrag: ______

Hauptteil:

b) Ziele der jährlich stattfindenden Klimakonferenzen: ______

______

Ergebnisse der letzten Klimakonferenzen: ______

c) Zusammenfassung des Liedes „Do it now": ______

______

Schluss:

d) Persönliche Stellungnahme: ______

Appell: Unterstützung einer Initiative zum Klimaschutz: ______

5. Schreibe deinen Text. Die folgenden Formulierungsvorschläge können dir dabei helfen. Überarbeite deinen Text anschließend mithilfe der Checklisten auf den Seiten 46 und 56.

Einleitung:
Die Initiative „Sing for the climate" war im Jahr 2015 eine weltweite Aktion für den Klimaschutz ...

Hauptteil:
Die Ziele der jährlich stattfindenden Klimakonferenzen sind ...
Die Ergebnisse der Weltklimakonferenz von 2019 in Madrid waren enttäuschend ...
In dem Lied „Do it now" geht es um ...

Schluss:
Ich finde es wichtig, mit einer Initiative einen Beitrag zum Umweltschutz zu leisten ...

D Angebotstexte zum selbstständigen Üben

D 1 Hörverstehenstest: Streiken für den Klimaschutz

Auf dieser Seite liegt ein Hörtext in gedruckter Form vor. Um damit zu üben, solltest du ihn dir zweimal in normalem Sprechtempo vorlesen lassen. Decke den Text zu, sobald du die dazugehörigen Aufgaben bearbeitest.

Streiken für den Klimaschutz – Blödsinn oder sinnvoll?

Seit einigen Monaten gehen Schülerinnen und Schüler freitags auf die Straße und demonstrieren für mehr Klimaschutz. Den Unterricht lassen sie ausfallen. Ist das eine gute Idee? Und was sollte man generell von den „Fridays for Future" halten?
Der Video-Blogger Mirko Drotschmann beschäftigt sich mit diesen Fragen auf seinem YouTube-Kanal:

Zunächst schauen wir uns einmal an, worum es hier überhaupt geht. Es geht vor allem um die 16-jährige Schwedin Greta Thunberg, die im August 2018 gesagt hat, dass sie nicht mehr zur Schule gehe, und mit einem handbemalten Protestplakat zunächst jeden Tag, später jeden Freitag vor dem schwedischen Reichstag gegen den vom Menschen gemachten Klimawandel protestierte. [...] Damit erlangte sie sehr schnell sehr viel Aufmerksamkeit. Und das nicht nur bei den Politikern in Schweden, sondern überall auf der ganzen Welt. Sie war beim UN-Klimagipfel in Katowice, beim Weltwirtschaftstreffen in Davos und im September 2019 beim UN-Klimagipfel in New York. Da sie Flugreisen ablehnt, überquerte sie den Atlantik mit einer umweltfreundlichen Segelyacht. Im Dezember 2019 nahm sie an der Klimakonferenz in Madrid teil. Mit ihren Aktionen erreichte sie eine große Medienpräsenz und motivierte viele Schüler, es ihr gleich zu tun. Aus einer Einzelaktion einer jungen schwedischen Aktivistin ist inzwischen eine weltweite Bewegung mit einer gemeinsamen Botschaft an die Politiker geworden: „Ihr ruiniert gerade unsere Zukunft, sorgt dafür, dass es besser wird."
Genau hier kann man sich jetzt die Frage stellen, wie sinnvoll ein Unterrichtsausfall für den Klimaschutz ist.
Grundsätzlich ist es sicher super, wenn junge Menschen auf die Straße gehen, sich für etwas einsetzen und auch Lösungsvorschläge machen. Das ist politisches Engagement, das besonders bei dem Thema „menschengemachter Klimawandel" wichtig ist, da es uns alle betrifft. Die mediale Aufmerksamkeit ist dann natürlich größer, wenn man dafür die Schule ausfallen lässt, als wenn die Demonstrationen nach Schulschluss stattfinden. Damit wird ein wichtiges Signal gesendet.
Auf der anderen Seite könnte man sich auch fragen, ob – nicht bei allen, aber doch bei einigen – eine selbstgerechte Art mitschwingt, wenn zum Ausdruck gebracht wird, dass Politiker alles falsch machen und die jungen Streikenden genau wissen, wie alles richtig gemacht wird. Ist es nicht populistisch[1] zu sagen, die Welt ist schwarz-weiß, hier sind die Bösen, da sind die Guten, wir wissen es besser? Wenn man in eine politische Debatte geht, sollte man das fair und mit realistischen und politisch umsetzbaren Forde-

rungen machen. Auch sollte der von den Medien erzeugte Personenkult um Greta Thunberg in Frage gestellt werden. Es geht nicht nur um eine Person, sondern um viel mehr, um den Klimaschutz.

funk/MrWissen2go (https://www.youtube.com/watch?v=v25hjmf34wQ&feature=youtu.be) (Zugriff 10.02.2021, verändert)

[1] Verhalten oder Standpunkt, das/der allgemeine Zustimmung zu erreichen versucht

Aufgabe 1

Fasse den wesentlichen Inhalt des YouTube-Beitrags kurz zusammen.

Aufgabe 2

Beschreibe, womit Greta Thunberg im August 2018 sehr viel Aufmerksamkeit erregt hat.

Aufgabe 3

Kreuze die richtigen Aussagen an.

„Fridays for Future" …

a) ist ein Schulstreik für das Klima, der freitags stattfindet. ☐

b) bedeutet, dass jeden Freitag in allen Schulen Projekte zum Thema „Zukunft" stattfinden. ☐

c) ist eine weltweite, von Schülern und Studenten organisierte Bewegung mit dem Ziel, Politiker dazu zu bringen, mehr gegen den Klimawandel zu tun. ☐

Aufgabe 4

Mirko Drotschmann diskutiert die Frage, ob ein Unterrichtsausfall für den Klimaschutz sinnvoll ist. Stelle dar, welches Argument seiner Meinung nach für und welches gegen den Unterrichtsausfall spricht.

Pro:

Kontra:

Aufgabe 5

Welche Meinung hast du zum Thema „Unterrichtsausfall für den Klimaschutz"? Begründe deine Meinung.

D 2 Prüfungsbeispiel: Heimat verlieren – Heimat finden

Die folgenden Texte befassen sich mit dem Thema „Heimat". Bearbeite zunächst die Aufgaben im Basisteil. Im Anschluss daran bearbeitest du die von dir gewählte Wahlaufgabe im Wahlteil A oder B.

Basisteil

Text 1: Heimat suchen, finden und nachhaltig gestalten

Der deutsche Dichter Johann Gottfried von Herder sagte: „Heimat ist da, wo man sich nicht erklären muss". Für mich stellt sich die Frage, wo dieser Ort ist, wo wir uns nicht erklären müssen. Der amerikanische Lyriker Robert Lee Frost erklärt die Heimat als „der Ort, wo sie einen hereinlassen müssen, wenn man wiederkommt". Wenn ich an Flüchtlinge denke, frage ich mich, wo ihre Heimat ist. Der russische Schriftsteller Andrej Sinjawski, der in Frankreich im Exil lebte, gab sich mit folgender Antwort zufrieden: „Heimat ist kein geographischer Begriff. Man trägt sie in sich selbst." Bedeutet das, dass wir unsere Heimat in uns tragen? Der deutsche Philosoph Karl Jaspers scheint eine Antwort auf diese Frage gefunden zu haben: „Heimat ist da, wo ich verstehe und wo ich verstanden werde." Aber was ist, wenn es einen solchen Ort gar nicht gibt? Die deutsche Widerstandskämpferin Sophie Scholl verbindet Heimat mit Umwelt und Natur und äußert: „Ich drücke mein Gesicht an seine dunkle, warme Rinde und spüre Heimat – und ich bin so dankbar in diesem Augenblick."

Diese unterschiedlichen Definitionen des Begriffs „Heimat" zeigen mir, dass Heimat nicht etwas Unbewegliches, sondern Dynamisches ist. Heimat verlieren, suchen, finden, sich nach einer Heimat sehnen, heimisch werden, sich zu Hause fühlen und sich als Gemeinschaft fühlen, unabhängig vom Geburtsort. Dies gehört zu unseren Lebenswirklichkeiten als Mensch und als Gesellschaft und zu den Herausforderungen unserer globalisierten Welt.

Mein Beispiel kann vielleicht zeigen, wie international unsere Lebenswirklichkeiten sind. Ich komme aus einer Familie mit 7 Geschwistern. Nach unserem Abitur in Kamerun haben wir uns alle entschieden, in die Welt aufzubrechen, um zu studieren. Die letzten 20 Jahre habe ich in Deutschland die deutsche Sprache gelernt, studiert, einen Doktortitel erworben, eine Familie mit drei Kindern gegründet und an der Universität Freiburg gearbeitet. Seit Jahren bin ich in der Kirchen-, Eltern- und Vereinsarbeit sowie in der Politik tätig. Meine Geschwister leben in Afrika, Europa und Amerika und wir sind international vernetzt und engagiert. Dies gibt mir die Chance, Politik anders zu gestalten und internationale Erfahrungen in meine Arbeit einfließen zu lassen. Im Jahr 2009 wurde ich in den Stadtrat von Freiburg gewählt und beteilige mich aktiv an Entscheidungen, die sich unmittelbar auf unser Lebensumfeld auswirken. Ich kann somit mitgestalten, was für uns in unserer Stadt wichtig ist, und erlebe die Kommune als einen Ort, in dem Nachbarschaft, Ehrenamt und Gemeinschaft praktiziert werden. Als Heimat eben.

Sylvie Nantcha: Heimat suchen. Heimat finden. Heimat nachhaltig mitgestalten.
http://www.kas.de/wf/de/33.30938/ (Zugriff: 10.02.2021, verändert)

Aufgabe 1

Stelle den Text in einem einleitenden Satz vor und fasse die grundlegenden Informationen in nicht mehr als drei Sätzen zusammen.

____

____

____

____

____

____

Aufgabe 2

Die Autorin zitiert unterschiedliche Vorstellungen des Begriffs „Heimat". Trage die entsprechenden Aussagen in die Tabelle ein.

Personen	Erklärung des Begriffs „Heimat"
Johann Gottfried von Herder	
Robert Lee Frost	
Andrej Sinjawski	
Karl Jaspers	
Sophie Scholl	
Autorin Sylvie Nantcha	

Text 2: Heimat und Kunst

Das Kunstobjekt „Over the Continents“ wurde im Jahr 2008 von der japanischen Künstlerin Chiharu Shiota geschaffen.
Der Künstlerin geht es vor allem um das Festhalten von Erinnerung. Sie spinnt mit ihren Wollfäden Dinge ein, die nicht vergessen werden sollen: Stühle, Kleider, Schuhe und mit ihnen auch die Empfindungen und Gefühle der Menschen, die diese Dinge einst besaßen. Für ihre Performance „Over the Continents“ hat sie Menschen gebeten, ihr alte Schuhe zu bringen und kleine Zettel hineinzulegen, auf denen sie beschreiben, was sie mit dem Schuh erlebt haben. Die Besucher konnten dann die Zettel lesen.
Für jemanden, der wie Chiharu Shiota zwischen zwei kulturell weit voneinander entfernten Welten pendelt, ist Heimat nicht ein Land oder eine Stadt, sondern der Ort, wo das Herz ist. Für sie selbst ist Berlin mittlerweile ein Ort, an dem sie sich zu Hause fühlt, aber es war ein langer Weg bis dahin. Viele Jahre hatte sie Heimweh nach Japan, wollte zurück, aber dann auch doch wieder nicht. „Ich fühlte, es zieht mich nach Japan, aber ich spürte auch, dass ich dort weg wollte. Dieses Gefühl habe ich mit dieser Performance ausgedrückt.“

Eva Kaczor, Künstlerführer Berlin: Chiharu Shiota. http://www.artberlin.de/kuenstler-berlin/chiharu-shiota/(Zugriff: 10.02.2021, verändert)

Aufgabe 3

Das Kunstobjekt „Over the continents“ wurde von der Künstlerin Chiharu Shiota zu den Themen „Heimat“ und „Erinnerung“ geschaffen. Beschreibe, wie sie mit ihrer Kunst Erinnerungen festhält.

Aufgabe 4

Was bedeutet „Heimat“ für Chiharu Shiota?

Wahlteil A

Du arbeitest in der Redaktion eurer Schülerzeitung. Zurzeit besuchen einige Kinder aus geflüchteten Familien eure Schule. Für die nächste Ausgabe bereitest du einen Artikel vor, der sich mit dem Thema „Was ist Heimat?" beschäftigen soll. Bei deiner Vorbereitung bist du auf das Lied „Heimat" von Johannes Oerding und auf Erklärungen des Sängers zu diesem Thema gestoßen.

Text 3A: Refrain des Liedes „Heimat" von Johannes Oerding

Oh Heimat, schön wie du mich anlachst
Du bist immer da
Wenn ich keinen zum Reden hab
Oh Heimat, und wie du wieder aussiehst
Ich trag dich immer, immer bei mir
Wie'n Souvenir[1]

Heimat. Text: Johannes Oerding / Ina Mueller
Johannes Oerding Edition/EMI Music Publishing Germany GmbH, Berlin

[1] Souvenir: Erinnerungsstück, Mitbringsel

Text 4A: Erklärungen von Johannes Oerding

Der Song hat eine ganz spannende Entwicklung durchgemacht: Eigentlich wollte ich ihn „Hamburg" nennen, aber dann war ich in meiner alten Heimat, bei meinen vier Geschwistern am Niederrhein, zu Besuch und habe gemerkt, dass ich auch dort noch zuhause bin. Und dass nicht nur eine Stadt oder ein Land Heimat bedeuten können, sondern auch Menschen. Neulich habe ich etwas Schönes gelesen: „Heimat ist da, wo die Leute an deinen Geburtstag denken, ohne es bei Facebook gelesen zu haben".

https://www.n-tv.de/leute/musik/Johannes-Oerding-zuendelt-article14415341.html (Zugriff: 10.02.2021)

Vor dem Hintergrund der aktuellen Geschehnisse in der Welt hat der Song eine ganz neue Dimension. „Ich freue mich für jeden Menschen, der irgendeinen Ort oder irgendeine Person „Heimat" nennen kann – aber auch für alle Suchenden in diesen Zeiten wünsche ich mir, dass sie so schnell wie möglich wieder ein Gefühl von „Angekommen sein" erleben können.

https://www.radio-vhr.de/pop-rock/johannes-oerding-heimat.html (Zugriff: 04.01.2018)

Bearbeite die folgenden Aufgaben in einem zusammenhängenden Text. Gehe dabei so vor:

a) Beschreibe einleitend den Anlass für deinen Artikel.
b) Gehe kurz auf das Lied „Heimat" von Johannes Oerding ein und fasse seine Erklärungen zu diesem Thema in wenigen Worten zusammen.
c) Für den Begriff „Heimat" gibt es keine einheitliche Erklärung. Jeder Einzelne versteht etwas anderes darunter. Verdeutliche dies mithilfe von mindestens vier Beispielen. (Text 1)
d) Erkläre am Beispiel der Japanerin Chiharu Shiota, dass Gefühle zum Thema „Heimat" auch mit Kunstobjekten zum Ausdruck gebracht werden können.
e) Erläutere abschließend, was „Heimat" für dich bedeutet.

Wahlteil B

Im Rahmen einer Unterrichtseinheit zum Thema „Heimat“ wird in deiner Klasse folgende Geschichte gelesen und besprochen.

Text 3B: Was ist Heimat für dich?

Ich sehe über meine Schulter, bis Ilias in mein Blickfeld rutscht. Er starrt unbewegt an die Tafel, auf der Frau Hofer diese Frage notiert hat: „Was ist Heimat für dich?“ Vor mir schnipst eine Schülerin mit dem Finger. „Heimat ist für mich da, wo meine Familie herkommt!“
„Heimat ist, wo man die meiste Zeit seines Lebens verbringt“, schlägt jemand anderes vor. Mein Blick liegt immer noch auf Ilias, und er bemerkt es nicht einmal. Er ist in Gedanken versunken – wie so oft, seit er bei uns ist.
Meine beste Freundin Hazal hebt den Arm. „Heimat ist da, wo man sich zu Hause fühlt, egal wie viel Zeit man dort verbringt.“ Sie lächelt und berührt mit einem Finger den goldenen Halbmond an ihrer Kette. Hazal war vor zwei Jahren das letzte Mal bei ihren Verwandten in der Türkei.
„Würdet ihr sagen, dass euer Zuhause hier auch automatisch eure Heimat ist?“, fragt Frau Hofer. Da schüttelt Ilias kaum merklich den Kopf. Hazal dagegen protestiert laut. „Heimat ist da, wo das Herz ist!“ Daraufhin fängt sie sich Gekicher von den Mädchen und ein paar abwertende Kommentare der Jungs ein und wird rot. Frau Hofer bittet um Ruhe. „Was Hazal sagt, ist ganz bestimmt nicht falsch.“
Noch immer strecken viele Schüler die Arme, aber sie achtet nicht auf sie. sie weiß, wessen Meinung sie hören möchte. „Ilias“, sagt sie gedehnt, „was ist Heimat für dich?“
Ilias ist seit fünf Monaten hier. Er kommt aus Syrien und konnte bei seiner Ankunft überhaupt kein Deutsch. Doch seitdem hat er viel gelernt. Er kommt im Unterricht gut mit und versteht uns, wenn wir mit ihm reden. Ich mag es nicht, dass die Lehrer immer noch mit ihm sprechen, als hätten sie es mit einem Schwerhörigen zu tun. Wer will das schon?
Weil jetzt alle zu Ilias sehen, sieht er verlegen auf den Tisch. „Ich weiß nicht, was Heimat ist für mich.“ Ich frage mich, ob er damit meint, dass er das Gefühl von Heimat nicht in Worte fassen kann oder ob er es einfach nicht kennt. Wäre Ilias nicht nach Deutschland gekommen, wäre er jetzt tot. Sein Zuhause ist zwei Tage nach seiner Flucht zerstört worden.
Kann man noch von Heimat sprechen, wenn sie nicht mehr existiert?
„Gut Ilias, das macht nichts.“ Frau Hofer nimmt die Kreide in die Hand und schreibt fein säuberlich an die Tafel: „Aufsatz: Das ist Heimat für mich.“
„Bitte schreibt bis zur nächsten Politikstunde mindestens eine Seite dazu. Vielleicht fällt das manchen leichter, als es hier vor der ganzen Klasse zu besprechen.“ Ilias schreibt die Hausaufgabe ab, sieht aber unsicher aus. Für einen einseitigen Aufsatz über ein so komplexes Thema wie die Heimat reichen seine Deutschkenntnisse nicht aus, und das weiß er.
Neben mir schimpft Hazal leise vor sich hin, weil sie heute Mittag keine Zeit zum Aufsatzschreiben hat. Langsam lasse ich mein Mäppchen, den Ordner und mein Hausaufgabenheft in den Rucksack gleiten. Keine zwei Minuten später klingelt es. „Endlich aus“, stöhnt Hazal. „Ciao Marla, wir sehen uns

morgen." Und schon entwischt sie durch die Klassenzimmertüre. Ich lasse mir etwas mehr Zeit.
Mein Schulbus kommt so spät, dass es mir reicht, noch kurz auf die Toilette zu gehen und meine Pfandflasche zurückzubringen. Als ich die Schule verlassen will, entdecke ich im Gewimmel Ilias, der von einigen Schülern aus der Zwölften umringt wird. Sie sind nicht nur zwei Jahre älter als er, sondern auch gefühlt drei Köpfe größer. Zu viert drücken sie ihn gegen die Wand. Es ist laut in der Eingangshalle, aber ich höre trotzdem, was sie rufen. „Geh dorthin, wo du herkommst!", „Drecksausländer!" und „Dieses Pack gehört verdroschen!" Es ist nicht das erste Mal, dass so etwas vorfällt, aber das erste Mal, dass ich es sehe. Davor habe ich es immer nur von sensationslustigen Mitschülern gehört.
Ich sehe mich um. Nirgendwo ist jemand, den ich kenne und der mir helfen könnte. Ich wünschte, ich könnte sagen, ich wäre Ilias trotzdem zu Hilfe geeilt. Dass ich mich zwischen ihn und die Zwölfer gestellt hätte, oder zumindest jemanden geholt hätte. Aber ich bin genauso feige wie alle anderen, die in der Eingangshalle stehen und lieber schnell nach Hause verschwinden, anstatt Ilias in seiner Not zu helfen.
Ich verlasse die Schule und lasse ihn stehen und fühle mich schuldig und schwer.
Heute habe ich viel über Heimat gehört. Heimat, die dort ist, wo man lebt, wo das Herz ist, wo die Familie herkommt, wo man die meiste Zeit verbringt und wo man sich zu Hause fühlt.
Nichts davon hat mich überzeugt.
Ich glaube, ich habe heute gelernt, durch Ilias, nämlich das, was Heimat nicht bedeutet.

Michael Krause: Deine Heimat, meine Heimat. Was ist Heimat für dich?
http://sommertinte.de/deine-heimat-meine-heimat/ (Zugriff: 04.01.2018)

Stell dir vor, du bist Marla in dieser Geschichte. Schreibe Ilias einen Brief, in dem du die Vorfälle in der Schule und dein schlechtes Gewissen thematisierst und das Thema „Heimat" aufgreifst.

Gehe dabei folgendermaßen vor:

a) Beschreibe einleitend den Anlass deines Briefes.
b) Erkläre dein schlechtes Gewissen.
c) Thematisiere die Frage von Frau Hofer „Was ist Heimat für dich?", indem du die Standpunkte einzelner Schüler wiedergibst.
d) Stelle dar, was „Heimat" für dich bedeutet.
e) Biete Ilias abschließend deine Unterstützung an, damit er sich in Deutschland heimisch fühlen kann. Vielleicht findest du in Text 2 Ideen für gemeinsame Aktionen.

D 3 Prüfungsbeispiel: Work-Life-Balance

Die folgenden Texte befassen sich mit dem Thema „Work-Life-Balance“. Bearbeite zunächst die Aufgaben im Basisteil. Im Anschluss daran musst du dich entscheiden, ob du die Schreibaufgabe im Wahlteil A oder B bearbeitest.

Basisteil

Text 1: Stress

Aus medizinischer Sicht ist Stress eine körperliche Reaktion, die den Organismus kurzfristig besonders leistungsfähig machen soll – und keinerlei krankmachende Effekte hat. Andauernder Stress hingegen kann Körper und Seele ernsthaft schaden. Das Immunsystem leidet, das Risiko für Erkrankungen des Herz-Kreislauf-Systems steigt und die Wahrscheinlichkeit für psychische Erkrankungen wird größer. [...]

Aus medizinischer und psychologischer Sicht ist ein ausgewogener Wechsel von Stress oder Anspannung und Entspannung gesundheits- und leistungsfördernd. Neudeutsch hieße das: Jeder Mensch tut gut daran, die für ihn passende Work-Life-Balance zu finden. Damit gemeint ist das individuelle Gleichgewicht von Anspannung und Entspannung. Dieses Gleichgewicht sorgt dafür, Stress als positiv und nicht als belastend zu erleben.

Ob wir Stress als positiv oder negativ – und damit eher belastend – erleben, hängt entscheidend von der emotionalen und gedanklichen Bewertung von Stressreaktionen ab. [...] Dabei ist es völlig normal, dass ein identisches Geschehen sowohl positiven als auch negativen Stress bewirken kann.

Ein Beispiel: Sie gehen im Park spazieren und bemerken, dass ein großer Hund schwanzwedelnd auf Sie zukommt. Wenn Sie ein Hundefreund sind, werden Sie sich möglicherweise freuen und gerne mit dem Hund spielen. Wenn Sie – vielleicht sogar von einem ähnlich aussehenden Hund – schon einmal gebissen wurden, werden Sie wahrscheinlich Angst empfinden und eine Stressreaktion erleben, die vielleicht sogar mit einer Panikattacke endet. Im Volksmund gibt es für negativen Stress die Redewendung: Ein gebranntes Kind scheut das Feuer.

Schlussfolgerung: Ob Stress positiv oder negativ erlebt wird, ist im Wesentlichen eine Folge von Erfahrungen und erlerntem Verhalten. Diese Erkenntnis öffnet den Raum, das Stressverhalten bewusst zu verändern.

Charly Kahle: Stress. https://www.meine-gesundheit.de/krankheit/krankheiten/stress vom 20.01.2019 (Zugriff: 10.02.2021)

Aufgabe 1

Erkläre die Begriffe „Stress“ und „Work-Life-Balance“ mit eigenen Worten. (Erklärung durch ein Beispiel ist erlaubt.)

Stress: ______________________________

____

Work-Life-Balance: ______________________________

____

Aufgabe 2

Was ist der Unterschied zwischen positivem und negativem Stress?

a) Schreibe den Satz aus dem Text heraus, der den Unterschied erklärt.

____

____

b) Finde in deinem Alltag ein Beispiel für positiven und ein Beispiel für negativen Stress.

Positiv: ____

____

Negativ: ____

____

Text 2: Typische Stress-Symptome bei Kindern und Jugendlichen

Körperlich und seelisch wirkt Stress bei Kindern und Jugendlichen wie bei Erwachsenen auch: Der Körper mobilisiert alle Reserven, um mit Problemsituationen fertig zu werden. Dauert der Stress an, ohne dass er bewältigt wird, hat das schwerwiegende Folgen.

Viele Kinder fühlen sich unter Stress einfach unwohl, sind nervös oder ängstlich. Andere ziehen sich zurück, sitzen gelangweilt und teilnahmslos herum, leiden unter Appetit-, Schlaf- und allgemeiner Lustlosigkeit sowie Kopf-, Bauchschmerzen oder Übelkeit. Häufige Anzeichen sind auch Reizbarkeit, Unruhe und Aggressivität. Solche Stressreaktionen treten bei etwa 20 Prozent der Kinder auf.

Als kurzzeitige Reaktionen auf aktuelle Ereignisse, wie beispielsweise eine schwere Klassenarbeit, ist das völlig normal. Problematisch wird es erst, wenn die Symptome länger anhalten. [...]

Viele Kinder und Jugendliche klagen über wiederholte psychosomatische Beschwerden. Der Entwicklungspsychologe Professor Dr. Arnold Lohaus befragte etwa 2000 Schüler. Jeder fünfte Jugendliche gab an, in der letzten Woche mehrmals Kopfschmerzen gehabt zu haben. Auch Unkonzentriertheit, Schlaflosigkeit und Unruhe sind unter Jugendlichen weit verbreitet. Mehr als 40 Prozent der Jugendlichen fühlten sich mehrmals in der Woche erschöpft, 10 Prozent klagten über Einsamkeit. Wut und Ärger sind für viele ein fast täglicher Begleiter.

Die verschiedenen Stressreaktionen treten selten allein auf. So können starke emotionale Reaktionen zu Denkblockaden führen, die das Stresserleben noch zusätzlich steigern. Manche Kinder werden aggressiv und reagieren destruktiv. Sie fallen in der Gruppe auf, weil sie ständig stören. Andere wiederum ziehen sich in sich selbst zurück. Sie erzählen wenig und wirken antriebslos. Beide Reaktionen können längerfristig die sozialen Beziehungen beeinträchtigen.

Können Kinder und Jugendliche dagegen gut mit Stress fertig werden, sind auch Phasen größerer Belastung eher eine Herausforderung und können sogar Energien freisetzen.

Anne Frobeen: Typische Stress-Symptome von Kindern und Jugendlichen. https://www.tk.de/techniker/magazin/life-balance/familie/typische-stress-symptome-von-kindern-und-jugendlichen-2010032 (Zugriff: 10.02.2021)

Aufgabe 3

Kreuze an, welche der folgenden Aussagen zutrifft und welche nicht.

Aussage	trifft zu	trifft nicht zu
Jeder fünfte Jugendliche hat während der Schulzeit keine Kopfschmerzen.		
Jeder zehnte Jugendliche fühlt sich einsam.		
Ob der Jugendliche schwierige Phasen als Stress oder als Herausforderung wahrnimmt, hängt von ihm persönlich ab.		
Wenn sich jemand gestresst fühlt, zeigt er meistens mehrere Symptome.		
Schlaf- und Appetitlosigkeit können ein Zeichen von Stress sein.		
Der berüchtigte „Blackout“ gilt auch als Stressreaktion.		

Aufgabe 4

Erstelle ein einfaches Pfeildiagramm, das deutlich macht, was der richtige und der falsche Umgang mit Stress bewirken kann.

Text 3: Der Weichensteller

„Guten Tag“, sagte der kleine Prinz.

„Guten Tag“, sagte der Weichensteller.

„Was machst du hier?“, sagte der kleine Prinz.

„Ich sortiere die Reisenden tausenderweise“, sagte der Weichensteller. „Die Züge, in denen sie reisen, schicke ich mal nach rechts, mal nach links.“

Und ein grell leuchtender Schnellzug, grollend wie ein Donnern, erschütterte das Stellwerk.

„Sie sind in Eile“, sagte der kleine Prinz. „Was suchen sie?“

„Der Lokführer weiß es selbst nicht“, sagte der Weichensteller.

Da donnerte ein zweiter grell leuchtender Schnellzug in der anderen Richtung vorbei.

„Sind sie schon zurück?“, sagte der kleine Prinz ...

„Das sind nicht die gleichen“, sagte der Weichensteller. „Es sind andere.“

„Waren sie nicht zufrieden, wo sie sich befanden?“

„Wir sind nie zufrieden, wo wir sind“, sagte der Weichensteller.

Und es donnerte ein dritter strahlender Schnellzug vorbei.

„Verfolgen sie die ersten Reisenden?“, sagte der kleine Prinz.

„Sie verfolgen gar nichts“, sagte der Weichensteller. „Sie schlafen in ihm oder sie gähnen nur. Nur die Kinder drücken ihre Nasen an die Fenster.“

„Nur die Kinder wissen, was sie wollen“, sagte der kleine Prinz. „Sie verbringen ihre Zeit mit einer Puppe und sie wird ihnen sehr wichtig, und wenn man sie ihnen wegnimmt, weinen sie ...“

„Sie haben Glück“, sagte der Weichensteller.

Antoine de Saint-Exúpery: Der kleine Prinz. Kapitel 22. Übersetzung: Alexander Varell, aionas Verlag, Weimar, 2018

Aufgabe 5

Erkläre die Textstelle „‚Wir sind nie zufrieden, wo wir sind‘, sagte der Weichensteller“ (Z. 15).

Wahlteil A

Gerade zur Zeit der Abschlussarbeiten sind viele Schülerinnen und Schüler gestresst und überfordert. Auch in deiner Klasse herrscht immer öfter schlechte Stimmung. Als Klassensprecherin möchtest du deinen Klassenkameraden Mut machen. Verfasse einen Vortrag, in dem du deine Mitschüler über Work-Life-Balance aufklärst und ihnen Tipps gibst, wie sie die stressige Zeit der Abschlussarbeiten gut durchstehen können.

Das vorliegende Bild umfasst alle Bereiche, die für ein ausgewogenes Leben wichtig sind. Deshalb hast du beschlossen, es in deinen Vortrag einzubinden.

a) Beginne mit einer Erklärung, warum es normal ist, dass deine Mitschülerinnen und Mitschüler gerade jetzt gestresst sind (Text 1).
b) Beschreibe die Symptome, die deine Klassenkameraden in der Zeit der Prüfungen vermutlich zeigen (Text 2).
c) Benenne drei Gründe, weshalb es wichtig ist, dass sie gerade jetzt gut auf sich aufpassen.
d) Nimm Bezug auf die Grafik von Seite 112 und suche dir drei für dich besonders wichtige Punkte heraus. Erkläre deinen Mitschülern durch Beispiele, wie jeder dieser drei Aspekte ihnen persönlich weiterhelfen und zur Verbesserung ihrer Gesundheit beitragen kann.
e) Wünsche viel Erfolg für die Abschlussarbeiten und appelliere an deine Mitschüler, dass es zwar gut ist, die Abschlussarbeiten ernst zu nehmen, aber auch nicht *zu* ernst.

Work-Life-Balance

Adobe Stock.com

Wahlteil B

Lies Text 4B genau. Deine Aufgabe ist es nun, diesen Text weiterzuschreiben und dem kleinen Prinzen zu verdeutlichen, wie verhindert werden kann, dass glückliche Kinder zu gestressten Erwachsenen werden.

Text 4B: Stress bei Kindern behandeln

Eltern sind nicht in der Lage, ihren Kindern ein vollkommen stressfreies Leben zu gewährleisten. Sie können jedoch den Kindern zur Seite stehen und helfen, mit den Problemen fertig zu werden, um Stress weitgehend zu reduzieren. […] Die Art, wie die Eltern mit dem Stress umgehen, prägt auch das Verhalten der Sprösslinge. Versucht deswegen gelassen zu sein und zeigt euren Kindern, wie sie mit den Problemen umgehen sollten […] mit den folgenden Tipps können Kinder dem Stress entgegenwirken:

- **„Stress" entzaubern.** Stress muss nicht immer etwas Negatives bedeuten. Das sollten Eltern ihren Kindern beibringen, indem sie in Stresssituationen nicht gleich in Panik verfallen, sondern Stress „aushalten" bzw. entgegenwirken können.
  Verantwortung und Pflichten im Schulalter zu übernehmen kann auch positive Aspekte haben, außerdem stehen Eltern den Kindern bei, wenn sie Hilfe brauchen. Kinder sollten dadurch lernen, dass sie auch mal Schwächen zeigen können und dass es nichts Schlimmes ist. Im Team können Probleme schneller und wirksamer gelöst werden – das solltet ihr euren Kids vermitteln.

- **Entschleunigung ist angesagt!** Werft einen Blick in den Terminkalender eures Kindes: Ist dieser nicht zu voll mit verschiedenen Terminen gefüllt? Tennis, Sprachunterricht, Ballett- und Musikstunden – den Kindern bleibt oft kaum Zeit, um sich mit Freunden zu treffen und einfach Spaß zu haben. Sorgt deswegen für genügend Freiräume in der Woche.
- **Verständnis für Kinder zeigen.** Eltern sollen nicht selbst in Panik verfallen, sondern Verständnis zeigen und Kinder in ihren Bemühungen, mit den Problemen fertig zu werden, kräftig unterstützen. Dadurch wird ein Vertrauensverhältnis aufgebaut und die Kinder werden ruhiger und ausgeglichener. Es ist durchaus positiv, wenn Kinder über das reden, womit sie Probleme haben.
- **Kommunikation mit Lehrern.** Ein ausführliches Gespräch mit Lehrern, Schulpsychologen oder Sozialarbeitern kann helfen, das Problem des Kindes schneller zu lösen, bevor es ihm über den Kopf wächst. Stresscoaching für Kinder wird an vielen Schulen angeboten.
- **Pflichten und Belastungen sind ein Teil des Lebens.** Allerdings sollen die Kinder lernen, damit richtig umzugehen. Eltern sollten den Kindern die Wege und Möglichkeiten zeigen, wie sie die Belastungen am besten meistern. Zeigt den Kleinen beispielsweise einen Plan, wie sie das Kinderzimmer effektiv aufräumen oder wie es sich mit der besten Freundin wieder vertragen kann.
- **Stressreduktion durch gemeinsame Rituale.** Das könnte zum Beispiel gemeinsames Kochen und Essen sein. Es baut den Druck ab und schafft Vertrauen. Das Eis wird gebrochen und Kinder trauen sich eher, ihre Probleme anzusprechen. Sie bekommen damit eine Orientierung und werden ruhiger.
- **Zuhören.** Hört euren Kindern zu. Was macht ihnen Spaß und was betrachten sie als reine Pflichterfüllung? Versucht es, eurem Kind probeweise die Wochenplanung für einige Wochen zu überlassen. Fast 90 Prozent der gestressten Kinder klagen über Kalendertermine, die ihnen überhaupt keinen Spaß bereiten. Über 80 Prozent der hochgestressten Kinder würden gern mehr Zeit für Dinge haben, die Spaß machen.

Stress bei Kindern: Symptome, Ursachen und Hilfe. https://www.kinderinfo.de/kind/stress/, Zugriff: 10.02.2021, kinderinfo.de, Heidorn GmbH, Breitenworbis

Der kleine Prinz kommt von einem anderen Planeten. Er kennt das Leben auf der Erde nicht. Und da er selber von einem winzig kleinen Planten kommt, kennt er auch keinen Stress. Du musst ihm also wie einem kleinen Kind erklären, was es mit Stress und Work-Life-Balance auf sich hat. Gehe folgendermaßen vor:

a) Begrüße den kleinen Prinzen freundlich und beschreibe, was du in der Szene (Text 3) beobachtet hast. Klinke dich anschließend in das Gespräch ein.
b) Erkläre dem kleinen Prinzen, was „Stress" ist (Text 1).
c) Beschreibe mithilfe von Text 2 Verhaltensweisen, die gestresste Menschen an den Tag legen, um deine Erklärung zu verdeutlichen.
d) Mache mithilfe von Text 4B deutlich, dass Kinder nicht zu gestressten Erwachsenen werden müssen, indem du erklärst, was dagegen getan werden kann.
e) Schließe mit einer Antwort des kleinen Prinzen.

E Original-Prüfungsaufgaben: Realschulabschluss Niedersachsen 2020

E 1 Hörverstehen

Die Original-Prüfungsaufgaben 2021 mit ausführlichen Lösungen findest du unter www.finaleonline.de. Sobald die Prüfungsaufgaben zur Veröffentlichung freigegeben sind, kannst du die Materialien mit diesem Codewort herunterladen. DE7g4Py.

Nachfolgend findest du die Original-Prüfungsaufgaben 2020. Der Hörtext steht unter www.finaleonline.de als MP3-Datei zum kostenlosen Download zur Verfügung (Ralph Günther, Zivilcourage im Alltag. Rassismus: Viele Möglichkeiten einzugreifen. Podcast produziert von Deutschlandfunk Nova in der Reihe Update – gesendet am 21.03.2019. Quelle: https://www.deutschlandfunknova.de/beitrag/rassismus-im-fussball).

In der Prüfung erhältst du ausreichend Schreibpapier. Schreibe die Antworten zu den Aufgaben auf extra Blätter, wenn nötig.

Aufgabe 1

Fasse die wesentlichen Inhalte des Radiobeitrags kurz zusammen. (__/1 P.)

Aufgabe 2

Beschreibe die Situation, die dazu führt, dass der Basketballexperte André Voigt in seinem Facebook-Video so emotional reagiert. (__/2 P.)

Quelle (Aufgaben): Niedersächsisches Kultusministerium, Hannover 2020

Aufgabe 3

In dem Beitrag werden verschiedene Reaktionen auf rassistische Äußerungen aufgezählt. Kreuze die genannten Möglichkeiten an: (__/1 P.)

☐ die Situation mit Gewalt schnell klären

☐ Anzeige bei der Polizei erstatten, damit die Täter/innen bestraft werden

☐ selbst mitmachen, um keinen Ärger zu bekommen

☐ Rückfragen stellen, um zum Nachdenken anzuregen

☐ durch provozierende Sprüche die Täter/innen lächerlich machen

☐ Verbündete suchen, um bei Bedarf Unterstützung zu bekommen

Aufgabe 4

Beschreibe, wovon es nach Aussage von Ansgar Drücker abhängt, ob und wie jemand auf Alltagsrassismus reagiert. (__/1 P.)

Aufgabe 5

Das Recht der freien Meinungsäußerung hat gesetzliche Grenzen. Nenne die beiden strafbaren Handlungen, die im Beitrag erwähnt werden. (__/1 P.)

Basisteil und Wahlteile: Rassismus (2020)

Die folgenden Texte befassen sich mit dem Thema „Rassismus“. Lies alle Texte aufmerksam. Im Anschluss daran musst du dich für die Schreibaufgabe im Wahlteil A oder B entscheiden. Streiche den Wahlteil durch, den du nicht bearbeiten möchtest.

Basisteil

Text 1: Allein unter Weißen

Information: Rassentrennung (Segregation)

© Alamy Stock Photo / Clark Brennan

Im Jahr 1865 wurde die Sklaverei in den Vereinigten Staaten abgeschafft. Jedoch galten bis in die 1960er-Jahre hinein Gesetze, die die Trennung der Lebenswelten der afroamerikanischen und der weißen Bevölkerung regelten. Diese sogenannte „Rassentrennung“ sah vor, dass Weiße und Schwarze bestimmte Einrichtungen nur getrennt nutzen durften, z. B. Schulen, Krankenhäuser, Sportplätze, Friedhöfe oder Abteile in Eisenbahnen. Auch Toiletten wurden gesondert für Weiße und „Nichtweiße“ eingerichtet; sogar die Trinkwasserhähne in den Räumen vor den Toiletten waren strikt getrennt. In Autobussen mussten Schwarze hinten im schlecht belüfteten Bereich sitzen, während die Weißen die besseren Plätze besetzen konnten. In Gaststätten oder Bars wurden in Nebenräumen Tische für Schwarze aufgestellt oder sie bekamen gleich Hausverbot. Selbst Aufzüge oder Parkbänke hatten Hinweisschilder für die Benutzung „nur für Weiße“. 1964 endete die offizielle „Rassentrennung“ mit der Unterzeichnung des Civil Rights Act (Bürgerrechtsgesetz) durch den amerikanischen Präsidenten Johnson. Trotz vieler Verbesserungen werden bis heute in den USA Menschen mit dunkler Hautfarbe in vielen Lebensbereichen benachteiligt. Und getrennte „schwarze“ und „weiße“ Wohngebiete gibt es auch noch.

Obwohl die USA mit Barack Obama acht Jahre lang einen schwarzen Präsidenten hatten, hat sich die Situation der Afroamerikaner noch immer nicht gebessert. Zwar haben sie formal immerhin dieselben Rechte, doch die gleiche Wahrnehmung in der Gesellschaft ist ihnen nicht gewiss. Das zeigt schon allein die Polizeigewalt, die vor allem Schwarze trifft. […] Doch wenn man nur einige Jahrzehnte zurückblickt, wird einem gleichzeitig klar, wie viel doch bereits erreicht worden ist. Ein imposantes Beispiel stellt die Geschichte der kleinen Ruby Bridges dar. Sie war das erste schwarze Kind, das im Süden der USA in eine bis dahin rein weiße Schule gehen durfte. […] Am 8. September 1954 erblickte Ruby Bridges das Licht der Welt. Zunächst wuchs sie gemeinsam mit ihren drei jüngeren Geschwistern in Tylertown im US-Bundesstaat Mississippi auf. Im Süden der USA hatten es Afroamerikaner zu dieser Zeit alles andere als leicht – insbesondere wenn es eine sechsköpfige Familie zu ernähren galt. Da die Kleinstadt Tylertown kaum noch Möglichkeiten bot, zog es die Familie nach New Orleans in Louisiana, als Ruby vier Jahre alt war. Dort fand ihr Vater Abon einen Job als Tankwart, während ihre Mutter Lucille verschiedene Nachtjobs übernahm, um die Familie durchzubringen. Seinerzeit herrschte im Süden der USA noch die Rassentrennung, die bereits 1876 – wenige Jahre nach dem Ende der Sklaverei – durch die Jim-Crow-Gesetze ratifiziert wurde. Darin wurde das Prinzip festgeschrieben, dass öffentliche Einrichtungen getrennt, aber gleichwertig zu sein hatten. Da dies jedoch kaum überprüft wurde, lagen die Standards von Einrichtungen für Afroamerikaner stets unter denen, die für Weiße gedacht waren.

In den 50er-Jahren bekam deshalb die Bürgerrechtsbewegung immer größeren Zuspruch und mediale Aufmerksamkeit. Weltbekannt ist ein Vorfall geworden, der heute als Geburtsstunde dieser Bewegung genannt wird. Die afroamerikanische Schneiderin Rosa Parks weigerte sich, ihren Sitzplatz in einem Linienbus für einen Weißen zu räumen. Für den zivilen Ungehorsam wurde sie zwar zunächst verhaftet und mit einer Geldstrafe belegt, aber er ermutigte viele weitere Menschen, sich ihrem Vorbild anzuschließen.

Ein weiterer Meilenstein war der Fall Brown gegen das „Board of Education". Esther Brown, eine weiße Frau aus Kansas City in Missouri, bemerkte die miserablen Bedingungen an der Schule für Schwarze in der nahe gelegenen Stadt South Park, als sie ihre afroamerikanische Haushaltshilfe heimfuhr. Gleichzeitig plante die Stadt jedoch den Bau einer weiteren Schule nur für Weiße: die William Frantz Elementary School.

Die Misere mündete in einen dreiwöchigen Boykott der Schule und daraufhin in eine Klage durch eine Zweigstelle der National Association for the Advancement of Colored People (NAACP). Die Organisation wollte gemeinsam mit Brown erreichen, dass auch schwarze Kinder Zugang zur neuen Schule erhielten. Tatsächlich bekamen sie vor Gericht recht, sodass die Rassentrennung für diese Schule aufgehoben wurde. Von der Entscheidung ermutigt, klagten weitere Eltern gegen die noch immer herrschende Rassentrennung an Schulen. In der letzten Instanz stimmte der Oberste Gerichtshof den Klägern zu, sodass infolgedessen die Rassentrennung an Schulen 1954 aufgehoben wurde.

Obwohl das Urteil gesprochen worden war, weigerten sich viele Schulen dieses auch umzusetzen. So hatte die Rassentrennung zunächst weiterhin Bestand. Auch der Kindergarten, den Ruby Bridges in New Orleans besuchte, war nur für Schwarze. Doch das oberste Bundesgericht ordnete an, dass diese Ungleichbehandlung nun auch in Louisiana ein Ende finden möge.

Widerwillig beugte man sich dem Urteil, verpflichtete afroamerikanische Kinder aber vor dem Eintritt in eine weiße Schule, an einem Eignungstest teilzunehmen. Wahrscheinlich war man der Hoffnung, dass sich die Vorurteile bewahrheiteten und die Trennung aufgrund mangelnder Eignung weiterhin Bestand hätte. Doch natürlich täuschte man sich. [...] So kam es, dass die kleine Ruby den Test gemeinsam mit anderen Kindern bestand und 1960 als erstes schwarzes Kind eine Schule im Süden der USA gemeinsam mit Weißen besuchen durfte. [...]

Obwohl Ruby nun niemand mehr das Recht auf den Besuch einer gemischtrassigen Schule verwehren konnte, sträubten sich die Menschen dagegen. Der erste Tag an dem scheinbar privilegierten Ort muss furchtbar für das kleine Mädchen gewesen sein. Als sie auf die Schule zufuhr, sah sie bereits die wütende Menschenmenge, die mit Gegenständen warf und rassistische Parolen skandierte. Doch Ruby blieb standhaft, weinte nicht und marschier-

te wie ein „kleiner Soldat“ in die Schule, wie sich einer der begleitenden US-Marshalls später erinnert.

Die weißen Eltern wollten sich diese vermeintliche Frechheit nicht bieten lassen und nahmen ihre Kinder von der Schule. Auch Lehrer fühlten sich beleidigt und weigerten sich, Ruby zu unterrichten. Ein ganzes Jahr lang blieb Ruby deshalb das einzige Kind in ihrer Klasse. Doch immerhin eine Lehrerin, Barbara Henry, erbarmte sich ihrer und unterrichtete das kleine Mädchen aller Widrigkeiten zum Trotz.

Doch nicht nur der Schulalltag gestaltete sich nervenaufreibend. Bereits auf dem Weg dorthin drohte man, sie zu vergiften. Eine Frau hielt ihr sogar eine schwarze Babypuppe in einem Sarg entgegen. Die von Präsident Eisenhower angeordnete Eskorte bestand deshalb darauf, dass Ruby nur mitgebrachte Speisen verzehren durfte. […]

Auch das Leben von Rubys Familie wurde durch deren mutige Entscheidung beeinträchtigt. Rubys Vater verlor seinen Job bei der Tankstelle und ihren Großeltern wurde die Pacht für ihr Ackerland entzogen. Selbst im örtlichen Lebensmittelgeschäft war die Familie nicht länger erwünscht.

Aber es gab auch Unterstützung von der Bevölkerung. Sowohl einige schwarze als auch weiße Familien begleiteten Ruby auf ihrem Schulweg, bewachten das Haus der Familie und ein Nachbar gab dem Vater sogar einen neuen Job.

Mit der Zeit begannen einige Eltern, ihre Kinder wieder zur Schule zu bringen, und der Alltag normalisierte sich in New Orleans. Heute lebt Ruby Bridges immer noch in der Hafenstadt am Mississippi-Delta. Sie arbeitete mehrere Jahre als Reiseverkehrskauffrau, zog vier Söhne groß und gründete die Ruby Bridges Foundation, die sich mit der Förderung von Toleranz, Respekt und gegenseitiger Wertschätzung beschäftigt […]. Ein unglaublich mutiges Mädchen, wenn man bedenkt, unter welchen Umständen sie die Hürden der Schule zu meistern hatte. […]

Quelle (bearbeitet und gekürzt): Autor Rick, https://onlyfunfacts.com/de/geschichte/ruby-bridges/ (Zugriff 13.06.2019)

Quelle Bild: © Picture-Alliance GmbH / AP Photo

Aufgabe 1

Stelle Text 1 und sein zentrales Thema in nicht mehr als drei Sätzen vor. (__/2 P.)

Aufgabe 2

Gliedere den Text in thematische Abschnitte, indem du den vorgegebenen Abschnittsüberschriften die jeweiligen Zeilen zuordnest. (__/2 P.)

Abschnittsüberschrift	Zeile (von – bis)
Die Situation der Afroamerikaner in den USA – heute und früher	
Kindheit in den Südstaaten	
Aufhebung der Rassentrennung an Schulen	
Widerstand in der weißen Bevölkerung	
Ruby Bridges kommt in die Schule	
Die ersten Reaktionen der weißen Bevölkerung: Morddrohungen, Jobverlust und Enteignung	
Das Gute obsiegt – die Situation entspannt sich	

Quelle (Aufgaben): Niedersächsisches Kultusministerium, Hannover 2020

Aufgabe ③

Beschreibe mit mindestens drei Stichworten, welche Gefühle du selbst an deinem ersten Schultag (bei der Einschulung/an einer neuen Schule) hattest. (__/1 P.)

Aufgabe ④

Verfasse einen zusammenhängenden Text, in dem du beschreibst, wie sich Ruby Bridges an ihrem ersten Schultag gefühlt haben könnte. Berücksichtige hierbei mögliche Erwartungen im Vorfeld und tatsächliche Erlebnisse beim Betreten des Schulgebäudes. (__/4 P.)

Aufgabe 5

Stelle drei Vermutungen an, warum Rubys Eltern ihr Kind täglich dieser hasserfüllten Stimmung aussetzten und nicht einfach die Schule wechselten. (__/3 P.)

Text 2: Schmink dich ab, Papa! *Jona Spreter*

Am Samstag hat sich mein Papa wieder schwarz angemalt. An den Händen, an den Armen und im Gesicht. Er stand auf der Bühne einer Kleinstadtsporthalle und verkleidete Zuschauer in Clown-, Elfen- und Bauarbeiterkostümen grinsten ihn an und lachten sich kugelig. Und ich saß zuhause mit Magengrummeln. [...]

Mein Papa ist Laienschauspieler. In meiner Heimatstadt kennt und beklatscht man ihn. Egal, ob [...] Trump-Imitator oder schüchterner Staubsaugervertreter, mein Papa spielt sie alle. Er ist für jeden Quatsch zu haben und nimmt sich dabei selbst wunderbar unernst. Er spielt aber auch: dunkelhäutige Menschen. Seit gut zwanzig Jahren schlüpft er beim örtlichen Fastnachtsball zusammen mit einem Freund immer mal wieder in die Rolle eines afrikanischen Duos. Mit bunten Gewändern tanzen sie durch die bestuhlten Reihen der Karnevalssitzung, reißen Witze in wildem Singsang und machen sich über das Publikum lustig. [...]

Mein Papa findet seinen Auftritt urkomisch und unproblematisch. Er meint, die Leute lachen ja nicht über die Person, die er in diesem Moment darstellt, sondern sie lachen über ihn und seine Witze. Seit Jahren versuche ich ihm klar zu machen, dass das nicht stimmt. Beim Sonntagsspaziergang, beim Weihnachtsessen, beim Bier in der Gaststätte reden wir darüber. Die Leute lachen nicht über ihn. Sie lachen über die stereotypische Darstellung eines Schwarzen: der Gang grobschlächtig, die Artikulation schwerfällig und den Rhythmus im Blut. Das ist Blackfacing. Und das ist Rassismus.

„Das ist etwas ganz Anderes, als wenn man in die Rolle einer Prinzessin oder eines Froschs schlüpfen würde. Denn wir reden hier von echten Menschen und echten Kulturen“, sagt Dr. Rebecca Brückmann, Historikerin an der Universität Kassel.

Doch welcher Weiße kam überhaupt auf die Idee, sich schwarz zu schminken und das als Unterhaltung zu verkaufen? Seinen Ursprung hat Blackfacing im Nordamerika des 19. Jahrhunderts. Damals etablierten weiße Schauspieler sogenannte Minstrel-Shows auf den kleinen und größeren Bühnen des Landes. Minstrel ist Englisch und heißt so viel wie „kleiner Diener“. Sie mimten Schwarze, Sklaven, die wenig hatten und ihren Herren treu ergeben waren. Die auf dem Kopf „Wolle“ statt Haar trugen und „naturgemäß“ musikalisch waren. Minstrel verbreitete sich wie ein Lauffeuer im ganzen Land und erhielt durch Radio und Fernsehen im frühen 20. Jahrhundert nochmals mediale Verstärkung.

Erst in den 1960er-Jahren, mit Aufkommen der Bürgerrechtsbewegung, verschwand das Blackfacing zunehmend aus der amerikanischen Öffentlichkeit. Dass sich Blackfacing in Deutschland noch immer hält, erklärt Tahir Della, Vorstandsmitglied der Initiative Schwarze Menschen in Deutschland, folgendermaßen: „Weil es bei uns keine Tradition des Minstrel-Theaters gibt, halten Befürworter die Praxis für zulässig und unproblematisch. Beim Blackfacing wird jedoch immer mit kolonialrassistischen Fantasien gearbeitet. Menschen werden auf ein paar phänotypische oder kulturelle Merkmale reduziert und schlichtweg persifliert[1]. Die Wirkung auf die Menschen, die dort dargestellt werden, wird also völlig außer Acht gelassen, genauso wie das wirkliche Selbstbild dieser Personen."

So bestärkt Blackfacing rassistische Vorurteile, mit denen dunkelhäutige Menschen in Deutschland ohnehin schon zu kämpfen haben. [...] Für Tahir Della ist die Wirkung von Blackfacing deswegen immer die gleiche, egal ob bei den Sternsingern [...] oder im Karneval. „Wenn man das auf dem Radar hat, kann und sollte man Blackfacing einfach unterlassen." [...]

Rassismus ist in Deutschland nach wie vor an der Tagesordnung. Da ist zum einen der offenkundige Rassismus: brennende Flüchtlingsheime, Rechtsrockkonzerte und [...] fremdenfeindliche Bilder, die als angeblicher Witz über Medien wie WhatsApp Verbreitung finden.

Blackfacing wird von vielen Menschen in Deutschland gar nicht als rassistisch verstanden, weil die ausführenden Personen eben keine Lehrbuchrassisten sind. [...]

Ist mein Papa mit seiner Aufführung nun ein Rassist? Norbert Finzsch, Rassismustheoretiker und Professor der Universität zu Köln meint: „Ihr Vater kann nichts dafür, dass er diese Bilder verinnerlicht hat. Das sind tiefsitzende, frühkindlich angeeignete Verhaltensmuster und eine gesellschaftliche Haltung." Das betreffe auch die Einstellung „Ich habe das ja gar nicht so gemeint. Ich bin ja kein Rassist, weil ich nicht von der biologischen Überlegenheit weißer Menschen ausgehe." Es gehe hierbei aber nicht um die eigene Gesinnung, sondern um das Übernehmen von Verantwortung. Es gehe darum, zu schauen, was bewirkt das, was ich sage und tue. Und nicht darum, welche Einstellung ich habe. [...]

Rebecca Brückmann ist der Meinung, dass die Sensibilität für Themen wie Blackfacing auch eine Generationenfrage ist. „Der Höhepunkt der schwarzen Bürgerrechtsbewegung ist gerade einmal fünfzig Jahre her. Solche Sachen brauchen eine Weile, um sich in den Köpfen der Menschen durchzusetzen. Andererseits ist es natürlich auch Ausdruck gewisser Privilegien, wenn man sich mit solchen Themen gar nicht erst beschäftigen muss." [...]

Ich spreche mit meiner Freundin Olga. Sie ist Deutsche, ihr Vater kommt aus Gambia, sich selbst bezeichnet sie als dunkelhäutig. Olga erzählt mir, dass sie sich persönlich durch Blackfacing nicht angegriffen fühlt. Das liege aber vermutlich auch daran, dass sie sich selbst fernab der Kategorien Schwarz und Weiß definiere. Am ehesten fühle sie sich noch als Europäerin. Blackfacing als Witz abzutun, hält aber auch sie für zu kurz gedacht: „Rassismus existiert in Deutschland nach wie vor. Da sollte Blackfacing auf keinen Fall kommentarlos weiterbestehen dürfen." Mein Text ist ein Kommentar. [...] Aber ist es nicht auch sehr widersprüchlich, dass ich als Weißer und damit nicht direkt Betroffener darüber schreibe? [...]

Rebecca Brückmann ist der Überzeugung: „[...] Die zentrale Rolle der Aufarbeitung von Rassismus kann nicht bei Leuten liegen, die von Rassismus betroffen sind. Sie muss bei Leuten liegen, die sich damit kritisch auseinandersetzen müssen – in ihrem eigenen Leben, in ihren eigenen Familiengeschichten und in ihren beruflichen Zusammenhängen." [...]

Quelle (bearbeitet und gekürzt): sz-magazin.de, Magazin Verlagsgesellschaft Süddeutsche Zeitung mbH, München, Rubrik Familie vom 29.1.2018. https://sz-magazin.sueddeutsche.de/familie/schmink-dich-ab-papa-84439 (Zugriff: 13.06.2019)

1 persiflieren (franz.): etwas durch übertriebene Nachahmung verspotten, lächerlich machen

Aufgabe ⑥

Erkläre anhand von Text 2 den Begriff „Blackfacing“ und begründe, warum „Blackfacing“ eine rassistische Handlung ist. (__/3 P.)

Aufgabe ⑦

„Blackfacing“ und rassistische Sprüche werden heutzutage oft als bloßer Witz abgetan, der schließlich nicht zwingend die eigene Einstellung widerspiegele. In Text 2 heißt es jedoch: „Es gehe hierbei aber nicht um die eigene Gesinnung, sondern um das Übernehmen von Verantwortung.“
Erkläre anhand von Text 2, wie jeder Einzelne Verantwortung übernehmen kann. (__/3 P.)

Wahlteil A

Du bist Redakteurin bzw. Redakteur der Schülerzeitung und bereitest eine Ausgabe zum Thema „Alltagsrassismus" vor.
Deshalb erklärst du dich bereit, zur Thematik zu recherchieren und außerdem ein geeignetes Titelbild für die Schülerzeitung zu suchen. Bei deinen Recherchen stößt du auf die Satire „Keine Menschenfresser, bitte!" und eine Karikatur.
Bereite die nächste Redaktionssitzung vor, indem du einen informierend-appellierenden Text für die Schülerzeitung verfasst und begründest, warum sich die Karikatur als Titelbild der Ausgabe „Alltagsrassismus" eignet.

Text 3A: Keine Menschenfresser, bitte! *Hans Carl Artmann*

Frau Amtsrat[1] Reißfleisch wollte einen Untermieter aufnehmen und hatte aus diesem Grunde am Tag zuvor die Studentenschaft angerufen. Vornehmes Einzelzimmer, elektrisches Licht, Bett, Pendeluhr, Schreibtisch, Universitätsnähe für nur 300 Euro, ab sofort beziehbar ... Nun aber, an diesem Nachmittag, war sie doch ein wenig bedrückt, da sie fürchtete, man könnte ihr einen dunkelhäutigen Herrn schicken. Und das wäre besonders peinlich vor den Nachbarn und so weiter und so weiter. Vielleicht wären auch Kannibalen[2] und Mädchenhändler unter ihnen, wie man ja nur zu häufig in Zeitschriften erfahren kann ... Frau Amtsrat Reißfleisch und ihre Freundin Adele saßen diesen Nachmittag bei Kaffee und Mohnstrudel und warteten die kommenden Dinge etwas nervös ab. „Am liebsten", sagte Frau Amtsrat, „wär mir halt ein solider Amerikaner, der an jedem Ersten eines Monats pünktlich seine Miete zahlt und nicht schnarcht ..." „Ganz recht, liebe Melanie", sagte Adele, „die Amerikaner sind die solidesten und Geld haben sie auch. Auf keinen Fall darfst du dir einen Araber, Perser oder gar einen Türken nehmen. Gegen die haben wir schon viermal gekämpft ..." Die Klingel der Wohnungstür schrillte scharf und kriegerisch. Frau Amtsrat Reißfleisch richtete sich würdig auf, ging ins Vorzimmer, das zugleich als Abstellraum diente, und öffnete einen Spalt die Türe. „Ich komm wegen Zimmer. Ist noch frei, bitteschön? Mein Name ist Berislav Stojanovic ..." „Sind Sie der Amerikaner, dem ich das Zimmer versprochen habe?", fragte Frau Amtsrat durch den Türspalt. „Amerikaner?" meinte Stojanovic befremdet ... „Tut mir leid", sagte Frau Amtsrat kurz, „aber das Zimmer ist schon an einen Amerikaner vergeben!" Die Türe schlug kurz vor der Adlernase des langen Kroaten zu. „Wer war's denn?", fragte Adele. Aber bevor Frau Amtsrat Reißfleisch noch eine Antwort geben konnte, klingelte es abermals. „Ich komme wegen Zimmer. Ist Zimmer noch frei, bitte? Mein Name ist Wassilis Liolakis ..." – „Sind Sie der Amerikaner, dem ich das Zimmer versprochen habe?", fragte Frau Amtsrat mit der gleichen diplomatischen Schläue wie vorher. „Ich bin aus Ioannina und das ist in Griechenland und ..." Die Tür krachte ins Schloss. „Lauter Tschuschen[3]!", sagte Frau Amtsrat zu ihrer Freundin Adele und wollte seufzend in ein Stück Mohnstrudel beißen, als es abermals, nun aber sanft und bescheiden klingelte. Frau Amtsrat war jedoch schon gewitzigt[4] und sah dieses Mal nur durch das Guckloch auf den Gang hinaus. Draußen stand ein gutaussehender Inder mit pechschwarzem Vollbart und

Turban, und in seinen dunklen Augen lag eine tiefe Traurigkeit. Er wusste wohl schon, dass er dieses günstige Zimmer niemals bekommen würde. „Wer war's denn?", fragte Adele mit klopfendem Herzen. Sie hatte keine Tür gehen gehört. Es musste was Schreckliches draußen gestanden haben. Frau Amtsrat seufzte jetzt wirklich, biss in das angefangene Stück Mohnstrudel und meinte pikiert: „Jetzt schicken sie einem sogar schon Menschenfresser in die Wohnung. Ich werde mich bei der Vermittlung gehörig beschweren!" Nach einer Weile ging im Vorzimmer alias Abstellraum das Telefon. Frau Amtsrat Reißfleisch sprach eine Weile. Dann kam sie strahlend und zufrieden zu Adele zurück, die ihrerseits ein neues Stück Mohnstrudel bekommen hatte und kaute. „Wer war's denn, Melanie?", fragte Adele. „Gott sei Dank!", sagte Frau Amtsrat, „das nette Fräulein Elfi von der Studentenvermittlung hat angerufen. In einer halben Stunde kommt ein amerikanischer Herr wegen dem Zimmer. Und stell dir vor: James Eisenhover heißt er! Ich habe natürlich fest zugesagt. Der kriegt das Zimmer und kein anderer, so wahr ich die Frau Amtsrat Melanie Reißfleisch geborene Krauthaupt bin!" Nach einer exakten halben Stunde läutete es an der Wohnungstür. Sanft, bescheiden, nicht ohne eine gewisse Vornehmheit. Frau Amtsrat erhob sich mit einem bärenzuckersüßen Lächeln und öffnete weit und einladend die Tür ... Ein freundliches „Grüssgooooot!" erstarb in ihrer amtsrätlichen Kehle. „My name is Eisenhover", sagte der dezent gekleidete Gentleman und trat ein. Aus seinem kohlschwarzen Gesicht blitzte ein tadelloses, freundliches Gebiss ... „Ich kommen wegen des Zimmers ...", sagte er.

Quelle (bearbeitet): „Keine Menschenfresser, bitte!"; aus: Hans Carl Artmann: Im Schatten der Burenwurst. Residenz Verlag im Niederösterreichischen Pressehaus, Salzburg 1983

[1] Amtsrat, der: Berufsbezeichnung für einen Beamten im gehobenen Dienst; hier: die Frau/Witwe eines Amtsrats

[2] Kannibale, der: Angehöriger eines Naturvolkes, das auch Fleisch von Menschen verzehrt

[3] Tschuschen, die: umgangssprachliche Bezeichnung für Fremde, Angehörige eines südosteuropäischen oder orientalischen Volkes

[4] gewitzigt, auch gewitzt: durch Schaden oder unangenehme Erfahrung klüger geworden

Karikatur

Bearbeite die folgenden Aufgaben in einem zusammenhängenden Text.
Zähle abschließend die von dir geschriebenen Wörter.

a) Erkläre in deiner Einleitung kurz den Anlass für deinen Text und verdeutliche dann den jeweiligen allgemeinen Bezug von Text 3A und der Karikatur zum geplanten Thema der Schülerzeitung. (__/1 P.)

b) „Keine Menschenfresser, bitte!“ wird auch als satirischer Text bezeichnet. Diese Textsorte verwendet häufig das Mittel der Übertreibung. Zitiere zwei Textstellen, in denen dir die Vorstellungen der Hauptperson als übertrieben erscheinen und erkläre dies nachvollziehbar. (__/2 P.)

c) Die Hauptperson in H. C. Artmanns Satire wird bis auf ihren Namen als Frau Amtsrat Reißfleisch nicht näher charakterisiert. Warum entscheidet sich der Autor für diese skizzenhafte Darstellung der Hauptperson? (__/2 P.)

d) Artikel 3 des Grundgesetzes besagt:
„Niemand darf wegen (...) seiner Abstammung, seiner Rasse, seiner Sprache, (...) Heimat und Herkunft, seines Glaubens (...) benachteiligt oder bevorzugt werden. (...)“.
Begründe, inwieweit das Verhalten von Frau Amtsrat Reißfleisch gegen diesen Artikel verstößt.
Formuliere anschließend einen Appell an die Leser der Schülerzeitung gegen „Alltagsrassismus“. (__/2 P.)

e) Im Folgenden begründest du die Auswahl der Karikatur als Titelbild der nächsten Schülerzeitung mit dem Thema „Alltagsrassismus“.
- Beschreibe zunächst die in der Karikatur dargestellte Situation.
- Begründe dann, warum sich diese Karikatur besonders als Titelbild eignet. Berücksichtige hierbei auch die kritische Haltung des Zeichners. (__/4 P.)

Wahlteil B

Deine Schule beschäftigt sich während der Projekttage mit dem Thema „Alltagsrassismus“. Als Mitglied der Schülervertretung recherchierst du zu dieser Thematik und stößt hierbei auf einen Text über die vielseitigen Formen des Alltagsrassismus und eine Broschüre zum Projekt „Schule mit Courage“. Das Projekt „Schule mit Courage“ erscheint dir für deine Schule sehr geeignet, und du verfasst einen informierend-appellierenden Text an die Schülervertretung (SV), in dem du für die Umsetzung an deiner Schule wirbst.

Text 3B: „Vielseitig und machtvoll“ – Formen des Alltagsrassismus

[...] Alltagsrassismus hat viele Gesichter. Es ist die Frage nach der vermeintlichen Herkunft, [...] es sind die abwertenden Blicke im Bus, die rassistischen Rufe im Stadion, auch die Zurückweisung an der Diskotür [...] oder die diskriminierenden Darstellungen in Büchern, Zeitungen und Filmen. Vermeintliche Komplimente wie „Du sprichst aber gut Deutsch“ oder lobend gemeinte Verallgemeinerungen wie „asiatische Schülerinnen sind immer so fleißig“ sind weitere Beispiele für Alltagsrassismus.
Eines haben diese Beispiele gemeinsam: Starre, althergebrachte Einordnungen werden bemüht, um Menschen nach Ethnien, Nationen, Kulturen oder Rassenkonstruktionen in Schubladen einzusortieren. Diese Einordnungen

sind zumeist negativ, bestimmt von rassistischen Denk- und Handlungsmustern. Was hier passiert, ist, dass Menschen in Gruppen eingeteilt werden, und zwar in „wir“ und „sie“. „Othering“ nennt die Soziologie diesen Prozess, der beinhaltet, dass „sie“ im Gegensatz zum „wir“ meist negativ bewertet werden. „Sie“ sind zum Beispiel unzivilisiert, rückständig und kriminell, „wir“ dagegen zivilisiert, modern und anständig.

Alltagsrassismus ist nicht immer leicht zu erkennen. Er kann sich deutlich in Form von rassistischen Beleidigungen und herabwürdigenden Handlungen zeigen, doch erscheint er auch ganz subtil. In vielen Witzen und unbewusst geäußerten Vorurteilen, aber auch im – bewussten – „Übersehen“ und Nicht-Beachten von Menschen of Color kommt Alltagsrassismus zum Vorschein. Dass Vorurteile oft unbewusst und unbedacht geäußert werden, bedeutet nicht, dass sie harmlos wären. [...] In jeder Gesellschaft gibt es ein sogenanntes „rassistisches Wissen“, das aus Vorurteilen, Stereotypen oder Vorstellungen über „Andere“ besteht. [...] Es ist nicht nur an den Stammtischen anzutreffen, sondern auch in der Politik. Damit ist nicht gemeint, dass jedes Individuum dieser Mehrheitsgesellschaft rassistisch ist. Es bedeutet vielmehr, dass über Institutionen wie Schule und Massenmedien gemeinsame rassistische Vorurteile vermittelt und über Generationen gefestigt werden. [...]

Für den Alltagsrassismus, mit dem viele in Deutschland lebende Menschen ständig konfrontiert werden, ist (gesellschaftliche) Macht sehr entscheidend. Die Mehrheitsgesellschaft entscheidet, was „normal“ ist – und hinterfragt diese Normalität in der Regel nicht. [...] Sie legt fest, wer sich wie zu integrieren oder anzupassen hat. Sie entscheidet, wer wie dargestellt wird. Und sie bestimmt, wer wie welche Entscheidungen treffen darf oder wer wie was deuten oder sagen darf. [...]

In dem Lied „Wem gehört die Welt“ wendet sich die afrodeutsche Soulsängerin Joy Denalane gegen Alltagsdiskriminierung und klagt Sexismus und Rassismus an. Eine Strophe handelt von Bobby, einem Chirurgen, der eine Wohnung nicht zugesprochen bekommt – wegen seiner „Hautfarbe“. Tatsächlich machen viele Menschen of Color derartige Diskriminierungserfahrungen. [...] Es sind nicht nur die Wohnungen, die nicht an „schwarze“ Deutsche oder Bürger mit einem sogenannten Migrationshintergrund vermietet werden, es ist nicht nur der als „anders“ markierte Name auf den Bewerbungsunterlagen, der eine Einladung zum Vorstellungsgespräch verhindert. Es ist vieles mehr. Denn Rassismus durchzieht auch andere gesellschaftliche Bereiche. [...]

Aktuell bewegt der Hashtag #MeToo die Republik. Tausende Menschen mit Migrationshintergrund berichten, wie sie den deutschen Alltag erleben – und wie sie Diskriminierung in einem Land erfahren, das auch das ihre ist. [...] Unter #MeToo haben Menschen innerhalb von wenigen Tagen 133 000 Erfahrungen mit Alltagsrassismus geteilt. Sekündlich werden bis zu zwei Tweets mit dem Schlagwort abgesetzt. [...] Auch viele Prominente mischen sich ein. [...] Es werden teils ungeheuerliche Geschichten erzählt. Von der Kinderärztin, die Duftspray im Wartezimmer versprüht, nachdem sie ein Mädchen mit Kopftuch behandelt hat. Von der Verkäuferin, die einer vietnamesischen Kundin Diebstahl unterstellt, weil sie wie alle anderen Schmuckstücke zur Ansicht in die Hand nimmt. Von dem Studenten, der

eine Lehrkraft mit Kopftuch, die den Seminarraum vorbereitet, fragt: „Sind Sie bald fertig mit Putzen?"
Die Bandbreite reicht von handfesten Beschimpfungen bis zur unglücklichen Formulierung. Nicht immer steckt böse Absicht dahinter, manchmal nur Unwissen. Und ist es schon rassistisch, einen Menschen mit anderem Namen als Müller oder Schmidt nach seiner Herkunft zu fragen, auch wenn dieser vielleicht schon sein ganzes Leben in Deutschland verbracht hat?
Die Masse an Beispielen zeigt, dass Rassismus nicht nur eine Sache pöbelnder Glatzköpfe ist, sondern allgegenwärtig. [...]
57 Prozent der Befragten einer aktuellen Emnid-Umfrage finden, in Deutschland habe der Rassismus in den letzten zehn Jahren zugenommen. Wie verschoben oft die Eigenwahrnehmung ist, zeigt eine Begebenheit, die ausgerechnet Ilker Gündogan unter #MeToo gepostet hat. Er ist Wissenschaftler und Bruder des Fußballers Ilkay. [...] Ilker Gündogan wartete in Bochum auf die Bahn zur Uni. Auf dem Bahnsteig pöbelte ein älterer Mann eine Kopftuchträgerin an, weil sie ihre Tasche auf die Bank neben sich gestellt hatte. Die Plätze um sie herum waren frei. Schließlich spuckte der Schnauzbartträger vor der Frau aus. Die von Gündogan gerufene Polizei habe das Verhalten gerügt, eine Strafe habe es nicht gegeben. Der Rentner habe sich verteidigt: Er sei früher Gewerkschafter gewesen und „kein Rassist". [...]
Und der Komiker Abdelkarim Zemhoute berichtet in einem #MeToo-Tweet: „Lange Schlange an der Kasse. Ich sag zum älteren Mann hinter mir: ‚Sie können ruhig vor.' – ‚Nein danke, ich habe dich lieber im Blick.'"
Nicht wenige halten denen, die von solchen Ereignissen berichten, vor, sich als Opfer zu gefallen.
Die Modekette H&M zeigt Werbefotos mit einem dunkelhäutigen Jungen, der einen Kapuzenpullover mit der Aufschrift »Coolest Monkey in the Jungle« trägt.
Etwas hat sich verändert in Deutschland. Die Abwertung von Menschen mit anderer Hautfarbe, Abstammung oder nationaler Herkunft ist kein neues Phänomen in unserer Gesellschaft. Doch in den letzten Jahren scheint der gesellschaftliche Konsens, besonders sensibel, wachsam und entschlossen auf rassistische Diskriminierungen zu reagieren, langsam in der Bevölkerung aufzuweichen. Rassistische, antisemitische und fremdenfeindliche Äußerungen, so hat es den Anschein, sickern hinein in die bürgerliche Mitte und werden zunehmend als Normalität empfunden.
Umso wichtiger ist es, Rassismus im Alltag zu erkennen und ihm entgegenzutreten: bei der Sprachwahl, im Verhalten, in den eigenen Gedanken. Denn auch wer kein Rassist oder eine Rassistin ist und ein offenes, tolerantes Welt- und Menschenbild pflegt, kann dennoch unbewusst rassistische Denkstrukturen und Verhaltensmuster haben.

Quellen (alle bearbeitet und gekürzt, für alle Zugriff 13.06.2019): Zeile 1 bis 47: Toan Quoc Nguyen, „Offensichtlich und zugedeckt" – Alltagsrassismus in Deutschland. „Dialog – diskutieren Sie mit" vom 6.11.2014, Onlineangebot der Bundeszentrale für politische Bildung, Bonn. https://www.bpb.de/dialog/194569/offensichtlich-und-zugedeckt-alltagsrassismus-in-deutschland; Zeile 48 bis 81: Nina May und Jan Sternberg. (c) RedaktionsNetzwerk Deutschland. https://www.haz.de/Nachrichten/Politik/Deutschland-Welt/Deutschlands-ganz-normaler-Alltagsrassismus. Zeile 82 bis 99: Alltagsrassismus und wie ich damit umgehe. ZEIT für die Schule, Projektleitung: Franziska Sachs, Zeitverlag Gerd Bucerius. Hamburg, Thema im Juli 2018. https://service.zeit.de/schule/wp-content/uploads/sites/9/2018/07/0718-ZEIT-ZfdS-Sek2-Alltagsrassismus.pdf.

Text 4B: Wege zur Courage-Schule*

Schule ohne Rassismus
Schule mit Courage

Was würdet Ihr tun, wenn an Eurer Schule, in der Nachbarschaft oder im Stadtteil Leute angepöbelt werden, weil sie sich durch ihre Kleidung, Sprache oder Hautfarbe von anderen unterscheiden?
Was würdet Ihr machen, wenn es nicht nur bei Anpöbeleien bleibt, sondern diese Menschen weiter erniedrigt oder sogar körperlich angegriffen werden?
Was würdet Ihr empfinden, wenn es sich bei den Angegriffenen um Eure Mitschülerinnen oder Mitschüler, Eure Nachbarn und Freunde handelt?

- Nachgrölen, was andere vorgrölen.
- „Hat-ja-nichts-mit-mir-zu-tun" denken.
- Mit Unbehagen zustimmen.
- Nicht eingreifen.
- Wegschauen.

Ihr könntet auch sagen:

- Jetzt reicht es uns!
- Wir suchen uns gleichdenkende Partner!
- Wir gründen eine Schülerinitiative gegen Diskriminierung!
- Wir setzen deutliche Zeichen und Akzente!

[...]

9 Fragen – 9 Antworten zum Projekt

1. Was ist Schule ohne Rassismus – Schule mit Courage?

Wir sind ein Projekt für alle Schulmitglieder. Es bietet Kindern, Jugendlichen und Lehrkräfte die Möglichkeit, das Klima an ihrer Schule aktiv mitzugestalten, indem sie sich bewusst gegen jede Form von Diskriminierung, Mobbing und Gewalt wenden. Wir sind das größte Schulnetzwerk in Deutschland. Ihm gehören über 3000 Schulen an, die von rund eineinhalb Millionen Schülerinnen und Schülern besucht werden (Stand: Mai 2019). Unterstützt werden die Schulen dabei von mehr als 80 Koordinierungsstellen und 350 außerschulischen Kooperationspartnern.

2. Wie wird man eine Schule ohne Rassismus – Schule mit Courage?

Jede Schule kann den Titel erwerben, wenn sie folgende Voraussetzungen erfüllt: Mindestens 70 Prozent aller Menschen, die in einer Schule lernen und arbeiten (Schülerschaft, Lehrkräfte und technisches Personal), verpflichten sich mit ihrer Unterschrift, sich künftig gegen jede Form von Diskriminierung an ihrer Schule aktiv einzusetzen, bei Konflikten einzugreifen und regelmäßig Projekttage zum Thema durchzuführen.

3. Zu was verpflichtet sich eine Schule?

Wer sich zu den Zielen einer Schule ohne Rassismus – Schule mit Courage bekennt, unterschreibt folgende Selbstverpflichtung:

a. Ich werde mich dafür einsetzen, dass es zu einer zentralen Aufgabe meiner Schule wird, nachhaltige und langfristige Projekte, Aktivitäten und Ini-

tiativen zu entwickeln, um Diskriminierungen, insbesondere Rassismus, zu überwinden.
b. Wenn an meiner Schule Gewalt geschieht, diskriminierende Äußerungen fallen oder diskriminierende Handlungen ausgeübt werden, wende ich mich dagegen und setze mich dafür ein, dass wir in einer offenen Auseinandersetzung mit diesem Problem gemeinsam Wege finden, zukünftig einander zu achten.
c. Ich setze mich dafür ein, dass an meiner Schule einmal pro Jahr ein Projekt zum Thema Diskriminierungen durchgeführt wird, um langfristig gegen jegliche Form von Diskriminierung, insbesondere Rassismus, vorzugehen.

4. Was bedeutet der Titel genau?

Der Titel ist kein Preis und keine Auszeichnung für bereits geleistete Arbeit, sondern eine Selbstverpflichtung für die Gegenwart und die Zukunft. Eine Schule, die den Titel trägt, ist Teil eines Netzwerkes, das sagt: Wir übernehmen Verantwortung für das Klima an unserer Schule und für unser Umfeld.

5. Kümmert Ihr Euch nur um Rassismus?

Nein. Wir beschäftigen uns gleichermaßen mit Diskriminierung aufgrund der Religion, der sozialen Herkunft, des Geschlechts, körperlicher Merkmale, der politischen Weltanschauung und der sexuellen Orientierung. Darüber hinaus wenden wir uns gegen alle totalitären und demokratiegefährdenden Ideologien.

6. Beschäftigt Ihr Euch nur mit den bösen Deutschen?

Nein. Wir sind davon überzeugt, dass alle Menschen, egal woher sie kommen und wie sie aussehen, in der Lage sind zu diskriminieren. Deshalb nehmen wir zum Beispiel den Antisemitismus oder die Homophobie eines (alt-) deutschen Jugendlichen genauso ernst wie den eines Jugendlichen mit türkischen oder arabischen Wurzeln.

7. Wo steht Ihr politisch?

Wir stehen weder rechts oder links noch in der Mitte. Das Anliegen von Schule ohne Rassismus – Schule mit Courage sollte Aufgabe aller Demokratinnen und Demokraten sein. Alle im Bundestag vertretenen demokratischen Parteien unterstützen unser Anliegen, ebenso Gewerkschaften und Glaubensgemeinschaften.

8. Ist das Projekt eher etwas für Gymnasien?

Keineswegs. An unserem Netzwerk nehmen alle Schulen teil. Auf unserer Homepage seht Ihr, dass alle Schularten bei uns vertreten sind. […]

9. Wo bekomme ich mehr Informationen über das Projekt?

Auf unserer Homepage findet Ihr eine Fülle von Informationen zu unserer Arbeit und den Aktivitäten der Schulen. Für Eure Fragen stehen Euch die Mitarbeiterinnen und Mitarbeiter der Bundeskoordination zur Verfügung. Oder die Landeskoordinationen in Eurer Nähe.

Quelle (bearbeitet und gekürzt): 10 Fragen und 10 Antworten, schule-ohne-rassismus.org, Aktion Courage e.V., Berlin. https://www.schule-ohne-rassismus.org/mitmachen/weitere-tipps-at/ (Zugriff: 09.05.2019)

* Das seit dem 01.08.2020 gültige Aufnahmeverfahren für Schulen, die sich dieser Initiative anschließen möchten, sowie weitere Informationen und Materialien sind auf der Homepage zu finden: https://www.schule-ohne-rassismus.org/

Bearbeite die folgenden Aufgaben in einem zusammenhängenden Text.
Zähle abschließend die von dir geschriebenen Wörter.

a) Erkläre einleitend den Anlass für deinen Text. (__/1 P.)

b) Stelle das Thema des Artikels „Vielseitig und machtvoll" – Formen des Alltagsrassismus (Text 3B) kurz vor. (__/2 P.)

c) Begründe mithilfe von Text 3B, warum „Alltagsrassismus" auch für deine Schule ein Thema darstellen könnte. Du kannst auch ein konkretes Beispiel aus deinem eigenen Schulalltag anführen. (__/2 P.)

d) Informiere deine Schülervertretung zunächst über das Projekt „Schule mit Courage" mithilfe von Text 4B.
Berücksichtige hierbei die Zielsetzung des Projektes, die Voraussetzungen für eine Bewerbung und die Aufgaben, die die Schule zu erfüllen hat. (__/4 P.)

e) Appelliere in einem abrundenden Schluss für die Teilnahme an dem Projekt, indem du den allgemeinen Nutzen darstellst und begründest, warum gerade deine Schule teilnehmen sollte. (__/2 P.)

Glossar

Alliteration: → *Sprachliche Mittel*

Anapher: → *Sprachliche Mittel*

Auktorialer Erzähler: → *Merkmale erzählender Texte*

Bericht: → *Journalistische Textsorten*

Diagramm: → *Grafik*

Direkte Rede: → *Merkmale erzählender Texte*

Ellipse: → *Sprachliche Mittel*

Epik: Unter diesem Begriff fasst man alle Arten der erzählenden Dichtung zusammen. Es gibt viele epische Kleinformen (→ *Erzählung*, → *Fabel*, → *Kurzgeschichte*, → *Märchen, Sage, Schwank*). Zu den umfangreicheren epischen Texten gehört der → Roman.

Erlebte Rede: → *Merkmale erzählender Texte*

Er-/Sie-Erzählung: → *Merkmale erzählender Texte*

Erzählperspektive: → *Merkmale erzählender Texte*

Erzählung: In der Literatur versteht man unter einer Erzählung alle kurzen erzählenden Texte, die nicht eindeutig einer anderen Kurzform (→ *Fabel*, → *Märchen, Sage, Schwank*) zugeordnet werden können.

Essay: → *Journalistische Textsorten*

Euphemismus: → *Sprachliche Mittel*

Fabel: Dies ist eine zumeist kurze Erzählung, in der Tiere oder Pflanzen sich wie Menschen verhalten. Häufig stehen sich zwei Tiere mit gegensätzlichen Eigenschaften gegenüber. Meistens wird nach einer kurzen Einführung die Handlung durch Rede und Gegenrede fortgeführt und endet mit einem überraschenden Schluss.
Am Beispiel des erzählten Geschehens wird eine Lehre gezogen oder Kritik an bestimmten Verhaltensweisen geäußert.

Gedicht: → *Lyrik*

Glosse: → *Journalistische Textsorten*

Grafik: Grafiken stellen statistische Größen und Größenverhältnisse mithilfe von Diagrammen bildlich dar.
Man unterscheidet folgende Typen von Diagrammen:

1. Balkendiagramme oder Säulendiagramme, die absolute Zahlen anzeigen. Die Höhe der Säule oder die Länge des Balkens gibt eine Anzahl an.
2. Tortendiagramme bzw. Kreisdiagramme, die eine prozentuale Zusammensetzung einer Gesamtmenge verdeutlichen. Der Kreis ist in mehrere Teile unterteilt, die jeweils den Anteil an der Gesamtmenge wiedergeben.
3. Kurvendiagramme oder Liniendiagramme, die eine Entwicklung anzeigen. Die Daten von verschiedenen Zeitpunkten können mithilfe eines solchen Diagramms miteinander verglichen werden.

Hyperbel: → *Sprachliche Mittel*

Ich-Erzählung: → *Merkmale erzählender Texte*

Indirekte Rede: → *Merkmale erzählender Texte*

Innerer Monolog: → *Merkmale erzählender Texte*

Interview: → *Journalistische Textsorten*

Ironie: → *Sprachliche Mittel*

Journalistische Textsorten:

Informierende Texte
Die **Meldung** ist die Kurzform der Nachricht. Sie enthält nur die wichtigsten Informationen (Wer? Wo? Was? Wann?). Sie steht häufig auf der ersten Seite und weist meist auf einen ausführlichen Bericht im Innenteil der Zeitung hin.

Der **Bericht** ist die ausführliche Form der Nachricht.
Er liefert eine detaillierte und sachliche Darstellung eines Sachverhalts.
Merkmale:

1. Die Überschrift (häufig mit Unterüberschrift) informiert sachlich.
2. Ein halbfett gedruckter Vorspann fasst die wichtigsten Informationen (W-Fragen) zusammen.
3. Im Hauptteil erfolgt eine ausführliche Darstellung der Nachricht mit Erklärung der Zusammenhänge und Hintergründe.
4. Die Darstellung ist sachlich, wertende Äußerungen durch den Berichterstatter fehlen.
5. Aussagen von Personen werden in direkter und indirekter Rede wiedergegeben.
6. Häufig ergänzt den Text ein erklärendes Bild.

Die **Reportage** ist das Ergebnis vielfältiger Nachforschungen (= Recherchen). Die Reportage will nicht nur informieren, sondern die Leser auch durch die lebendige Art der Darstellung in besonderem Maße ansprechen.
Merkmale:

1. Die Überschrift ist so formuliert, dass sie die Neugier der Leser weckt.
2. Häufig informiert ein halbfett gedruckter Vorspann über den Inhalt der Reportage.
3. Der Anfang lässt die Leser oft ein Geschehen miterleben.
4. Sachlich-informierende Textstellen wechseln mit persönlich-schildernden Darstellungen.
5. Dadurch ergibt sich oft ein Wechsel von Zeitstufen (z. B. Präteritum für Rückblick).
6. Häufig werden Aussagen von Personen in wörtlicher Rede wiedergegeben.
7. Oft findet man wertende Meinungsäußerungen der Autorin/des Autors.
8. Illustrierende oder erklärende Bilder unterstützen die Aussagen des Textes.
9. Der Name der Autorin/des Autors wird angegeben.

Das **Interview** ist das Ergebnis eines Gesprächs, in dem ein Journalist/eine Journalistin gezielte Fragen an eine Person stellt, die von ihr beantwortet werden. Das Ziel kann darin bestehen, aktuelle Informationen über bestimmte Sachverhalte zu erhalten oder die persönliche Meinung zu einem bestimmten Problem zu erfahren.

Kommentierende Texte
Der **Kommentar** liefert eine Meinung zu einem Sach-

verhalt. Diese kann zustimmend oder ablehnend sein.
Merkmale:
1. Häufig wird er in Verbindung mit einem Bericht oder einer Meldung geschrieben.
2. In vielen Zeitungen erscheinen die Kommentare an einer bestimmten Stelle (z. B. Kommentare zu politischen Ereignissen).
3. Kürzere Kommentare beziehen sich oft auf einen Artikel auf der gleichen Seite.
4. Die Autorin/der Autor wird genannt.
5. In der Regel verwenden Kommentare keine Bilder.

Oft haben Kommentare einen typischen Aufbau:
1. Zunächst werden die wichtigsten Informationen dargestellt, die zum Verständnis der Stellungnahme nötig sind.
2. Die Autorin/der Autor legt seine Meinung begründet dar.
3. Als Abschluss wird meist ein Wunsch oder ein Ausblick formuliert.

Die **Glosse** ist ein locker geschriebener, häufig kritisch gehaltener Kommentar zu einem aktuellen Ereignis. Glossen stehen in vielen Zeitungen und Zeitschriften an einem festen Platz, haben das gleiche Layout und sind eine Form der persönlichen Meinungsäußerung.
Merkmale:
1. Sie sind oft zugespitzt formuliert und humorvoll geschrieben.
2. Aktuelle Themen oder neue gesellschaftliche Erscheinungen werden kritisiert oder verspottet.
3. Die Kenntnis des Sachverhalts wird vorausgesetzt.
4. Sie enden oft mit einer überraschenden Wende am Schluss (Pointe).
5. In Glossen tauchen immer wieder ironische Formulierungen, sprachliche Bilder, Wortspiele, Doppeldeutigkeiten und Anspielungen auf.

Der (oder das) **Essay** ist eine kürzere, sprachlich lebendige Abhandlung, in der ein Problem von verschiedenen Seiten betrachtet und in der die persönliche Meinung der Autorin/des Autors zum Ausdruck gebracht wird.

Karikatur: Durch Über- oder Untertreibungen werden in Zeichnungen menschliche Schwächen oder Missstände kritisiert und lächerlich gemacht.

Klimax: → *Sprachliche Mittel*

Kommentar: → *Journalistische Textsorten*

Konjunktiv: Die Verbform, die wir normalerweise verwenden, nennt man **Indikativ (Wirklichkeitsform)**:
Er sagt: „Ich komme morgen."
In der indirekten Rede (→ *Merkmale erzählender Texte*) verwendet man meistens den **Konjunktiv (Möglichkeitsform)**: Er sagt, er komme morgen.
Der Konjunktiv gibt an, was ein anderer gesagt haben soll.

Kurzgeschichte: Es handelt sich um einen kürzeren erzählenden Text. Die folgenden Merkmale sind zwar typisch für Kurzgeschichten, aber nicht immer treffen alle Kriterien in gleicher Weise zu.
Merkmale:
1. Die Handlung setzt unvermittelt ein.
   Es fehlen einleitende Angaben zu Ort, Zeit und Personen der Erzählung.
2. Gegenstand der Kurzgeschichte sind Alltagspersonen in Alltagssituationen.
3. Die Hauptperson ist einem Problem oder einer kritischen Situation ausgesetzt.
4. Oft nimmt die Handlung eine unerwartete Wendung.
5. Der Schluss ist offen. Der Leser soll über den Fortgang der Handlung selbst nachdenken.
6. Die Darstellung der Handlung ist kurz gefasst und auf das Wesentliche beschränkt.
7. Typische Merkmale der Sprache in Kurzgeschichten:
   - Wiederholungen, Aufzählungen,
   - Umgangssprache, Jugendsprache,
   - mehrere kurze Sätze, die aufeinanderfolgen,
   - unvollständige Sätze (Ellipsen).

Lyrik: Lyrik bezeichnet Dichtung in Versform (Gedichte). Früher wurden die Verse zur Lyra, einem alten Saiteninstrument, gesungen. Deshalb sagt man auch heute noch einfach: Lyrik ist liedartige Dichtung. Viele Gedichte sind vertont worden.
Im Gedicht drückt das → *lyrische Ich* seine Gefühle, seine Stimmungen, aber auch seine Erlebnisse, Einstellungen und Gedanken aus.
Viele Gedichte sind in **Strophen** gegliedert. Mindestens zwei Verszeilen werden in einer Strophe zusammengefasst. Oft beginnt mit einer Strophe ein neuer Gedanke. Es gibt Gedichte, die zwar einem bestimmten Rhythmus folgen, aber nicht am Wort- und Versende gereimt sind. Durch **Reime** erhalten Gedichte eine bestimmte Klangwirkung. Durch den Gleichklang der Reimwörter (z. B. *küssen – müssen; Fassaden – baden*) werden oft zwei oder mehr Verszeilen miteinander verbunden.
Drei Reimformen werden besonders oft verwendet:

Paarreim
a Sonne
a Wonne
b Eis
b heiß

umarmender Reim
a Sonne
b Eis
b heiß
a Wonne

Kreuzreim
a Sonne
b Eis
a Wonne
b heiß

Unter dem **Metrum** eines Gedichts versteht man die Folge von betonten und unbetonten Silben in den Wörtern eines Verses:

x x́ x x́ x x́ x (= Jambus)
Es war, als hätt der Himmel ...

x́ x x́ x x́ x x́ x (= Trochäus)
Als ich schläfrig heut erwachte ...

Eine besondere Gedichtform stellt das **Sonett** dar. Diese Gedichtform wurde im 14.–16. Jahrhundert häufig verwendet. Sie besteht aus zwei Strophen zu vier Zeilen und zwei Strophen zu drei Zeilen. Häufig wird in den beiden Vierzeilern das Thema vorgestellt, während die abschließenden Dreizeiler eine Auswertung oder Schlussfolgerung beinhalten.

Lyrisches Ich: Das lyrische Ich kann die oder der Sprechende im Gedicht sein. Das lyrische Ich kann, muss aber nicht die Einstellung oder Stimmung der Dichterin/des Dichters wiedergeben.

Märchen: Märchen erzählen Geschichten, die sich in Wirklichkeit nicht ereignen könnten. Oft handeln sie von Zauberern, Hexen, Feen und sprechenden Tieren. In einer räumlich und zeitlich nicht festgelegten Welt steht die Hauptfigur vor großen Gefahren und kaum lösbaren Aufgaben. Die Zahlen 3, 6, 7, 12 spielen eine besondere Rolle. Auch formelhafte Sprüche sind typisch für Märchen. Am Ende siegt meist das Gute.

Merkmale erzählender Texte: Wenn man eine Erzählung analysieren will, ist die genaue Untersuchung von folgenden Merkmalen wichtig:

1. **Erzählperspektive:** Ein Autor kann in unterschiedlicher Weise erzählen. Daher unterscheidet man:
   Ich-Erzählung: Das Geschehen, aber auch Gedanken und Gefühle werden aus der Sicht einer bestimmten Figur in der 1. Person erzählt: *Meine Eltern schlafen sicher schon. Mir aber dreht sich der Kopf, und ich komm nicht zur Ruhe. Was soll ich nur tun? Könnte ich doch nur die Zeit um einen halben Tag zurückdrehen!*
   Er-/Sie-Erzählung: Der Erzähler stellt seine Personen in der dritten Person vor. Er kann dabei **als auktorialer Erzähler (auktoriales Erzählen/ auktoriale Erzählsituation)** auftreten. Der Autor ist der Allwissende, der das Geschehen von außen erzählt und auch mehr weiß als die Figuren des Geschehens und daher Ereignisse voraussehen oder auf sie zurückblicken und sie kommentieren kann. *Jan vermutete, dass seine Eltern schon schliefen, während er sich im Bett wälzte und sich heftige Vorwürfe machte. Ein bisschen tat er sich auch selbst leid. Seine Eltern schliefen jedoch keineswegs, sondern fassten einen Entschluss.*
   Der Erzähler kann aber auch in der 3. Person aus der Sicht einer Person die Geschichte erzählen und kommentieren. Man spricht dann von einem **personalen Erzähler (personales Erzählen/personale Erzählsituation):**
   Jan wälzte sich im Bett und fand keine Ruh. Sicher würden seine Eltern schon schlafen. Warum nur konnte er die Zeit nicht zurückdrehen, nur einen halben Tag?
2. **Zeitverhältnisse:** Wenn ein Erzähler ein Geschehen, das in der Realität sehr kurz ist, sehr ausführlich darstellt und kommentiert, spricht man von **Zeitdehnung:**
   In diesem Augenblick des Fallens liefen die Ereignisse der letzten Tage in seinem Kopf wie in einem Film ab: die Begegnung mit seinem Vater, sein unbeherrschtes Verhalten Marion gegenüber und das Treffen mit dem großen Unbekannten, der ihn in diese ausweglose Situation gebracht hatte.
   Von **Zeitraffung** hingegen spricht man, wenn der Autor ein Geschehen, das in der Realität länger dauert, zusammenfasst, nur andeutet oder überspringt:
   Als Jan Stunden später im Krankenhaus aufwachte, hatte er Mühe, sich zurechtzufinden.
3. **Redeformen:** Der Erzähler kann unterschiedliche Redeformen verwenden.
   Direkte Rede: In wörtlicher Rede werden Äußerungen und Gedanken wiedergegeben: *Jan war aufgebracht: „Was wissen Sie schon, was geschehen ist!“*
   Indirekte Rede: Äußerungen werden vom Erzähler wiedergegeben, zumeist unter Verwendung des → *Konjunktivs: Vollkommen unbeherrscht machte er allen um ihn Stehenden Vorwürfe, dass schließlich niemand gekommen sei, ihm zu helfen, und er daher ganz allein auf sich selbst gestellt gewesen sei.*
   Erlebte Rede: Der Erzähler gibt die Gedanken und Gefühle in der 3. Person und meistens im Präteritum wieder: *Als alle den Raum verlassen hatten, war Jan sehr niedergeschlagen. War es nicht auch sein Fehler, dass es so weit gekommen war? War er nicht einfach zu stolz gewesen?*
   Innerer Monolog: Die Gedanken und Gefühle werden in der Ich-Form dargestellt, häufig im Präsens: *Jan nahm sein Handy und suchte die Nummer von Marion. Ich werde ihr alles erklären. Ich werde sie nicht um Verzeihung bitten, denn mein Verhalten kann man nicht entschuldigen.*
4. **Satzbau:** Man unterscheidet folgende Möglichkeiten des Satzbaus:
   - **Satzreihe (Parataxe):** Es werden nur Hauptsätze aneinandergereiht. Häufig sind sie kurz: *Jan schwieg. Sein Puls raste. Blut schoss ihm in den Kopf. Dann sprang er auf.*
   - **Satzgefüge (Hypotaxe):** Darunter versteht man den Verbund von Haupt- und Nebensätzen: *Als er die Tür öffnete* (Nebensatz), *blies ihm ein kalter Wind entgegen* (Hauptsatz), *der schon vor geraumer Zeit begonnen hatte zu wehen und sich nun zu einem Sturm entwickelte* (Relativsatz).
   - **Unvollständige Sätze (Ellipse):** → *Sprachliche Mittel*

   Die Wirkung dieser Satzformen kann sehr unterschiedlich sein und kann nur aus dem Zusammenhang des Textes erschlossen werden.
5. **Sprachliche Mittel:** → *Sprachliche Mittel*

Metapher: → *Sprachliche Mittel*

Metrum: → *Lyrik*

Neologismus: → *Sprachliche Mittel*

Paradoxon: → *Sprachliche Mittel*

Parallelismus: → *Sprachliche Mittel*

Personaler Erzähler: → *Merkmale erzählender Texte*

Personifikation: → *Sprachliche Mittel*

Redeformen: → *Merkmale erzählender Texte*

Reim: → *Lyrik*

Reportage: → *Journalistische Textsorten*

Rhetorische Frage: → *Sprachliche Mittel*

Roman: Der Roman ist eine lange Erzählung, die zwischen mehreren hundert und tausend Seiten umfassen kann. Im Zentrum eines Romans steht oft die ausführliche Schilderung der problematischen Situation eines Einzelnen. Beschrieben wird, wie er in seiner

Umgebung und mit seinen Mitmenschen lebt, sich verändert und entwickelt.

Rückblick: Vor allem in der → *Epik* (Erzählung, Roman) gibt es solche Einschübe, die vor der Zeit der eigentlichen Handlung spielen. Sie dienen dazu, die jetzige Situation oder das Handeln einer Figur zu erklären.

Sachtext: Ein Sachtext informiert über Tatsachen, Vorgänge und Sachverhalte. Er kann z. B. über die Tier- oder Pflanzenwelt informieren oder über bedeutsame Ereignisse. Sachtexte findet man in Zeitungen, Zeitschriften oder in Sach- oder Schulbüchern.

Satire: Eine satirische Darstellung zeigt menschliche Schwächen oder Fehler in stark übertriebener Darstellungsweise auf. Sie will diese lächerlich machen, zum Nachdenken anregen, kritisieren und häufig auch eine Änderung von Verhaltensweisen bewirken. Satire kann in verschiedenen Textsorten auftreten.

Merkmale:
1. Ironie → *Sprachliche Mittel*
2. Übertreibungen und überzogene Vergleiche
3. Verspottungen durch ins Lächerliche gezogene Situationen
4. Wortspiele

Satzgefüge: → *Merkmale erzählender Texte*

Satzreihe: → *Merkmale erzählender Texte*

Sprachliche Mittel: Nahezu in allen Texten werden gezielt sprachliche Mittel eingesetzt, um bestimmte Wirkungen zu erzielen (siehe Übersicht unten).

Sonett: → *Lyrik*

Strophe: → *Lyrik*

Umarmender Reim: → *Lyrik*

Vergleich: → *Sprachliche Mittel*

Vers: → *Lyrik*

Zeitdehnung: → *Merkmale erzählender Texte*

Zeitraffung: → *Merkmale erzählender Texte*

Zeitverhältnisse: → *Merkmale erzählender Texte*

Sprachliche Mittel	Erläuterung	Beispiel	mögliche Wirkung
Alliteration, die	Wiederholung von Anfangslauten bei aufeinanderfolgenden Wörtern	Milch macht müde Männer munter.	emotionale Verstärkung des gewünschten Eindrucks
Anapher, die	Wiederholung derselben Wortgruppe an Satz-/Versanfängen	Worte sind verletzend. Worte sind unersetzlich.	Eindringlichkeit; Rhythmisierung erreichen
Ellipse, die	unvollständiger Satz, der aber sinngemäß leicht zu ergänzen ist	Feuer! / Je früher der Abschied, desto kürzer die Qual.	der wichtigste Aspekt soll hervorgehoben werden
Euphemismus, der	Beschönigung	vollschlank statt dick / eingeschlafen statt gestorben	abgemilderte Negativbotschaft, taktisches Verhalten
Hyperbel, die	starke Unter- oder Übertreibung	Es ist zum Haareraufen! / ein Meer von Tränen	Dramatisierung; starke Veranschaulichung
Ironie, die	Äußerung, die durchblicken lässt, dass das Gegenteil gemeint ist	Das hast du ja ganz toll hinbekommen! / Vier Wochen Regen. Super!	Herabsetzung; kritische Anmerkung; Stellungnahme
Klimax, die	Steigerung; meist dreigliedrig	Er kam, sah und siegte.	Dramatisierung
Metapher, die	verkürzter Vergleich, Verwendung eines Wortes in übertragener Bedeutung	Geldwäsche / Er war ein Löwe in der Schlacht. / Du bist meine Sonne.	Veranschaulichung
Neologismus, der	Wortneuschöpfung	Mobbing / Gammelfleisch / unkaputtbar (Werbesprache)	Hervorhebung
Paradoxon, das	Zusammenstellung von Wörtern, die sich eigentlich widersprechen	bittersüß / Vor lauter Individualismus tragen sie eine Uniform.	starker Anreiz zum Nachdenken
Parallelismus, der	Wiederholung gleicher Satzstrukturen	Ein Blitz leuchtete, der Donner folgte, ein Gewitter setzte ein.	Dramatisierung, Intensivierung
Personifikation, die	Vermenschlichung; Gegenstände oder Tiere erhalten die Eigenschaften oder Fähigkeiten von Menschen	Die Sonne lacht. / Die Smileys haben uns fest im Griff. / Mutter Natur	lebendige und anschauliche Darstellung
Rhetorische Frage, die	scheinbare Frage, deren Antwort jeder kennt; Leser und Zuhörer müssen zustimmen, da ihr Einverständnis vorausgesetzt wird	Gibt es den idealen Menschen? / Wer ist schon perfekt? / Wer glaubt denn das noch?	Mobilisierung einer bestätigenden Reaktion der Leser
Vergleich, der	Verknüpfung zweier Begriffe mit *wie*	Der Kämpfer ist stark wie ein Löwe.	anschauliche Darstellung